Hilary Bradt

MADAGASKAR

REISE HANDBUCH

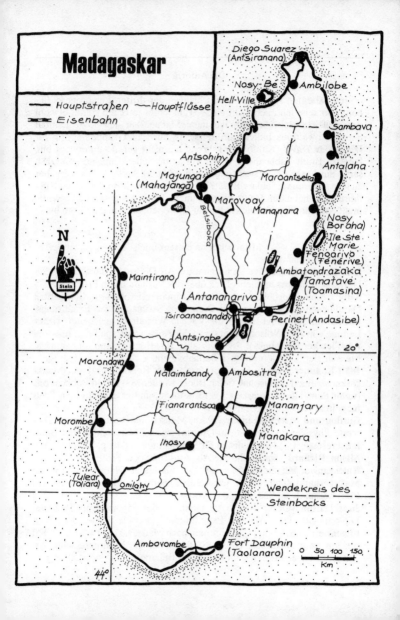

Die Autorin

Ich habe den Rest des Buches nicht in der dritten Person geschrieben, also sehe ich auch nicht ein, warum ich es jetzt tun sollte, obwohl das vielleicht so üblich ist. Ich habe Madagaskar seit 1976 achtmal bereist, sowohl als Individualreisende als auch als Gruppenleiterin für *Wilderness Travel* (Kalifornien). Wenn ich nicht gerade unterwegs bin, leite ich Bradt Publications, einen Verlag im Süden Englands. Kürzlich sagte ein Leser der ersten (englischsprachigen) Auflage dieses Buches zu seinem Freund: "Hilary Bradt? Ich bin mit seinem Buch in Urlaub gefahren und habe den Eindruck gewonnen, daß er ein guter Kumpel sein muß!" Also sollte ich vielleicht darauf hinweisen, daß ich eine Frau bin.

Mitarbeiter an diesem Buch

Dick Byrne (Nachtaktive Lemuren etc.): Als Dozent an der St. Andrews Universität forscht und lehrt Dick über das Verhalten von Primaten.
Sally Crook (Dorfleben im Süden, Sarimanok-Expedition, Sambatra): Die einzige Frau in der 8er-Crew der Sarimanok ist Ernährungswissenschaftlerin und hat für die VSO in Westafrika gearbeitet. Unter Leitung von Jane Wilson nahm sie an der Ankarana-Expedition teil.
Ed Fletcher (Baobabs): ist Spezialist für Bonsais und der einzige Mensch, der in Großbritannien Baobabs zieht.
John R. Jones (Fotos): ist ein professioneller Reisefotograf, der Madagaskar zweimal bereist hat. Seine Bilder wurden von Aston Publications (unter dem Titel *Madagascar*) veröffentlicht, und er erhielt einen Preis für sein Porträt eines Wieselmakis.
Gordon und Merlin Munday (Flora, Mensch und Natur): Der pensionierte Physiker und seine Frau (Ärztin) sind an Naturschutz und Botanik interessiert und Spezialisten für Sukkulenten und trop. Vegetation.
Alison Richard (Naturschutz): Als Anthropologie-Professorin an der Yale Universität ist Alison eine der führenden Naturschützerinnen Madagaskars. Zu ihrem Arbeitsbereich gehört u.a. das neue Reservat Beza Mahafaly im Süden Madagaskars.
Jane Wilson (Gesundheit): Als Doktorin der Medizin mit Biologie-Diplom hat Jane Wilson Expeditionen in viele Teile der Welt organisiert. Ihre beiden Expeditionen nach Madagaskar (1981 und 1986) führten nach Ankarana. Neben Studien über die Naturgeschichte des Reservats beschäftigt sich Jane auch mit Bilharziose.

Vorwort

"[Madagaskar ist], dieser Tage, das erste Paradies auf Erden."
Richard Boothby, 1630.

"Ich mußte unbedingt versuchen, andere davon abzuhalten, das Elend auf sich zu nehmen, das unweigerlich demjenigen droht, der sich auf die abenteuerliche Reise nach Madagaskar begibt, wahrlich ein Ort, an den Gott keinen guten Menschen führen möge ..."
Powle Waldegrave, 1649.

Madagaskar ist mein Lieblingsland. Seit 14 Jahren bin ich verliebt in diese Insel, und wie jeder Liebhaber bin ich überschwenglich in meinem Lob, ertrage aber keine Kritik an der Geliebten. Daß meine Gefühle nicht von jedermann geteilt werden, wird mir von Zeit zu Zeit klar, wenn ich Gruppen von Touristen über die Insel führe, oder wenn ich Briefe von Reisenden erhalte, die dem Charme Madagaskars nicht erlegen sind. Dies ist keine Ferieninsel, es ist noch nicht einmal eine Touristeninsel insofern, als auf Madagaskar Sehenswürdigkeiten und Veranstaltungen fehlen. Wie ein Reisender einmal bemerkte: "Man muß mich ins Gesicht schlagen mit prunkvollen Tempeln, fantastischen Kostümen, bizarren Bräuchen. Ich finde schon, daß es recht bizarr ist, mit Großvaters Knochen zu spielen, aber was für eine Chance hat ein Tourist wie ich, eine *famadihana* zu sehen?"

Letztes Jahr fragte eine Touristin in Diego Suarez mich betroffen, aber neugierig: "Was ist es bloß, was Ihnen an Madagaskar so gefällt?" Ohne Zögern gab ich ihr Antwort (wie ich auch Ihnen weiter unten in diesem Abschnitt diese Frage beantworten werde). Doch ich beschrieb nicht die Heiterkeit jenes Tages. Beim Herumschlendern in den Nebenstraßen stieß ich auf einen "Kirchenbasar". Man hatte Stände errichtet, Musik tönte mit voller Lautstärke, und die Einheimischen genossen in vollen Zügen ihr Jahrmarktsfest. Sorgfältig aufgestapelte Dosen lockten, die eigene Treffsicherheit mit dem Ball zu erproben: Werfen Sie sie alle um, und Sie gewinnen einen Preis! In einer Tonne mit Sägemehl waren Bonbons versteckt: Versuchen Sie Ihr Glück, greifen Sie hinein! Man konnte sich ein Eis kaufen, oder - wenn man kein Geld hatte - herumstehen und lachen. Das war es, was die meisten Leute taten. Ich dachte an die Jahrmärkte zu Hause, an die müden Eltern und die Kinder, die um noch mehr Geld für eine Fahrt mit dem neuen Karussell betteln, und mich ergriff ein starkes nostalgisches Gefühl: Was ist unserer Kultur nicht schon alles verlorengegangen. Und ich war dankbar für diese Gelegenheit, einen "Zeitsprung" zu erleben. Einige meiner Lieblingsdinge auf Madagaskar sind:

Die Natur: Ich habe in vielen Teilen der Welt spektakuläre Wildtiere beobachtet, aber nichts gesehen, was den madagassischen Wundern im Kleinformat auch nur annähernd nahekäme, z.B. dem Fransen-Gecko Uroplatus, dem stacheligen Tanrek (Borstenigel), den Spinnen mit ihren goldenen Netzen, den seltsamen und wundervollen Käfern. Und nie habe ich Säugetiere gesehen, die einen so sehr beeindrucken wie die Lemuren. In der Gruppe der menschenähnlichen "Knuddel-Tiere" sind sie absolute Spitze!

Das Schnorcheln: Man hat mir geringschätzig erklärt, die Möglichkeiten zum Schnorcheln um Madagaskar herum seien, im Vergleich zu denjenigen um Tahiti, nicht so gut. Ich kann das nicht beurteilen. Alles was ich weiß, ist, daß die Unterwasserwelt um Nosy Tanikely (vor Nosy Be) so großartig ist, daß es mir schwer fällt, nicht vor Begeisterung nach Luft zu schnappen und dabei zu ertrinken.

Die Schönheit der Madagassen: Ich erinnere mich daran, wie ich in einem Bus saß und in die Gesichter blickte, die mich umgaben, als befände ich mich in einer Kunstgalerie. Ich werde ihrer unendlichen Vielfalt niemals müde. Daß diese Schönheit außerdem mit Freundlichkeit und Höflichkeit verbunden ist, ist eine zusätzliche Wohltat.

Der dramatische Anblick Madagaskars aus der Luft: Durch Erosion sind große rote Risse in den grasbewachsenen Hügeln entstanden. Vom Flugzeug aus sehen diese Terrakotta-Finger, die die sanfte grüne Landschaft umgreifen, wunderschön aus, ebenso die smaragdgrünen Rechtecke der Reisfelder in den Tälern und die Berghänge hinauf, gestapelt wie Ziegel.

Antananarivo: Sicherlich die attraktivste Hauptstadt in der gesamten Dritten Welt. Ein buntes Durcheinander von Gebäuden hinter den weißen Schirmen des *Zoma* (Marktes). Gibt es irgendwo auf der Welt einen besseren Markt? Die Farbe, die Auswahl der Waren und das Gefühl, man sei eigentlich gar nicht verpflichtet, irgendetwas zu kaufen, machen ihn zu etwas ganz Besonderem.

Das Essen: Die üppig angebotenen Meeresfrüchte - Austern, Hummer und Garnelen - und die gute französische und chinesische Küche in den größeren Städten entschädigen für die Berge von klebrigem Reis und zähem Fleisch, die manchmal alles sind, was man bekommen kann. Und ein wunderbares Essen muß nicht teuer sein: Viele Leute haben mir geschrieben, um mir von der besten Mahlzeit zu berichten, die sie je gegessen haben - oft in einem abgelegenen Ort.

Jetzt zu den negativen Aspekten, die alle Besucher irritieren oder deprimieren und für manche das Faß zum Überlaufen bringen:
Die Städte: Wenn Sie nicht gerade die Route Nationale 7 hinunterfahren (an der die wirklich hübschen Städte Antsirabe, Fianarantsoa, Ambositra und vor allen Dingen Ambalavao liegen), wird Ihr Gesamtbild von madagassischen Städten ein Eindruck von wenig berauschender Architektur und Zerfall sein.

Die Armut: Rund 1.500 Menschen in Antananarivo leben ausschließlich von dem, was sie auf den Müllplätzen finden. Trotz des ständig gegenwärtigen Lachens ist es für viele Besucher doch sehr bedrückend, solches Elend zu sehen.

Reisen im Land: Für diejenigen, die es sich nicht leisten können zu fliegen oder die nicht fliegen wollen, sind das öffentliche Verkehrssystem und der Zustand der Straßen eine ständige Belastung. So schnell auch die Straßen ausgebaut werden, sie verfallen doch wieder, es ist also unwahrscheinlich, daß sich die Situation insgesamt verbessern läßt.

Außerdem eine Warnung im Hinblick auf einen Teilaspekt der madagassischen Natur. Obwohl die Hälfte der madagassischen Vögel einheimischen Arten angehören (mit fünf Familien, die nirgendwo sonst vorkommen, außer auf den Komoren), gibt es doch nur 256 Arten insgesamt, und keine davon ist besonders häufig anzutreffen.

Ob Madagaskar Sie faszinieren wird, ist abhängig von Ihren Erwartungen und Interessen. Am meisten jedoch ist es abhängig von Ihrer Fähigkeit zum Staunen. Wenn Sie noch staunen können, gibt es nichts, was Sie davon abhalten könnte, sich in Madagaskar zu verlieben. Einige Reaktionen der Leser dieses MadagaskarHandbuches:

Sie hatten absolut recht: wir liebten es! Ein großartiges Land, ich kann es gar nicht erwarten, wieder hinzufahren.

Von unseren 15 Tagen auf Madagaskar verbrachten wir 12 in und um Tana, bei dem Versuch, aus der Stadt hinauszugelangen.

Obwohl ich allein unterwegs war, habe ich mich nie einsam gefühlt. Die Herzlichkeit und Wärme der Menschen nahm mir ständig den Atem und versetzte mich immer wieder in Erstaunen.

Meine Eindrücke von Périnet scheinen charakteristisch für ganz Madagaskar zu sein. Mañana bedeutet schon ein Gefühl von Dringlichkeit - nichts wird verbessert oder auch nur renoviert ... Aber ich will mich mit einem letzten Gedanken verabschieden. Können Menschen, die, ausdrücklich oder nicht, an razana glauben, je das Gefühl haben, ihr eigenes Schicksal in Händen zu halten?

Veränderungen sind ein Thema, über das viel gesprochen wird: Hotelketten, private Luftfahrtgesellschaften ... aber, Dieu Merci, Madagaskar hat seine eigenen Abwehrmechanismen.

Ich könnte seitenlang weiterschreiben. Madagaskar ist wie kein anderer Ort, an dem ich je gewesen bin. In unserer kosmopolitischen Reisegruppe wurde Madagaskar mit Australien, Schottland, Neu Mexiko, Peru, mit Masai Mara verglichen - aber es ist einzigartig.

Da ist noch ein guter Dienst, den mir Ihr Buch erwiesen hat: Die bettelnden Straßenkinder in Tana sind mittlerweile sehr hartnäckig. Sie tanzen um einen herum, stoßen einen an und betteln um "monnaie, cadeaux, bon-bon". Ich fühlte mich sehr schuldig und reich, dennoch irritierte mich ihre ständige Gegenwart. Später, bei einer guten Tasse Kaffee in einer Patisserie in Tana, sah ich, daß meine Leinentaschen von unten mit einem Rasiermesser sauber aufgeschnitten war. Zufälligerweise befand sich mein allgegenwärtiger Bradt unten in der Tasche, so daß nichts herausgefallen war. Aber ich hatte nicht das Geringste bemerkt und glaubte, meine Tasche sicher über der Schulter und unter dem Arm zu tragen!

Danke

Mein Dank für wertvolle Informationen geht vor allen Dingen an Sir Mervyn Brown, den ehemaligen britischen Botschafter auf Madagaskar, dessen Buch *Madagascar Rediscovered* als Quelle für den historischen Teil diente. Er war auch so freundlich, die geschichtlichen Kapitel zu überarbeiten. Alison Jollys *A World Like our Own* vermittelte mir Informationen und Anregungen im Hinblick auf die madagassische Naturgeschichte, und von John Mack (*Museum of Mankind*) erhielt ich wertvolle Hilfe und Korrekturen zu den Seiten, die sich mit den traditionellen Bräuchen auf der Insel beschäftigen. Der Autor von *A Glance at Madagascar* (der anonym bleiben möchte) ließ mich an seinem reichen Erfahrungsschatz teilhaben, den er während eines 30jährigen Lebens auf Madagaskar ansammeln konnte.

Weiterhin bin ich folgenden Reisenden und Forschern zu Dank verpflichtet, die wichtige Informationen für die erste Auflage lieferten: S. und E. Garnett, Bob Gillam, Oenone Hammersley, Olivier Langrand, Jytte Arnfred Larson, Patrick Marks, Sheila O'Connor und Mark Pidgeon sowie Harry Sutherland-Hawes. Dazu kamen bei der 2. Auflage noch Jean-Marie de La Beaujardière, Reverend J. Hardiman, Simon Hale, Ted Jackson, Julian Tennant und Raniero Leto.

In diese neue Auflage wurden außerdem mehrere Leserbriefe aufgenommen, die genau die richtige Mischung aus Begeisterung für das Land und solider Information enthielten. Besonders habe ich zu danken Liz Roberts, Helena Drysdale, Benjamin Freed, David Bonderman und Laurie Michaels, Ceinwen Sinclair, Tim Cross, Evelyn Horn Wootton, Sheila Tunstall und Martin Kitzen sowie Robert Stewart und Robert Howie, die mir so viele ihrer Erfahrungen mitteilten und sorgfältig mögliche Verbesserungen notierten. Ebenfalls in die Neuauflage aufgenommen wurde der Brief einer Französin, leider mit unleserlicher Unterschrift und ohne Absender, aber trotzdem außerordentlich hilfreich.

Weiterer Dank gebührt Edith Beveridge, David Carr, Eleanor Clarke, Sally und Ian Durant, Petra Jenkins, Peter Elliott, Keith Hern, Hugh Hadley, Erik Kon, J.M. Layman, Angela Newport, Beverly Menheim, David Orchard und M.J. Sherman. Danke auch an den **WWF** in der Schweiz für die Genehmigung, einige Karten aus *Madagaskar: Revue de la conservation et des aires protégées* abzudrucken.

Last but not least danke an Alan Hickling und Monique Rodriguez, deren regelmäßiger Fax-Fluß es mir ermöglichte, der Entwicklung in einem ständig sich verändernden Land auf den Fersen zu bleiben.

Land und Leute

Zahlen und Daten

Lage
Madagaskar, auch bekannt als Demokratische Republik Madagaskar, liegt rd. 400 km vor der afrikanischen Ostküste, südlich des Äquators. Nahe der Stadt Tuléar (Toliara) im Süden schneidet der Wendekreis des Steinbocks die Insel. Die unvorstellbare Vielzahl von einzigartigen Tier- und Pflanzenarten auf Madagaskar verdankt ihre Existenz dem frühen Verlust der Festlandsverbindung vor rund 160 Mio. Jahren und dem relativ späten Auftreten des Menschen auf der Insel (um 500 n.Chr.).

Größe
Als viertgrößte Insel der Welt (nach Grönland, Neuguinea und Borneo) ist Madagaskar - mit einer Länge von 1580 km, einer maximalen Breite von 580 km und einer Fläche von 587.041 km^2 - etwa anderthalbmal so groß wie Deutschland.

Topographie
Eine Bergkette verläuft östlich der Inselmitte in Nord/Süd-Richtung und fällt steil zum Indischen Ozean hin ab, so daß eine schmale Küstenebene entsteht. Die östlichen Berghänge tragen noch Überreste der dichten Regenwälder, die einst den gesamten Osten der Insel bedeckten.

Die Ebene im Westen ist breiter, das Klima dort trockener. Hier wachsen Laubbäume, und hier erstrecken sich auch die weiten Grasflächen der Savannen. Der höchste Berg Madagas-kars ist der Maromokotro (2.876 m) im Norden der Insel. Im Süden liegt der "Dornenwald", auch bekannt als "Dornenwüste".

Geschichte
Zuerst gesichtet von den Portugiesen im Jahre 1500; arabische Siedlungen gab es bereits seit dem 9. Jh. Der Name Madagaskar stammt von Marco Polo, der (nach den fantasievollen Erzählungen anderer Reisender) ein Land beschrieb, in dem der Riesenvogel Rock mit Leichtigkeit Elefanten davontrage. Vereinigt unter einem madagassischen Monarchen seit Beginn des 19. Jh., begann eine Zeit britischer Einflußnahme über die *London Missionary Society*. Madagaskar wurde 1896 zu einer französischen Kolonie. Seit 1960 unabhängig.

Land und Leute

Regierung
Von 1975 bis in die ausgehenden 80er Jahre folgte das Land seiner eigenen Form des christlichen Marxismus unter Präsident Didier Ratsiraka. In jüngerer Zeit haben sich jedoch eine marktorientierte Wirtschaft und eine Mehrparteien-Demokratie entwickelt. Präsident Ratsiraka wurde 1989 für eine erneute Amtsperiode von sieben Jahren wiedergewählt.

Bevölkerung
Die Einwohner von Madagaskar, die Madagassen, sind afro-indonesischer Herkunft und in 18 "Stämme" oder Clans unterteilt. Andere vertretene Rassen sind Inder/Pakistani, Chinesen und Europäer. Die Bevölkerungszahl liegt bei schätzungsweise 11 Mio., von denen mehr als die Hälfte unter 20 Jahre alt sind.

Sprache
Die erste Sprache ist das *Malagasy* (gespr.: "Malgasch"), das zur malayo-polynesischen Sprachfamilie gehört. Französisch ist die zweite Amtssprache Madagaskars und wird vorwiegend in den Städten gesprochen. Englisch wird auf Madagaskar sehr wenig verwendet, z.T. nur in den wichtigsten Touristenorten.

Ortsnamen
Seit der Unabhängigkeit sind einige Orte, die Namen aus der Kolonialzeit trugen, umbenannt worden. Obwohl sie auf Karten und Schriftstücken mit ihren neuen Namen ausgewiesen sind, benutzen die meisten Leute - einschließlich *Air Madagascar* - die alten Bezeichnungen, ein Vorgehen, dem ich mich in diesem Buch anschließe (der alte Name erscheint zuerst): Fort Dauphin = Taolanaro, Tuléar = Toliara oder Toliary, Périnet = Andasibe, Ile Sainte Marie = Nosy Boraha, Diego Suarez = Antsiranana. Antananarivo wird häufig "Tana" abgekürzt.

Religion
Das Christentum ist die vorherrschende, organisierte Religionsform, wobei die katholische Kirche etwas stärker vertreten ist als andere Konfessionen. Auch der Islam und der Hinduismus werden praktiziert, jedoch ist für die Mehrheit der Madagassen ihre eigene, ganz spezifische Form des Ahnenkults bestimmend für ihr Leben.

Land und Leute

Wirtschaft
1973 zog sich Madagaskar aus dem Geltungsbereich des französischen Franc zurück und richtete eine eigene Zentralbank ein. Das Land ist im wesentlichen von der Landwirtschaft abhängig; Kaffee, Gewürznelken und Vanille werden exportiert, außerdem Mineralien. Nach der Statistik der Weltbank von 1984, die die Armut nach dem Bruttosozialprodukt pro Kopf der Bevölkerung einschätzt, stand Madagaskar an 183. Stelle von 203 Ländern weltweit.

Währung
Der madagassische Franc (Franc Malgache - FMG). Im März 1991 lag der Wechselkurs bei: US$ 1 = FMG 1.464; DM 1 = FMG 936 (entspricht nur dem Ernährungswert).

Klima
Tropisch mit Regen selbst zur heißesten Jahreszeit - die mit dem Winter auf der Nordhalbkugel zusammenfällt. Die Niederschlagsmenge ist je nach Region sehr unterschiedlich. An der Ostküste regnet es fast täglich (im Durchschnitt 3.550 mm jährlich in der feuchtesten Gegend), im trockenen Süden dagegen nur an durchschnittlich 51 Tagen im Jahr (300 mm). Heiß und feucht nahe der Küste, können die Temperaturen in Tana bis auf den Gefrierpunkt sinken (1.250 m). Im äußersten Süden fallen sie im kältesten Monat des Jahres, dem Juni, fast auf den Gefrierpunkt.

Flora/Fauna
Ein Paradies für Naturliebhaber: Die meisten Pflanzen und Tiere auf der Insel sind einzigartig. 80% der einheimischen Pflanzen sind endemisch, d.h. sie kommen ausschließlich auf Madagaskar vor. Dieses gilt sowohl für alle Säugetiere (mit Ausnahme derjenigen, die erst kürzlich ins Land gebracht wurden) als auch für die Hälfte der Vögel und mehr als 90% der Reptilien. Ein Großteil dieses "lebenden Laboratoriums" muß noch klassifiziert werden.

Land und Leute

Geschichte

Eine detailliertere historische Einführung finden Sie jeweils zu Beginn der Kapitel über die einzelnen Regionen.

Die **Portugiesen** erreichten die Insel im Jahre 1500, doch die Feindlichkeit der Eingeborenen und verschiedene Krankheiten vereitelten frühe Versuche der Europäer, Madagaskar zu besiedeln. So konnte sich ein bemerkenswert homogenes Land unter seinen eigenen Herrschern entwickeln.

Der erste Monarch, der Madagaskar vereinigte, war **Radama I.** (1810-1828). Vor dieser Zeit hatten die meisten Regionen ihre eigenen Herrscher, und Reiche wurden gegründet und zerfielen wieder unter Monarchen mit so unaussprechlichen Namen wie Andrianalimbe, Andrianiveniarivo und Ratsimilaho (der Sohn eines englischen Seeräubers) Sie beherrschten einen Großteil der Ostküste. Das mächtige Königreich Merina wurde 1794 von Andrianampoinimerina geschaffen (glücklicherweise eine verkürzte Fassung seines vollen Namens: Andrianampoinimerinandriantsimitoviaminandriampanjaka!), als die verschiedenen Clans im Hochland besiegt und vereinigt wurden.

Sein Sohn war Radama I. Er erfüllte den Befehl seines Vaters, "die See zur Grenze des Königreichs zu machen". Dieser König unterhielt freundschaftliche Beziehungen zu den europäischen Mächten, besonders zu Großbritannien, und 1817 und 1820 unterzeichnete Großbritannien Verträge, nach denen Madagaskar als unabhängiger Staat anerkannt wurde.

Um die bestehenden Verbindungen zwischen beiden Ländern weiter zu fördern, ermunterte der britische Gouverneur von Mauritius König Radama I. dazu, die Londoner Missionsgesellschaft aufzufordern, Lehrer ins Land zu entsenden. Später folgten ihnen eine Reihe von Handwerkern. Die Missionsgesellschaft hatte in dieser Zeit einen starken Einfluß auf Madagaskar, was sogar zur Entwicklung einer Schriftsprache unter Verwendung des römischen Alphabets führte.

Die nächste Monarchin war Königin **Ranavalona I.**, die 33 Jahre lang regierte. Sie ist in die madagassische Geschichte wegen ihrer absoluten Ablehnung europäischer Einflüsse, einschließlich des Christentums, eingegangen. Die Missionare, die so viel für das Land getan hatten, wurden vertrieben und viele Christen massakriert. Der Fremdenhaß der Königin ging so weit, daß er schließlich zum Konflikt mit England und Frankreich führte, und es war in dieser Zeit (1841), wo Frankreich die Insel Nosy Be besetzte.

Zur Regierungszeit Königin Ranavalonas I. kam ein ungewöhnlicher Franzose nach Madagaskar: Jean Laborde, der, aufbauend auf der Arbeit der britischen Missionare, viele Aspekte westlicher Technologie auf der Insel einführte (☞ *Das Hochland*).

Auf Königin Ranavalona I. folgte König **Radama II.**, ein friedliebender und pro-europäisch gesinnter Monarch. Seine Regierungszeit dauerte nicht lange - bereits nach zwei Jahren wurde er ermordet. Die Monarchie begann jetzt an Macht zu verlieren, und es kam zu einer Verlagerung des politischen Gewichts zugunsten des Premierministers. Dieser Mann heiratete die Königin, wurde aber von einem Bruder vertrieben, der die einmal begonnene Tradition fortsetzte, indem er drei Königinnen nacheinander heiratete und alle Macht ausübte. Während dieser Zeit (1863-1896) waren die Monarchinnen (allein dem Titel nach) Königin **Rasoherina**, Königin **Ranavalona II.** und - als letzte - Königin **Ranavalona III**.

1883 griff Frankreich unter verschiedenen Vorwänden die wichtigsten Häfen von Madagaskar an und besetzte sie. Nach einem 30 Monate andauernden Krieg zwangen die Franzosen den Madagassen einen strengen Friedensvertrag auf, mit dem eine Art französisches Protektorat eingerichtet wurde. Der Premierminister, der auf Unterstützung aus Großbritannien hoffte, nutzte die Zweideutigkeiten im Vertrag, um eine vollständige Annahme des Protektorats zu vermeiden. Doch nachdem die Briten ihrerseits das Protektorat in der Konvention von Sansibar 1890 anerkannt hatten, zwangen die Franzosen dem Land 1895 ihre Herrschaft durch eine Invasion auf.

Madagaskar wurde 1896 zur französischen Kolonie. Der erste Generalgouverneur war Joseph Simon Galliéni, ein fähiger und den Inselbewohnern im großen und ganzen wohlgesonnener Verwalter. Er setzte es sich zum Ziel, die Macht der Aristokratie von Merina zu brechen, und den britischen Einfluß zurückzudrängen. Zu diesem Zweck erließ er ein Verbot, die englische Sprache zu unterrichten. Die Monarchie blieb bestehen, allerdings ohne echten Machtanspruch. Sie wurde schließlich 1897, als Königin Ranavalona III. ins Exil geschickt wurde, abgeschafft.

Es folgten mehrere Aufstände, die häufig sehr blutig niedergeschlagen wurden. Die nationalistische Stimmung wuchs. Ein Versuch seitens der Franzosen, die aufflammenden Unabhängigkeitsbestrebungen zu unterbinden, bestand darin, alle Hinweise auf die Französische Revolution in den Schulbüchern zu eliminieren.

Im Ersten Weltkrieg waren 46.000 Madagassen auf seiten der alliierten Streitkräfte rekrutiert; 2.000 von ihnen kamen ums Leben. Frankreichs Niederlage 1940 und der Sturz der Vichy-Regierung von Madagaskar durch britische Truppen im Jahre 1942 schwächten das französische Prestige erheblich und weckten neue nationalistische Hoffnungen auf eine baldige Unabhängigkeit. 1947 kam es zu einem größeren Aufstand, bei dem nach Schätzungen 80.000 Madagassen ihr Leben verloren, viele durch senegalesische Soldaten, die sich der französischen Fremdenlegion angeschlossen hatten. Ein Jahr später wurde die Rebellion endgültig unterdrückt, nach der blutigsten Episode in der gesamten Geschichte Madagaskars.

Die Republik Madagaskar entstand 1958, ein autonomer, aber nicht unabhängiger Staat. Die Unabhängigkeit von Frankreich erlangte die Insel erst 1960.
Der erste Präsident, **Tsiranana**, war pro-französisch und konservativ eingestellt. 1972 führten Arbeiter- und Studentenstreiks zur Machtübernahme durch General Ramanantsoa, den Anführer der Armee, doch Tsiranana blieb zunächst Präsident. Nach einem Volksentscheid trat er zurück. Angesichts der zunehmenden sozialistischen Tendenzen legte auch Ramanantsoa im Januar 1975 sein Amt nieder und übergab die Macht an Innenminister Richard Ratsimandrava, der eine Woche später ermordet wurde. Eine Militärjunta griff ein, zerschlug einen Aufstand, und im Juni 1975 übernahm **Didier Ratsiraka**, ein Kapitän der Marine, die Macht. Präsident Ratsiraka führte eine madagassische Form des Sozialismus ein und wurde seither zweimal wiedergewählt.

Historischer Abriß
500 n.Chr.	Ungefährer Zeitpunkt der ersten erwähnenswerten Besiedlung der Insel
800-900	Erste erkennbare Dorfanlagen im Norden der Insel, im Süden beginnt das Vordringen ins Inland
1200	Entstehung von arabischen Siedlungen; erste Moscheen werden erbaut

Land und Leute

1500	Entdeckung Madagaskars durch den Portugiesen Diego Dias; einige Versuche, dauerhafte europäische Niederlassungen auf der Insel einzurichten, bleiben erfolglos
1650er	Herausbildung der Sakalava-Königreiche
Früh. 17. Jh.	Das östliche Madagaskar wird zunehmend zu einem Stützpunkt für Piraten
1716	Die Eroberung Fénérives von Ratsimilaho; Beginn der Betsimisaraka-Konföderation
1750	Tod Ratsimilahos
1780	Der spätere Andrianampoinimerina wurde zum König von Ambohimanga erklärt
1795/6	Andrianampoinimerina richtet seine Hauptstadt in Antananarivo ein
1810-28	Regierungszeit von Radama I., Merina-König
1818	Erste Missionsschule in Antananarivo eröffnet
1820	Erste Missionsschule in Tamatave eröffnet
1828-61	Regierungszeit von Ranavalona I., Merina-Königin
1835	Veröffentlichung der Bibel auf Madagaskar, doch die Ausübung des christlichen Glaubens wird verboten
1836	Die meisten Europäer und Missionare verlassen die Insel
1861	Missionare dürfen zurückkehren; Religionsfreiheit ausgerufen
1861-63	Regierungszeit von Radama II., Merina-König
1863-68	Königin Rasoherina folgt Radama II. nach seiner Ermordung auf den Thron
1868-83	Regierungszeit von Königin Ranavalona III.
1895	Einrichtung eines französischen Protektorats; im folgenden Jahr wird Madagaskar zu einer echten Kolonie
1897	Verbannung der letzten Königin nach Réunion, später nach Algier; Abschaffung der Merina-Monarchie
1917	Tod von Ranavalona III. im Exil
1942	Britische Truppen besetzen Madagaskar
1947	Blutige Niederschlagung von Aufständen
1958	Autonome Republik in der Frz. Gemeinschaft
1960	Madagaskar erhält seine volle Unabhängigkeit
1975	Didier Ratsiraka erstmalig zum Präsidenten gewählt
1982	Wiederwahl Ratsirakas

Klima

Madagaskar hat ein **tropisches Klima**, das sich aus Regen- und Trockenzeiten zusammensetzt. Südwestliche Passatwinde regnen ihre Feuchtigkeit auf den östlichen Berghängen ab und wehen heiß und trocken im Westen. Nördliche und nordwestliche, monsunähnliche Luftströmungen bringen im Sommer starke Regenfälle, die nach Süden hin abnehmen, so daß die Niederschläge in Fort Dauphin nur halb so hoch sind wie in Tamatave. Erhebliche Temperaturunterschiede sind auch abhängig von Höhenunterschieden und der geografischen Breite. Am Tag der Sonnenwende, dem 22. Dezember, steht die Sonne direkt über dem Wendekreis des Steinbocks, und das Wetter ist warm. Umgekehrt ist der Juni der kühlste Monat.

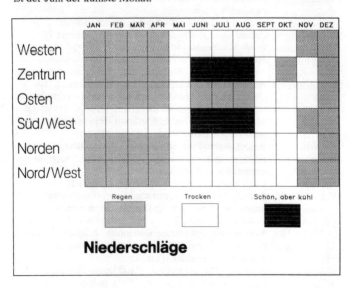

Wie bereits oben erwähnt, variieren die Niederschlagsmengen enorm, doch die Regenzeit ist, außer geringen regionalen Schwankungen, recht einheitlich: Sie dauert von November bis März, die Trockenzeit dagegen von April bis Oktober.

Der **Osten Madagaskars** ist im Februar und März häufig von Zyklonen betroffen, die auch auf andere Gegenden, besonders den Norden, übergreifen können.

Die durchschnittlichen Temperaturen zur Mittagszeit liegen in der Trockenzeit bei 25°C im **Hochland** und bei 30°C an der Küste. Solche statistischen Werte sind allerdings insofern irreführend, als die nächtlichen Temperaturen in Tana bis unter den Gefrierpunkt fallen können, während sie sich im Süden in Gefrierpunktnähe bewegen. Ferner weht an der Küste in der Regel eine kühle Brise, so daß die Hitze dort erträglicher wird..

Klimaregionen
Westen: Die Regenfälle nehmen von Norden nach Süden ab. Die Tages- und Nachttemperaturen klaffen immer weiter auseinander, je weiter Sie in den Süden kommen. Durchschnittliche Anzahl von trockenen Monaten: 7 oder 8. Größte durchschnittliche Niederschlagsmenge in dieser Zone (größere Stadt): Majunga, 1.520 mm. Niedrigste Niederschlagsmenge: Tuléar, 360 mm.

Inselzentrum: Temperaturen und Regenfälle sind abhängig von der Höhe ü.d.M. Tages/Nachttemperaturen in Antananarivo variieren um 14°C. Einige wenige Regentage im Oktober sind als *pluie des mangues* oder "Mango-Regen" bekannt (Reifezeit dieser Frucht). Die Hauptregenzeit beginnt Ende November. Durchschnittliche Zahl von trockenen Monaten: 7. Größte durchschnittliche Niederschlagsmenge in dieser Zone (größere Stadt): Antsirabe, 1.400 mm. Niedrigste gemessene Temperatur: -8°C in Antsirabe.

Osten: Im Norden und im Zentralgebiet gibt es keine Monate (oder Wochen) ganz ohne Regen, doch im Süden herrschen trockenere, gleichmäßigere Wetterbedingungen vor. Einigermaßen trockene Monate: Mai, September, Oktober, November. Mögliche Monate: April, Dezember, Januar. Unmögliche Monate (sintflutartige Regengüsse und Zyklone): Februar, März. Größte jährliche Niederschlagsmenge (größere Stadt): Maroantsetra, 4.100 mm. Geringste: Fort Dauphin, 1.520 mm.

Südwesten: Der trockenste Teil von Madagaskar. Im äußersten Westen kann es nur 50 mm Regen im Jahr geben, wobei sich die Niederschlagsmenge im Osten auf rund 340 mm erhöhen kann.

Land und Leute

Norden: Er könnte mit der östl: Zone zusammengefaßt werden, gäbe es nicht das trockene Klima der Diego Suarez Region, wo, während einer langen Trockenzeit, nur 920 mm Niederschlag pro Jahr fallen.

Nordwesten (Sambirano): Beherrscht vom höchsten Berg des Landes, Maromokotro, gehört zu dieser Region auch die Insel Nosy Be. Das Mikroklima ist durch häufige heftige Regenfälle, die sich mit klarem, blauem Himmel abwechseln, gekennzeichnet. Auf Nosy Be fallen im Durchschnitt 2.030 mm Niederschlag pro Jahr, verteilt auf 175 Tage.

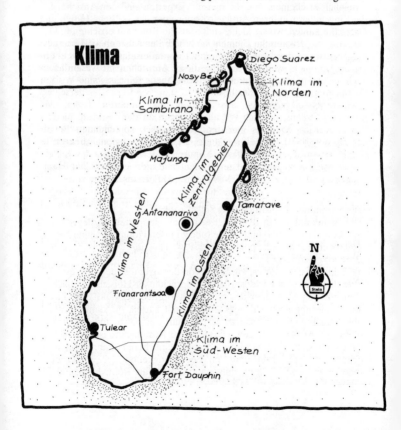

Die Madagassen

Herkunft

Die meisten Berichte stimmen darin überein, daß die ersten Menschen vor rund 1.500 Jahren auf Madagaskar eintrafen. Sie kamen aus Indonesien/Malaya. Zwar ist es theoretisch möglich, daß sie direkt über den Indischen Ozean von dort eintrafen (was durch eine Kon-Tiki-ähnliche Expedition bewiesen wurde, ☞ *Sarimanok-Expedition*), doch die große Entfernung - 6.400 km - läßt diese Routenwahl als unwahrscheinlich erscheinen, und die meisten Experten sind der Ansicht, daß die Einwanderer in ihren Ausleger-Kanus über das **südliche Indien** und **Ostafrika** kamen, wo sie kleine indonesische Kolonien errichteten. Das ausgeprägte afrikanische Element innerhalb der Küstenbevölkerung ist möglicherweise das Ergebnis späterer Einwanderungswellen aus ebendiesen Kolonien, weil die Sprache dieser Menschen im wesentlichen auch malayo-polynesisch ist, mit nur wenig mehr Bantu-Swahili-Worten als an anderen Orten auf der Insel.

Spätere Ankömmlinge aus Arabien und anderen Teilen des Indischen Ozeans, die sich vor allen Dingen an der Ostküste niederließen, wurden ebenfalls von der Madagassisch sprechenden Bevölkerung absorbiert, wobei sie durch bestimmte, regional begrenzte Bräuche islamischer Herkunft klare Spuren hinterließen.

Die **Merina** im Hochland zeigen deutliche indonesische Charakteristika und sind wohl erst vor 500-600 Jahren auf der Insel eingetroffen.

Die Sarimanok-Expedition (von Sally Crook)
Die **Sarimanok** ist ein 20 m langes Kanu mit doppeltem Ausleger, das auf Veranlassung und unter Anleitung von Bob Hobman, einem Neuseeländer, auf der Philippinen-Insel Tawi Tawi in der Sulusee (nahe Borneo) gebaut wurde.

Seine Absicht war es, ein Schiff von der Art zu bauen, wie es die alten Inselbewohner Südostasiens (in sprachlicher Hinsicht am nächsten mit den Menschen des modernen Borneo verwandt) für ihre Auswanderung nach Madagaskar verwandt hatten, um damit direkt über den Indischen Ozean zu segeln, statt der Küste Indiens, Arabiens und Afrikas zu folgen. Die sicherere Küstenroute ist diejenige, die die meisten Historiker für die wahrscheinlichere halten. Hobman, beeindruckt vom Mut und den Segelfertigkeiten der modernen Indonesier, wollte zeigen, daß ein traditionelles Boot, hergestellt aus Holz und Bambus, verbunden mit Rattan, ohne jegliche Zuhilfenahme von Eisennägeln und getrieben vom Wind in den Segeln, gewoben aus Palmblättern, lange genug auf offenem Meer bestehen könne, um Madagaskar ohne weitere Zwischenlandung zu erreichen. Die Nahrungsmittel, die Methoden der Konservierung und des Kochens sollten ebenfalls so sein wie vor 2.500 Jahren - zu jener Zeit, als, wie Hobman annimmt, die Völkerwanderung stattfand. (Allerdings gehen die meisten anderen Wissenschaftler vom **ersten nachchristlichen Jahrtausend** als wahrscheinlicherem Zeitraum aus.) Navigiert wurde nach dem Stand der Sonne und der Sterne.

Die Probefahrt im Jahre 1984 von den Philippinen nach Bali wurde nicht ausschließlich unter "Originalbedingungen" durchgeführt, auch mußte ein Außenbordmotor verwendet werden, um gegen den Wind anzukommen. Die Reise war ereignisreich mit mehreren Halts an den Küsten von Sulawesi, Borneo und Java wegen Reparaturarbeiten. Dann starb Chico Hansen an Hepatitis, kurz nachdem man die Hafenstadt Surabaya, Java, erreicht hatte. Der Verlust war verheerend für die Crew, doch die Vorbereitungen und Verbesserungen an der Bootskonstruktion wurden im nächsten Jahr fortgesetzt, und am 3. Juni 1985 segelte die Sarimanok, jetzt ohne Motor, Radio oder Sextant, hinaus auf den Indischen Ozean, um sich von den südöstlichen Passatwinden nach Madagaskar treiben zu lassen.

Abgesehen von einem Halt auf den Kokos-Inseln, um ein krankes Mitglied der Crew abzusetzen (acht Männer und eine Frau waren an Bord), steuerte der Navigator, Bill McGrath, das Schiff über das offene Meer durch die für die Jahreszeit untypischen, häufigen Regenfälle direkt nach Diego Suarez an der Nordspitze von Madagaskar. Durch Satelliten-Beobachtung wurde die Genauigkeit seiner Berechnungen während der gesamten Reise bestätigt. Die Daten gingen nach Toulouse; der Crew standen sie nicht zur Verfügung.

Da Hilfe fehlte, um das schwerfällige Schiff an Land zu bringen, segelte die Sarimanok weiter nach Mayotte (franz. Insel vor den Komoren), wo man sie dann an Land zog. Schließlich landete das Expeditionsschiff am 5. September 1985 auf Nosy Be und wurde von den Einheimischen begeistert empfangen. Sie waren stolz darauf, daß ihre Geschichte durch diese siebenwöchige Überquerung des Indischen Ozeans realisiert werden konnte und daß damit die Behauptung gerechtfertigt schien, ihre Ahnen hätten diese schwierigere und gefahrvollere Route nehmen können, um Madagaskar zu erreichen.

Glaubensrichtungen und Bräuche

Die afro-asiatische Herkunft der Madagassen hat zur Entstehung eines Volkes mit komplizierten und faszinierenden Bräuchen geführt. Zwar gibt es verschiedene Stämme oder Clans, doch wird im ganzen Land eine einheitliche Sprache gesprochen, und auch der Glaube an die Macht der toten Vorfahren (*razana*) ist allen Madagassen gemeinsam. Dieser **Totenkult**, in seiner Ausführung alles andere als morbide, ist eher Ausdruck einer Wertschätzung des Lebens, weil man glaubt, daß die Verstorbenen große Macht haben und nach wie vor am Leben der Familie teilnehmen. Zudem sind die Madagassen davon überzeugt, daß, wenn ihre Nachfahren sie nicht vergessen, es den Verstorbenen in der Geisterwelt gut geht und daß sie auf vielfältige Art und Weise das Schicksal der Lebenden überwachen.

Die Madagassen glauben an einen Gott, *Andriamanitra* (das gleiche Wort bezeichnet interessanterweise das Seidenmaterial, aus dem Leichentücher hergestellt werden) und an den Schöpfer (*Zanahary*). Vielleicht liegt der Grund dafür, daß das Christentum auf Madagaskar sehr schnell Fuß fassen konnte, in einer besonderen Übereinstimmung mit traditionellen Glaubensvorstellungen - der Gedanke der Auferstehung z.B. ist nicht so weit entfernt von der Ahnenverehrung der Madagassen. Die Vorfahren besitzen große Macht, ihre "Wünsche" bestimmen das Leben der Familie oder Gemeinschaft. Ihr Eigentum wird respektiert, d.h. das Feld des Großvaters darf nicht verkauft oder mit einem neuen Getreide bepflanzt werden. Schicksalsschläge werden in der Regel auf eine Verstimmung der *razana* zurückgeführt, und es kann sein, daß man zur Versöhnung einen Zebu-Bullen schlachtet.

Riesige Zebu-Herden werden eigens als "Reserve" für erforderliche Opferungen gehalten. Ein heiliges Opfer kann aber nicht nur die Ahnen günstig stimmen, es dient auch ganz allgemein dazu, Unglück abzuwenden. Das wird deutlich durch die Opferung eines Zebu-Bullen aus Anlaß des ersten Jumbo Jet-Fluges von Air Madagascar. Die Sicherheitsstatistik der Fluggesellschaft ist ausgezeichnet.

Fady

Die Vorschriften der *razana* führen im Alltag zum Entstehen eines komplizierten Zusammenhangs von *fady* oder Tabus. Sie unterscheiden sich von Familie zu Familie und Gemeinschaft zu Gemeinschaft, mitunter sogar von Person zu Person. Das Essen von Schweinefleisch kann *fady* sein, oder das Töten von Lemuren (ein ausgesprochen interessantes Gesprächsthema!). In Imerina ist es *fady*, einem anderen

Menschen ein Ei direkt zu übergeben - es muß zunächst auf den Boden gelegt werden. In vielen Dörfern gilt es als *fady*, an Dienstagen und Donnerstagen auf den Reisfeldern zu arbeiten, oder man betrachtet es als *fady*, ein Grab mit einem Spaten auszuheben, dessen Griff solide befestigt ist: Eine allzu feste Verbindung von den Lebenden zu den Toten ist gefährlich. Andere Beispiele regionaler Tabus ☞ *Volksgruppen*.

Vintana

Zum *fady* gehört eine noch kompliziertere Schicksalsvorstellung, genannt *vintana*. Ganz allgemein ausgedrückt, hat *vintana* mit Zeit zu tun - Stunden des Tages, Tagen der Woche etc. - während *fady* sich auf Handlungs- oder Verhaltensweisen bezieht. Jeder Tag hat seine *vintana*, der eine bestimmte Farbe zugeordnet ist, die ihn gut oder schlecht für bestimmte Feste oder Aktivitäten macht.

Die Vorstellung der *vintana* stammt aus dem von den Arabern eingeführten Mondkalender, und man glaubt, diese Schicksalsmacht bewege sich durch das Haus in Abhängigkeit von den Phasen des Mondes. Häuser werden traditionell in Nord-Süd-Richtung gebaut mit dem Eingang nach Westen, und der erste Monat des Jahres ist die Nordostecke (Sonnenaufgang). Hier werden daher besondere Gegenstände, die in Beziehung zu den Ahnen stehen, untergebracht. Die Bewohner der Häuser achten darauf, in der gleichen Richtung wie die *vintana* (im Uhrzeigersinn) durch ihr Haus zu gehen, auch wenn das bedeutet, daß sie einen längeren Weg nehmen müssen, um die Tür zu erreichen.

In gewisser Hinsicht hat *vintana* mit Astrologie zu tun. Auch hier ist das Schicksal einer Person mit dem Tag und der Stunde verknüpft, in der er oder sie geboren wurde; Paare mit gegensätzlicher *vintana* sollten z.B. nicht heiraten.

Heilkundige und Zauberer

Kenntnisse über Heilkräuter und ihre Wirkungen sind unter den Madagassen weit verbreitet. Auf allen Märkten gibt es eine große Auswahl von Heilpflanzen zu kaufen. In größeren Städten ist dies einfach "die Drogerie", in ländlichen Gegenden aber verwaltet der *ombiasy* oder Heilkundige die Kräuter. Wie der Name nahelegt (olona-be-hasina - Mensch von großer Tugend), ist seine Macht eine positive. Er verordnet nicht nur heilende Kräuter, sondern ruft auch die Macht der Ahnen an, um eine Genesung zu bewirken. In manchen Gegenden sind die *ombiasy* gleichzeitig Wahrsager. Außerdem gibt es Medizinmänner mit genauen Kenntnissen über Gifte. Dies sind die *mpamorika*.

Zauberer, genannt *mpisikidy*, verwenden Amulette, Steine und Perlen (*ody*) für ihre Heilungen.

Ein *mpanandro* ist ein Astrologe, der sich sehr genau mit *vintana* auskennt - ein hoch geachtetes und gelegentlich gefürchtetes Mitglied der Dorfgemeinschaft. Er ist es, der den günstigsten Tag und die günstigste Stunde für ein Familienfest oder andere wichtige Handlungen festlegt, z.B. für die *famadihana* oder die Grundsteinlegung eines neuen Hauses. Es kann auch vorkommen, daß er sich während einer *tromba* (d.i. ein Trance-ähnlicher Zustand) in der Nähe aufhält, um als Medium für die Ahnen zu fungieren.

Nach dem Tod

Bestattung, zweite Bestattung und das "Wenden der Knochen" sind ausgesprochen wichtige Bestandteile der madagassischen Kultur. Der Tod ist, alles in allem, das wichtigste Ereignis im Leben eines Madagassen, weil er dann seine sterbliche Hülle verläßt, um ein sehr viel mächtigerer und bedeutenderer Vorfahre zu werden. Die Bestattungsriten der verschiedenen Stämme werden unter dem Stichwort *Volksgruppen* und in den Regionalkapiteln beschrieben.

Egal welche Form der Bestattung gewählt wird, alle Stämme betrachten den frischen oder im Zerfall begriffenen Leichnam als unrein und müssen sich nach einem Kontakt mit ihm oder seinen Besitztümern mit Wasser reinigen. Gegenstände, die auf einen Grabstein gelegt wurden, befinden sich dort, weil sie unrein sind, und in manchen Fällen wird das Haus der Verstorbenen abgebrannt, um eine Verunreinigung zu vermeiden. John Mack (*Madagascar: Island of the Ancestors*) berichtet, daß die Patienten eines Krankenhauses einmal das gesamte Bettzeug und die medizinische Ausrüstung der Station verbrannten, als jemand gestorben war.

Knochen ohne jedes Fleisch sind die materielle Repräsentation für die Gegenwart eines Vorfahren, und das Grab ist sein Haus. Exhumierungen sind daher der einzige Weg, will man die Knochen erhalten.

Die **südlichen Stämme**, bei denen es keine zweite Bestattung gibt, schnitzen Erinnerungsstelen aus Holz, auf denen häufig wichtige Szenen aus dem Leben des Verstorbenen dargestellt sind. Die Gräber sind kunstvoller und besser gebaut als die Häuser in der Gegend. Eine enorme Anzahl von Zebus wird geschlachtet, wenn ein reicher Mann bestattet werden soll; 50 Stück sind keine Seltenheit.

Im Hochland, unter den **Merina**, wird immer noch *famadihana* (ausgesprochen "famadian") praktiziert, die Zeremonie des "Wendens der Knochen". Dies ist eine Zeit großer Freude, wenn die Überreste des verstorbenen Verwandten in ein neues Leichentuch (*lamba mena*) gewickelt und durch das Dorf getragen werden, bevor man sie wieder in die Familiengruft zurückbringt.

Der Leichnam wird behandelt, als wäre er noch lebendig - man spricht mit ihm, zeigt ihm die Veränderungen in der Stadt und läßt ihn an der Feier teilnehmen.

Ein Anlaß für *famadihana* kann sein, daß ein Vorfahr in einer fremden Umgebung gestorben ist und seine sterblichen Überreste jetzt in das Familiengrab überführt werden, oder daß ein neues Grab gebaut wurde, weil die *razana* beschlossen haben, es sei Zeit für einen Ausflug (möglicherweise in einem Traum).

Famadihana ist in jeder Hinsicht ein Familienfest. Die lebenden Verwandten treffen sich (und haben ihr Teil zu den nicht unerheblichen Kosten des Festes beigesteuert), und die Vorfahren werden auf ihren Regalen in der Gruft gesellig nebeneinandergestellt, wodurch sich ihre Macht noch vergrößert.

Famadihana ist nicht nur ein Brauch im ländlichen oder traditionelleren Madagaskar. Jane Wilson hatte das Glück, von einer gebildeten und streng christlichen Familie zu einer Knochenwende-Zeremonie in den Randbezirken von Tana eingeladen zu werden. Sie beschreibt die Zeremonie folgendermaßen:

Als wir eintrafen, sah es so aus, als sei bereits seit mehreren Stunden gefeiert worden. Wir bekamen etwas zu trinken, und man sagte uns, wir sollten im Hof warten, weil die Knochen bald umgedreht würden.

Im Grab und darum herum war viel los, und bald trat eine Gruppe von sechs Männern heraus, die den Großonkel der Gastgeberin trugen. Seine Knochen, staubig und trocken, wurden von einer Plastiktüte zusammengehalten; die alte lamba mena *war schon vor langer Zeit zerfallen.*

Er wurde an einen besonderen, geschützten Ort gebracht, in eine sehr teure, wunderschön bestickte, neue weiße lamba mena (mena *bedeutet rot, aber das Grabtuch ist nicht immer rot) gewickelt und mitten zwischen die Gäste gelegt. Über seinem Körper hing eine Fotografie dieses Mannes in seiner Jugend: mit gewachstem Schnurrbart und in Kleidern, die in den 20er Jahren modern waren. Dazu holte man noch die Knochen seiner Ehefrau, die ebenfalls auf den kleinen, geschützten Tisch gelegt wurden, und auch die Knochen eines weiteren Verwandten.*

Als ein katholischer Schulmädchenchor zu singen begann, betrachtete ich die eigentümliche Szene genauer. Ungefähr 200 Gäste waren anwesend, die Männer in ihren besten Sonntagsanzügen und die Frauen mit ihrem langen, glatten Haar, was traditionell geflochten und am Hinterkopf hochgesteckt war. Sie trugen elegante europäische Kleider mit reich verzierten lambas *über den Schultern. Ein Priester sprach Gebete und hielt eine kurze Predigt, ehe der protestantische Mädchenchor einfiel, die Gesichter leuchtend vor Begeisterung beim Singen.*

Nachdem der Priester und die Sängerinnen sich zerstreut hatten, zeigte uns unser Gastgeber ein Zimmer, das ganz und gar mit den geschlachteten Kadavern von ungefähr 30 Zebus ausgefüllt war - es würde ein großes Fest geben! Die Musikgruppen stimmten ihre Gitarren und richteten ihre Trommeln auf der improvisierten Bühne ein, und schon bald bebte der Raum zu den Klängen von Rock-Musik, und man tanzte im Disco-Stil.

Dann fiel mir auf, daß ganz verstohlen weitere Leichname aus den Gräbern geholt wurden, die man schnell, wie es der Brauch vorschreibt, siebenmal um die Grabstätte herumtrug (dadurch wird es für den Tod schwieriger, wieder hervorzukommen), um sie schließlich an ihre Ruhestätten zurückzubetten. Was spielte sich da ab? Die Erklärung bestand darin, daß die Regierung famadihana-*Parties besteuert, und zwar je nach der Anzahl von Leichnamen, die gewendet werden. Unsere Gastgeber drehten offiziell drei Vorfahren um und wollten die Steuern für die übrigen "Knochenwendungen" sparen. Oder wurde ich an der Nase herumgeführt?*

Als wir uns verabschiedeten, erzählte unsere Gastgeberin, daß die Party noch zwei oder drei Tage weitergehen würde. "Aber ist es nicht primitiv?" sagte sie.

Gebildete Madagassen behaupten, frei von *fady* oder anderem Aberglauben zu sein, aber es ist sehr wahrscheinlich, daß auch ihr Leben von den alten Traditionen und Bräuchen beeinflußt ist, und sei es nur aus Rücksicht auf die Überzeugungen älterer Familienmitglieder.

Volksgruppen
Dieser Abschnitt wurde mit freundlicher Genehmigung des Autors zu großen Teilen dem Buch *A Glance at Madagascar* entnommen.

Die Madagassen bilden eine Nation mit einer nahezu einheitlicher Kultur und Sprache (allerdings mit vielen Dialekten), die Regierung erkennt jedoch offiziell 18 verschiedene Volksstämme an. Diese Unterteilung basiert eher auf alten "Königreichen" als auf ethnischen Gruppierungen. Weiter unten sind die Stämme im einzelnen aufgeführt.

Land und Leute

Antaifasy (Volk-vom-Sande): Sie leben im Südosten um Farafangana herum, bauen Reis an und fischen in den Seen und Flüssen. Unterteilt in drei Clans, von denen jeder einen eigenen "König" hat, sind die moralischen Normen der Antaifasy strenger als bei vielen anderen Stämmen. Sie haben große Gemeinschaftsgrabhäuser, bekannt als *kibory*, die aus Holz oder Stein gebaut werden und im allgemeinen, vom Dorf entfernt, versteckt im Wald liegen.

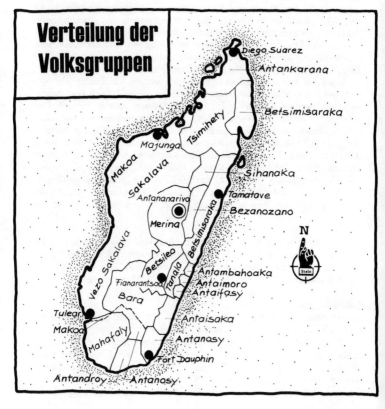

Antaimoro (Volk-von-der Küste): Sie gehören zu den jüngeren Einwanderern und leben im Südosten um Vohipeno und Manakara. Hier sind noch islamische Traditionen und arabische Einflüsse erhalten, und es wird immer noch eine Form arabischer Schrift benutzt, bekannt als *sorabe*. Verse aus dem Koran haben für die Antaimoro die Funktion von Amuletten. Zu ihrem Kastensystem gehören auch "Unberührbare".

Antaisaka: Konzentriert südlich von Farafangana an der Südostküste, heute aber recht weit auf der ganzen Insel verbreitet, sind sie ein Zweig des Sakalava-Stammes. Sie bauen Kaffee, Bananen und Reis an - jedoch ernten nur die Frauen den Reis. Dieser Stamm kennt strenge Heiratstabus. Oft haben die Häuser eine zweite Tür an der Ostseite, die ausschließlich dafür bestimmt ist, die Verstorbenen aus dem Haus zu tragen. Die Antaisaka verwenden ebenfalls den *kibory*, das gemeinschaftliche Grabhaus. In der Regel läßt man den Leichnam erst zwei oder drei Jahre lang austrocknen, bevor er schließlich hierher gebracht wird.

Antankarana (Die-von-den-Felsen): Sie leben als Fischer oder Viehzüchter im Norden um Diego Suarez. Ihre Herrscher stammten aus der Sakalava-Dynastie. Ihre Häuser stehen meist auf Stelzen. Viele *fady* existieren unter den Angehörigen dieses Stammes. Sie bestimmen das Verhältnis der Geschlechter in der Familie zueinander, z.B. darf ein Mädchen nicht die Kleider ihres Bruders waschen. Die Beine eines gebratenen Vogels werden beim Essen dem Vater überlasssen, während sie bei den Merina etwa den Kindern gegeben werden.

Antambahoaka (Die-Nachkommen des Rabevahoakas): Der kleinste Stamm, von gleicher Herkunft wie die Antaimoro, aber ohne ein Kastensystem. Sie leben um Mananjary herum an der Südostküste. Manche arabischen Züge (Rabevahoaka war ein im 14. Jh. nach Madagaskar eingewanderter Araber) sind noch erhalten, und es werden Amulette verwendet. Bestattungen finden im *kibory* statt. Beschneidungszeremonien werden alle sieben Jahre durchgeführt

Antandroy (Volk-der-Dornen): Sie sind hauptsächlich Nomaden und leben in den südlichen Wüstengebieten um Ambovombe. Ein dunkelhäutiges Volk, das wenig Kleider trägt, zugänglich und aufgeschlossen, leicht zu verärgern, aber auch leicht zu erfreuen ist. Die Rolle der Frauen ist eine untergeordnete. Die Dörfer sind häufig von einer Hecke aus Kaktuspflanzen umgeben. Sie essen nicht viel Reis, sondern leben meist von Hirse, Mais und Maniok. Die Antandroy glauben an den *kokolampo*, einen Geist, dessen Einfluß sowohl gut als auch schlecht sein kann. Ihre Gräber ähneln denjenigen des Mahafaly-Stammes. Manchmal ist es in dieser Volksgruppe *fady*, wenn ein Kind den Namen seines Vaters ausspricht oder Teile des väterlichen Körpers direkt mit Namen bezeichnet. Es darf aber *ni fandiany* (das, womit er sich bewegt) für seine Füße sagen und *ny amboniny* (das Oberste von ihm) für den Kopf.

> **Die Vazimba**
> Vazimba ist der Name, den die allerersten Einwohner Madagaskars erhielten, die vor allen Dingen im Zentrum der Insel lebten und später von den Einwanderern verdrängt wurden, bzw. sich deren Lebensgewohnheiten anpaßten. Früher dachte man, es habe sich dabei um prä-indonesische Eingeborene aus Afrika gehandelt, doch heute gilt allgemein, daß die Vazimba Überlebende der ersten malayo-polynesischen Einwanderer gewesen sein müssen, die von späteren Ankömmlingen weiter ins Inland gedrängt wurden.
> Die Vazimba spielen eine Rolle in den Legenden und in der Geschichte Madagaskars. Die Gräber der Vazimba sind heute Pilgerorte, wo Opfer dargebracht werden, um die Gunst der Götter oder ihre Hilfe bei Krankheiten zu erbitten. Es gilt als *fady*, über ein solches Grab hinwegzusteigen. Außerdem ist der Glaube weit verbreitet, daß die Vazimba nachts an bestimmten Quellen und Felsen erscheinen, und auch dort gilt der Brauch, Opfergaben niederzulegen. Sie sind die traditionellen Hüter des Erdbodens.

Antanosy (Volk-von-der-Insel): Die Insel ist klein und liegt im Fanjahira-Fluß. Die Ananosy leben im Südosten, vorwiegend um Fort Dauphin. Ihre Sozialstruktur basiert auf Clans mit einem "König", der große Autorität über alle Clans besitzt. Viele von ihnen sind nach Réunion oder Mauritius emigriert. Innerhalb der Familien sind die Beziehungen streng nach *fady* geregelt. Beispielsweise darf ein Bruder nicht auf der Matte seiner Schwester sitzen oder darüber hinwegsteigen. Wie bei vielen anderen Stämmen gibt es eine Reihe von *fady* im Hinblick auf die Schwangerschaft der Frauen. Eine schwangere Frau sollte nicht auf der Türschwelle des Hauses sitzen; sie sollte kein Hirn essen; sie sollte sich nicht mit Männern unterhalten; Menschen, die keine Kinder haben, sollten in ihrem Haus nicht übernachten. Andere *fady* bestehen etwa darin, daß Verwandte bei einer Beerdigung kein Fleisch essen sollen, oder daß die Totengräber, die ein Grab öffnen, keine Kleider tragen dürfen. Es kann *fady* sein, die Löcher für die Eckpfosten eines neuen Hauses im Stehen zu graben - also muß man sich hinsetzen, um diese Arbeit auszuführen.

Bara: Ursprünglich beheimatet im Südwesten nahe Tuléar, leben die Bara heute im südlichen Zentralgebiet um Ihosy und Betroka. Ihr Name hat keine besondere Bedeutung, soll aber aus der Bantu-Sprache stammen. Sie sind Nomaden und Viehhirten. Vielehen sind erlaubt, und die Stellung der Frauen in dieser Gesellschaft ist untergeordnet. Die Bara messen dem *fatidra* oder "Blutspakt" eine besondere Bedeutung zu. Der Diebstahl von Vieh gilt als Beweis von Männlichkeit und Mut, ohne den ein Mann nicht erwarten darf, eine Frau zu finden. Das bedeutet, er muß einige Stück Vieh stehlen, bevor er damit rechnen kann zu heiraten!

Die Bara sind Tänzer und Bildhauer; ein besonderes Merkmal ihrer Holzfiguren sind die Augenwimpern aus echtem Haar, die in das Holz eingefügt werden. Die Bara glauben an *helo* - einen Geist, der am Fuß der Bäume anzutreffen ist. Es kann vorkommen, daß ein ganzes Dorf aus Angst vor Geistern umzieht, nachdem jemand gestorben ist. Für die Bestattung ihrer Toten benutzen sie Höhlen in den Bergen. Wenn ein naher Verwandter stirbt, ist es üblich, sich den Kopf zu rasieren.

Betsileo (Die-vielen-Unbesiegbaren): Sie leben vor allem im Süden des Hochplateaus um Fianarantsoa, aber rund 150.000 Angehörige dieses Stammes sind auch in der Betsiboka-Region anzutreffen. Sie sind voller Tatendrang und Experten in der Bewässerung von terrassenförmigen Reisfeldern. Häufig wird der Boden vorbereitet, indem man Zebus immer und immer wieder im Kreis darüberjagt, bis die Schollen zerbrochen und weich geworden sind, eine schlammige und klebrige Arbeit, die aber allem Anschein nach den Beteiligten großen Spaß macht. Die Reispflanzen werden von Hand gesetzt, eine Arbeit, die überwiegend von Frauen ausgeführt wird. Zur Regierungszeit Königin Ranavalonas I. brachten die Merina die *famadihana* zu den Betsileo. Es gilt als *fady* für den Ehemann einer schwangeren Frau, wenn er eine *lamba* über der Schulter trägt. Innerhalb der Familie kann es *fady* sein zu essen, ehe der Vater anwesend ist, oder keiner darf seine Gabel aufnehmen, bevor nicht die ehrwürdigste der anwesenden Personen mit dem Essen begonnen hat.

Land und Leute

Betsimisaraka (Die-vielen-Unzertrennlichen): Sie sind der zweitgrößte Stamm und leben an der Ostküste in der Region Tamatave - Antalaha. Hier sind noch alte europäische Einflüsse von Seeräubern, etc. zu spüren. Die Betsimisaraka bauen Reis an und arbeiten auf Vanille-Plantagen. Ihre Kleider sind häufig aus Bast hergestellt, der hier gewebt wird. Ursprünglich gab es in ihrer Gesellschaftsform viele regionale Häuptlinge, aber heute sind diese nicht mehr wichtig. Sie glauben an *angatra* - Geister, an *zazavavy an-drano* - Meerjungfrauen und an *kalamoro*, das sind kleine wilde Männer in den Wäldern, ungefähr 60 cm groß mit langem Haar, die Reis aus dem Kochtopf stehlen.

Lambas

Die bunten Umschlagtücher aus Baumwolle, die als *lamba* oder genauer als *lambarano* (Baumwollamba) - *lamba* ist der weiße Schal, der im Hochland getragen wird - bekannt sind, dienen auf Madagaskar Männern und Frauen gleichermaßen als Kleidungsstuck. In manchen ländlichen Gegenden tragen die Männer ihren *lamba* als eine Art Wickelrock, und die Frauen benutzen ihn auf viele verschiedene Arten, z.B. um ihre Babies darin zu tragen. Sogar kleine Läden im östlichen Madagaskar haben eine gute Auswahl an *lambas*, die ein hübsches und vielseitiges Souvenir sind. Die Muster sind leuchtend und fröhlich, und die meisten *lambas* haben einen madagassischen Slogan am Ende des Tuches. Lassen Sie sich diesen Slogan von Ihrem Verkäufer übersetzen, wenn Sie einen *lamba* kaufen.

Die wichtigsten *lambas* sind diejenigen aus Seide (*lambalandy*). Sie werden meist als *lambamena* (Leichentücher) verwendet. Drei Dörfer in der Nähe von Fianar bilden das Zentrum der Seidenweberei: Andriana, Ambositra und Ambalavao. Die madagassische Seidenraupe, *Brocera*, ernährt sich ausschließlich von den Blättern des Tapia-Baumes (*Napaca bojeri*), der in dieser Gegend wächst.

Im Norden werden Särge im allgemeinen unter ein Schutzdach gestellt, im Süden dagegen in Gräber. Bei den Betsimisaraka kann es *fady* sein, daß ein Bruder die Hand seiner Schwester schüttelt, oder ein junger Mann darf keine Schuhe tragen, solange sein Vater noch lebt.

Bezanozano (Viele-kleine-Zöpfe): Der Name bezieht sich auf ihre Haarfrisuren. Sie waren möglicherweise einer der ersten Stämme, die auf Madagaskar eintrafen, und leben in einer Gegend zwischen dem

Land und Leute

Tiefland der Betsimisaraka und dem Hochland der Merina. *Famadihana* wird bei ihnen praktiziert. Wie bei den meisten Stämmen an der Küste ist es Bestandteil ihrer Beerdigungszeremonien, erhebliche Mengen *toaka* (Rum) zu trinken.

Mahafaly (Die-Tabus-machen oder Die-glücklich-machen): Über die Herkunft des Wortes wird manchmal gestritten, doch die erste Bedeutung wird allgemein als korrekte Umschreibung angesehen. Die Mahafaly sind einer der am wenigsten bekannten Stämme. Sie kamen vermutlich im 12. Jahrhundert nach Madagaskar und leben in der südwestlichen Wüstengegend um Ampanihy und Ejeda. Sie sind Bauern, die vor allen Dingen Mais, Sorghum ("Mohrenhirse") und süße Kartoffeln anpflanzen. Die Aufzucht von Vieh ist weniger wichtig. Sie erhielten sich ihre Unabhängigkeit unter eigenen regionalen Häuptlingen bis zur französischen Besatzung und bewahren immer noch Knochen ihrer alten Häuptlinge auf - der sogenannte *jiny*-Kult. Im Osten ihrer Dörfer steht in der Regel ein Opferpfahl, der *hazo manga*, wo zu verschiedenen Anlässen Opfer dargebracht werden. Etwas von dem Blut, das dabei vergossen wird, wird im allgemeinen auf die Stirn der Teilnehmer gestrichen.

Die **Gräber der Mahafaly** haben schon immer reges Interesse beim Betrachter geweckt. Es handelt sich um große, rechteckige Konstruktionen aus unbehauenem Stein, die sich etwa 90 cm über den Boden erheben und mit *aloalo* und den Hörnern von Rindern geschmückt sind, die bei der Beerdigungszeremonie getötet wurden. Das Grab des Mahafaly-Königs **Tsiampody**, beispielsweise, trägt die Hörner von 700 Zeburindern. Die *aloalo* sind verzierte hölzerne Pfosten, die senkrecht auf das Grab gesetzt werden. Häufig sind auf ihnen Szenen aus dem Leben der Verstorbenen dargestellt. Zur Beerdigungszeremonie gehört es auch, auf das Zerfallen des Körpers zu warten, bevor er in das Grab gelegt wird. Es ist üblich, daß ein Mensch nach seinem Tod einen neuen Namen erhält, der in der Regel mit "Andria" beginnt.

Die Scheidungsrate ist sehr hoch, und es ist alles andere als ungewöhnlich, wenn ein Mann sich sechs- oder siebenmal scheiden läßt und wieder neu heiratet. Sehr oft gilt es als *fady* für die Kinder, im gleichen Haus wie ihre Eltern zu schlafen. *Rombo* (sehr ähnlich dem *tromba* der Sakalava) ist der Brauch, sich mit den verschiedensten Geistern in Verbindung zu setzen, um die Heilung eines Kranken zu erwirken. Zu den Geistern, an die die Mahafaly glauben, gehören die *raza*, die keine echten Vorfahren sind und zu denen manchmal sogar *vazaha* (Ausländer) gehören können, und *vorom-be* - der Geist eines großen Vogels.

Makoa: Ursprünglich verbreitet in der Nordwestregion, sind viele von ihnen in den Süden gezogen, in das Gebiet am Onilahy Fuß. Als Nachkömmlinge afrikanischer Sklaven sind sie der primitivste Stamm und der einzige echt afrikanisch-negroide Typ auf Madagaskar.

Merina (Volk-aus-dem-Hochland): Sie leben im Hochland, das die am weitesten entwickelte Gegend des Landes ist. Die Hauptstadt Madagaskars ist zu 95% von Merina bevölkert. Etwa 175.000 von ihnen leben außerhalb der Provinz Antananarivo. Sie sind malayo-polynesischer Abstammung und variieren hinsichtlich ihrer Hautfarbe von elfenbein bis sehr dunkel, wobei die Frauen meist langes glattes Haar haben. Traditionell sind sie in drei Kasten eingeteilt, die *Andriana* (Edlen), die *Hova* (Freien) und die *Andevo* (Diener), die wiederum weiter unterteilt wurden. Vor dem Gesetz existieren diese Kasten und Unterteilungen nicht mehr. Die meisten Häuser der Merina sind aus Stein oder Lehm gebaut, manche bestehen nur aus einem Raum, doch die besseren haben zwei Stockwerke, von denen die Menschen vor allen Dingen das obere bewohnen. Die meisten Dörfer von nennenswerter Größe haben eine Kirche, vielleicht auch zwei, eine katholische und eine protestantische. Der Reisanbau ist mit umfangreichen Bewässerungsvorhaben verbunden. Die Merina zählen zu den ersten Stämmen, die Geschicklichkeit in der Baukunst und der Hüttenkunde entwickelten. *Famadihana* ist im wesentlichen ein Brauch der Merina.

Sakalava (Menschen-aus-den-langen-Tälern): Sie leben im Westen zwischen Tuléar und Majunga und sind dunkelhäutig mit polynesischen Zügen und kurzem, lockigem Haar. Einst waren sie der größte und mächtigste Stamm, doch sie konnten sich untereinander nicht wirklich vereinigen. Sie wurden von ihren eigenen Königen und Königinnen regiert, und manche Überreste sind noch heute erhalten. Diese werden teilweise in der Nordwestecke eines Hauses aufbewahrt. Die Sakalava sind Viehzüchter, und Reichtum wird nach der Stückzahl von Vieh, die jemand besitzt, berechnet. Bis zum Jahre 1850 sind bei den Sakalava Menschenopfer nachgewiesen, die bei besonderen Anlässen, z.B. dem Tod eines Königs, stattfanden. *Tromba* (ein Trance-Zustand) ist bei ihnen recht verbreitet. Für schwangere Frauen gilt es als *fady*, Fisch zu essen oder auf der Türschwelle zu sitzen. Die Frauen haben hier eine wichtigere Stellung als bei den meisten anderen Stämmen.

Sihanaka (Volk-aus-den-Sümpfen): Sie leben nordöstlich vom alten Königreich Imerina am Alaotra-See und haben mit den Merina viel gemeinsam. Sie sind Fischer, Reisbauern und Geflügelzüchter. Sümpfe wurden trockengelegt, um riesige Reisanbauflächen zu gewinnen, die mit modernen Maschinen und Methoden bestellt werden. Sie haben eine besondere Abfolge von Tagen, die als *fady* gelten.

Tanala (Volk-aus-dem-Wald): Sie leben in dem Wald, der von Manakara aus weiter im Inland liegt, und bauen Reis und Kaffee an. Sie emigrierten vor rund 250 Jahren und sind der jüngste Stamm, der auf der Insel eintraf. Ihre Häuser werden in der Regel auf Stelzen gebaut. Sie sind in zwei Gruppen unterteilt: die **Ikongo** im Süden und die **Menabe** im Norden. Die Ikongo sind ein unabhängiges Volk und unterwarfen sich nie, im Unterschied zu den Menabe, der Herrschaft der Merina. Zu den Beerdigungsriten gehört es, den Leichnam bis zu einem Monat unbestattet zu lassen. Särge werden aus großen Bäumen hergestellt, denen mitunter Opfer dargebracht werden, wenn man sie fällt. Die Ikongo bestatten ihre Toten normalerweise im Wald, und viele markieren einen Baum, um die Stelle zu kennzeichnen.

Tsimihety (Die-sich-nicht-das-Haar-schneiden): Sie lehnten es ab, sich die Haare zu scheiden, um ihre Trauer über den Tod eines Sakalava-Königs zu zeigen und damit ihre Unabhängigkeit zu demonstrieren. Sie sind ein tatkräftiges und vitales Volk, das, östlich von Majunga, im Norden Madagaskars lebt. Bei ihnen hat der älteste Onkel mütterlicherseits eine wichtige Stellung. Der berühmteste Angehörige des Stammes ist **Philibert Tsiranana**, der erste Präsident der Madagassischen Republik.

Die angeführten Volksgruppen sind die 18 offiziell anerkannten Stämme. Weitere Gruppen oder Clans sind:

Vezo: Sie werden allgemein nicht als eigener Stamm angesehen, sondern gelten als Clan der Sakalava. Sie leben an der Küste in der Region von Morondava im Westen bis nach Faux Cap im Süden. Sie bauen keinen Reis an, sondern ernähren sich vom Fischfang. Sie benutzen kleine Kanus aus ausgehöhlten Baumstämmen, die mit einem Ausleger und einem kleinen rechteckigen Segel ausgestattet sind. In diesen unstabil wirkenden, aber seetüchtigen Booten fahren sie weit aufs Meer hinaus. Die Vezo sind auch für ihre Gräber bekannt, die in der Regel gut versteckt liegen. Einige Beispiele befinden sich in der Nähe von Belo und Morondava. Es handelt sich um Gräber, die in den Erdboden gegraben wurden und von hölzernen Palisaden umgeben sind, deren Hauptpfosten mit höchst erotischen, geschnitzten Holzfiguren gekrönt sind. Die Gräber werden nicht gepflegt, weil erst mit dem allmählichen Ver- und Zerfall der Palisaden die Seele des Toten wirklich Frieden findet.

Zafimaniry: Ein Clan von etwa 15.000 Angehörigen, der, verteilt auf rund 100 Dörfer zwischen den Betsileo und Tanala, in einem Waldgebiet südöstlich von Ambositra anzutreffen ist. Die Zafimaniry sind bekannt für ihre Holzschnitzereien und Skulpturen. Sie sind Nachfahren von Bewohnern des Hochplateaus, die im frühen 19. Jh. dorthin gingen. Da sie Formen von Behausungen und Verzierungen aus früheren Jahrhunderten bewahren, stellen sie eine historisch wichtige Gruppe dar. Ihre Häuser, die aus Pflanzenfasern und Holz mit Bambuswänden und -dächern bestehen, weisen keinerlei Nägel auf und können abgebaut und von einem Dorf ins andere transportiert werden.

St. Marians: Die Bevölkerung der Ile Ste. Marie (Nosy Boraha) ist gemischt. Obwohl indonesischer Herkunft, gibt es hier auch Einflüsse arabischer und europäischer Piraten unterschiedlichster Nationalität.

Die Stämme mögen sich in den verschiedensten Punkten unterscheiden, aber, wie immer, haben die Madagassen auch hierfür passende Sprichwörter. *Tsihy be lambanana ny ambanilanitra* - "Alle, die unter der Sonne leben, sind zusammengewebt wie eine große Matte"; *Ny olombelona toy ny molo-bilany, ka iray mihodidina ihany* - "Menschen sind wie der Rand des Kochtopfs, der einen einzigen Kreis bildet."

> Die Menschen, die auf Madagaskar leben, sind als Madagassen (engl. *Malagasy*) bekannt. Manche Leute sprechen dieses Wort wie im Französischen *Malgâche* - "Malgasch" aus. Die Franzosen jedoch spielen gelegentlich mit den Worten *Malgâche* und *Mal gâche* (verschwenderisch oder verzogen), um dem Namen einen abfälligen Klang zu geben. Daher empfiehlt es sich, bei der englischen bzw. deutschen Aussprache zu bleiben.

Dorfleben

Die Madagassen haben einen ausgeprägten Gemeinschaftssinn, der ihren Lebensstil beeinflußt. So wie die Vorfahren in einem Gemeinschaftsgrab bestattet werden, führen auch ihre Nachfahren ein gemeinschaftliches Leben, und selbst die Kinder gelten fast als gemeinschaftlicher Besitz innerhalb ihrer Großfamilie (*fianakaviana*).

Die Dorfgemeinschaft basiert auf dem traditionellen *fokonolona* oder Rat der Ältesten. Sie sind es, die die Entscheidungen über das tägliche Leben im Dorf fällen.

Häuser auf dem Lande haben auf Madagaskar in der Regel nur einen Raum, dessen Einrichtung aus Matten (*tsihy*), häufig wunderschöne Webarbeiten, besteht. Sie dienen als Sitz- und Schlafmöbel.

Fester Bestandteil der madagassischen Kultur ist die Redekunst, *kabary*. Selbst ländliche Anführer können stundenlang in einer sehr blumigen Sprache, ausgeschmückt mit vielen Redewendungen, sprechen. In einer Gesellschaft, die einen hohen Entwicklungsstand erreichte, ohne daß es eine Schriftsprache gab, hatte *kabary* eine wichtige kommunikative Funktion. Durch ihre Redekunst begeisterten und beherrschten die frühen Merina-Könige ihr Volk.

Die folgende Beschreibung von Sally Crook kann Ihnen einen weiteren Eindruck vom Leben in einem Dorf im Süden vermitteln.

Land und Leute

Dorfleben im Süden (von Sally Crook)
Ich wurde im Dorf der **Tandroy** (Antandroy) herzlich aufgenommen und fand bald heraus, daß der Sinn des Lebens darin bestand, nacheinander alle Häuser der Großfamilie zu besuchen. Die Kinder liefen von einem Haus zum anderen, aßen, erzählten, spielten oder krabbelten auf eine Matte, um zu schlafen. Alle Häuser sind ihr Zuhause, und es war nicht ganz einfach, die komplizierte Familienstruktur nachzuvollziehen. Mehrfache Heiraten und häufige Scheidungen führten dazu, daß Tanten mit Neffen und Nichten spielten, die älter waren als sie selbst, und geschiedene Ehefrauen sich mit den neuen Gattinnen ihrer Männer trafen.

Die Kinder haben keinen Familiennamen. Sie gehören zum Vater, und selbst die Witwe mit rasiertem Kopf, die mit ihren drei kleinen Kindern allein lebte, würde sie an ihren Schwager übergeben müssen, sobald sie wieder heiratete.

Die meisten madagassischen Männer scheinen begabte Redner zu sein, und meine Ankunft und Abreise hatte mehrere halb formelle Ansprachen von **Tokoembelo**, dem Vorsitzenden der Siedlung, zur Folge. Gespräche unter den Männern dienen auch der Beilegung von Streitigkeiten oder der Lösung von Problemen. Die Scheidung eines 17jährigen Mädchens von ihrem unwürdigen Ehemann war eins der langwierigen Probleme, die Auseinandersetzung mit einem benachbarten Dorf, dessen Bewohner verdächtigt wurden, die Ziegen zu stehlen, ein anderes, das während meiner Anwesenheit die älteren Männer des Clans beschäftigte.

Obwohl der Sprache kaum mächtig, war auch ich nicht davon ausgenommen, an den täglichen "Besuchsrunden" teilzunehmen. So begann ich im Haus von Imaria, der jüngeren derzeitigen Frau von Tokoembelo, die mich einlud, ihr beim Weben einer Matte von Anfang bis Ende zuzusehen. Meine Gegenwart in ihrem mit Matten geschmückten Haus während mehrerer Stunden am Tag erlaubte mir, den Gesprächen und Streitigkeiten der Frauen und Kinder zuzuhören, die sie besuchten. Meine Versuche, mich am Gespräch zu beteiligen, riefen ein aufmunterndes Lächeln oder auch stürmisches Lachen hervor. Bald hatte ich einige Schlüsselwörter gelernt und konnte der groben Richtung der Unterhaltung folgen, weil alle sich für die gleichen Themen interessierten. Allerdings funktionierte die Schlüsselwort-Methode nicht immer, und ein überraschtes Schweigen, dann schallendes Gelächter folgten meinen offenkundigen Fehlern. Die Frauen liebten es, mich mit meinem *vazaha*-Stil aufzuziehen: Ich benutzte das Wort für Danke, *misaotra*, das innerhalb der Familie nicht erforderlich ist, viel zu oft.

Die Kinder spielten die üblichen Kinderspiele ohne Spielzeug, ein übermütiges Schubkarren-Spiel, das mit einem Haufen buntgewürfelter Kinder auf dem Boden endete, die lachend übereinanderfielen. Sie saßen immer um mich herum, wenn ich versuchte, auf einer Matte vor der Tür zu lesen, oder drängten sich um meine Tür, um hereinzuschauen.

"*Aiza taratasy misy ombiasy, Shallee?*" Eine Bitte um das Buch mit dem Bild des Wahrsagers auf dem Umschlag, und sie würden begierig die Seiten umblättern, nachdenklich verharrend über Abbildungen vertrauter Dinge.

Nach meiner *sarintany* ("Erd-Bild" oder Karte) wurde ich ebenfalls häufig gefragt, und die Kinder, von denen die meisten nicht lesen konnten, zeigten mit Armen oder Lippen in die Richtung der Dörfer oder Flüsse, deren Namen ich von der örtlichen Karte ablas, denn sie kannten ihre Umgebung gut, von Wanderungen in Gesellschaft oder allein, schon seit frühester Kindheit. Mangelnde Schulbildung und das Fehlen jeglicher Medien haben dazu geführt, daß diese Kinder sich sehr für ihre Umgebung und neue Dinge interessierten - in meinen Augen ganz bestimmt kein Unglück.

Die Madagassen geben **Richtungshinweise** unter Verwendung der Kompaßbezeichnungen und sprechen nicht von links oder rechts. Ich konnte dem leicht folgen, solange ich mich im Dorf aufhielt, weil die rechteckigen Häuser so angelegt sind, daß eine Tür nach Westen zeigt und zwei nach Norden. Als ich eines Tages mit einem Besucher in meiner Hütte saß, der in einem Buch nach den Seitenzahlen suchte, rief er plötzlich aus: "Da sind sie, im Osten!" Und tatsächlich - da waren sie.

Als es gelungen war, Tokoembelos erste Frau, Talilie, mit Geschenken aus dem Dorf ihres Vaters zurückzugewinnen (sie war nach einem Streit dorthin zurückgekehrt) begann ich, auch sie zu besuchen, genauso vorsichtig wie der Ehemann, beide Frauen gleich zu behandeln. (Er verbrachte abwechselnd jeweils eine Nacht bei einer der beiden Frauen.) Wie in den anderen Häusern bekam ich *abobo*, geronnene Milch aus einem Kürbis, die man eigens darin stehen läßt, damit sie sauer wird. Der Brauch schreibt nicht vor, daß man die Schüssel austrinken muß, aber ich tat das immer, weil *abobo* gut schmeckt, und ich tat es schnell, um den Fliegen keine Gelegenheit zu geben, darauf landen zu können - die übliche Plage von Menschen, die so dicht mit ihrem Vieh zusammenleben.

Vieh ist in den Augen der Tandroy ein Maßstab für Reichtum; die Tiere werden als Schatz gehortet, man treibt Handel mit ihnen oder bezahlt eine Mitgift. Oder sie werden aufgehoben bis zum Tag ihrer Opferung für das Begräbnis des Besitzers, wenn die Hörner auf das Grab gelegt werden. Nur sehr selten werden sie in diesem Clan aus irgendeinem anderen Anlaß gegessen. Die weniger geschätzte Ziege liefert das Fleisch für unsere Neujahrsfeier, die, als traditionsreiches, fremdländisches Fest, nicht so wichtig ist. Karge Mahlzeiten aus Mais, Cassava oder süßen Kartoffeln sind üblicher als die Reis-Mahlzeiten anderswo auf der Insel. Sie werden mit *traka* (Kartoffel- oder Cassava-Blättern) gegessen. Es gilt als unhöflich, Menschen beim Essen zuzusehen, und es empfiehlt sich, den Löffel nicht aus der Hand zu legen, ehe Sie aufgegessen haben. Legt man den Löffel ab, wird der Teller sofort weggeräumt. Eier werden in der Regel nicht gegessen, weil es vernünftiger ist, die Küken großzuziehen.

Die Viehzucht ist die eigentliche Arbeit der Tandroy, doch der Anbau von einigen Feldfrüchten ist zur Nahrungsversorgung notwendig. Die Arbeit auf den Feldern findet am Morgen statt, nachdem das Vieh in Gruppen sortiert und den Kindern übergeben wurde, die es auf die von Kakteen umgebene Weidefläche zum Grasen bringen. Weil ich alles ausprobieren wollte, ging ich an einem Morgen auch mit den Dorfbewohnern zu ihren entlegenen und weit verstreuten Feldern. Die Tandroy sind stolz auf ihre Freiheit, und derjenige, der sich die Mühe macht, ein Stück Land zu bearbeiten, erwirbt damit einen Anspruch darauf.

Meine Versuche beim Unkrautjäten - dazu muß man aus der Hockstellung in waagerechter Richtung mit einer Hacke auf die unerwünschten Pflanzenwurzeln einschlagen - wurden beifällig zur Kenntnis genommen, aber ich durfte nicht länger als fünf Minuten arbeiten, dann wurde ich fortgeschickt, um untätig im Schatten eines Baumes zu sitzen. Ich bedauerte es nicht allzu sehr, daß ich von der Arbeit abgehalten wurde, weil es in einem Feld, das mit drei verschiedenen Feldfrüchten gleichzeitig bepflanzt war, viel zu leicht möglich schien, versehentlich die legitimen Bewohner des Geländestücks zu attackieren.

Barfüßige Teenager und Kinder kamen mit dem Vieh vorbei, und einsame Hirten sangen mit lauter Stimme vor sich hin, während sie ihre Herde von den nicht eingezäunten Feldern fernhielten. In der Trockenzeit machen sich die Männer mit ihren Speeren (mit einer Hacke am anderen Ende, um Wurzeln auszugraben) auf den Weg und bringen die Zeburinder für mehrere Monate auf weit entfernte Weiden, damit sie genug Futter finden. Die Männer übernachten im Freien oder bauen Hütten in einer besonders schönen Gegend, in der sie sich manchmal auch auf Dauer niederlassen, zufrieden, den Mahafaly im Westen zu begegnen, aber niemals so weit im Norden, daß sie auf die Bara träfen, die als Viehdiebe gelten.

Es fiel der Familie schwer zu verstehen, was für mich interessant oder ungewöhnlich war, und so wurde ich als Zuschauerin oft erst geholt, wenn eine Kastration bereits ausgeführt oder ein Kalb schon geboren war, das bereits versuchte, sich auf seine schwachen Beine zu stellen, um eine erste Mahlzeit aus dem Euter der Mutter zu saugen. Ich sah beim morgendlichen und abendlichen Melken im Rindergehege zu. Die Hinterbeine der Kuh waren mit einem Seil lose zusammengebunden, während sie von einem Mann und einem Kalb zu gleicher Zeit gemolken wurde. Frauen dürfen nicht mit einem Behälter melken, und die Männer fingen den halben Liter Milch, den es zweimal täglich zu melken galt, in einer Kalabasse (Gefäß aus Flaschenkürbis) auf, die sie mit einer Hand hielten.

Wasser ist selbst in der Regenzeit ein Problem. Die meisten Flüsse sind ausgetrocknet; ihr Wasser fließt nur gelegentlich, wenn es in den Hügeln, aus denen sie gespeist werden, einen heftigen Regenschauer gibt. An einem klaren Abend rief man mich zum Fluß hinunter, damit ich den Sturzbach bewundern könne, der durch Regenfälle im Norden entstanden war. Am nächsten Morgen mußte ich jedoch feststellen, daß er vollkommen verschwunden war und neu geschaffene Ufer hinterlassen hatte sowie ein sumpfiges Bett mit Pfützen trüben Wassers auf den Felsen. Löcher zum Wasserholen werden in das Flußbett gegraben, und man schickte mich mit einem Kind hinunter, das das Loch mit dem saubersten Wasser für den Tag auswählen sollte oder ein neues graben würde. Die Löcher werden mit der Zeit immer tiefer, bis sie schließlich, spät in der Trockenzeit, eine Tiefe von 1 m oder mehr erreicht haben. Die Hirten und Bauern trugen auf unserem Weg zu den Feldern kein Wasser bei sich, sondern gruben ein Loch im Flußbett, als wir es auf dem Weg nach Hause erreichten.

Pinde, Zikaden, werden zur entsprechenden Jahreszeit von den Kindern als Nahrungsmittel gefangen, während sie draußen sind, um auf die Tiere aufzupassen oder zu spielen. Diese großen Insekten, deren Zirpen die Luft in der Hitze des Tages erfüllt, sind leicht zu lokalisieren und werden mit dem Daumen auf einem Flügel gegen den Boden gedrückt und festgehalten. Ich lernte bald, sie zu fangen, aber ich spielte nicht mit ihnen wie die Kinder, die keine Vorstellung davon zu haben schienen, daß auch nicht-menschliche Kreaturen Grausamkeit empfinden. Ihrer Flügel und Beine beraubt, werden sie auf einen langen

Grashalm gezogen, bevor man sie am Abend in einem leeren Topf röstet, so daß sie zu einem knusprigen, geschmackvollen und nahrhaften Snack werden. Die allgegenwärtigen Termitenhügel werden ebenfalls aufgebrochen, damit die Hühner die Insekten fressen können. Kriechende Kleintiere findet man überall im Haus. Viele werden abends vom Kerzenlicht angezogen. Und das Geräusch einer großen Spinne, die mit eiligen Füßen über die Matte lief, auf der ich versuchte zu schlafen, war der Anlaß dafür, daß ich jede Nacht unter einem Moskitonetz verbrachte, trotz der verwirrten Nachfragen, warum ich das denn brauche.

Besuche in anderen Teilen dieses weit verstreuten Dorfes und in anderen Dörfern waren ebenfalls üblich und wurden immer mit einem wertvollen Stück Seife in der Tasche unternommen, weil wir jede sich bietende Gelegenheit nutzten, um im fließenden Gewässer zu baden. Honig war vorgeblich der Grund, eine benachbarte Einfriedung zu besuchen. Der Bienenstock in einem zersplitterten Baumstamm wurde von einem furchtlosen Mann geöffnet, der brennendes Gras hin und her schwang und Zigarettenrauch ausblies, um die Insekten zu betäuben. Der Besitzer der Bienenstöcke behauptete, er könne an der Süße des Honigs feststellen, wieviel Regen in seiner Abwesenheit gefallen sei.

Menschen sind das, was zählt im Leben, und die alte Mutter des Anführers wurde respektvoll behandelt, obwohl sie deutliche Anzeichen von Senilität zeigte. Geisteskranke oder Epileptiker leben bei ihren Familien, und der blinde junge Mann aus einer nahegelegenen Einfriedung war oft zu sehen, wie er allein die breite Straße des trockenen Flußbetts hinunterging oder sich seinen Weg über unbekannte Pfade suchte, scheinbar dem Echo seines Händeklatschens von Hindernissen auf dem Weg vertrauend.

Die **Alten** genießen hohes Ansehen, weil sie den Vorfahren am nächsten stehen. Der wichtigste Mann im ganzen Dorf ist der *mpisoro*, der an den heiligen Pfosten vor seinem Haus den Ahnen die Zebu-Opfer darbringt. Ich wurde zu diesem Mann von mindestens 95 Jahren gebracht, um ihm meine Aufwartung zu machen. Wir betraten sein kleines Holzhaus durch die nordwestliche Tür, mußten uns dazu weit herunterbücken und erst eine, dann die andere Schulter durch die winzige Türöffnung schieben. Der alte Mann trug den traditionellen Lendenschurz mit gemusterten Rändern, wie ihn die jüngeren Männer manchmal über ihren westlichen Shorts tragen. Er war fast blind, und ich wurde aufgefordert, mich dicht an ihn heranzusetzen, als man ihm meinen Besuch erklärte. Er nahm dann meine rechte Hand in seine und berührte sie mit der Nase in einer traditionellen Grußgeste.

Unser Weg dorthin führte uns durch eine gestrüppreiche Landschaft von Büschen und Pflanzen, die sich den klimatischen Bedingungen angepaßt hatten und deren Verwendungszweck mir erklärt wurde. Schildkröten, die sich O-beinig ihren Weg über die dornige Erde suchten, zogen sich plötzlich in ihre Schalen zurück oder zischten uns an, wenn wir sie berührten. Die Pfade zwischen den einzelnen Einfriedungen waren mit gemahlenen Nußschalen bestreut: Wenn man darüber läuft, wird die Ernte gut. Ein Spaziergang über das Flußbett hinweg in eine andere Gegend des weit verstreuten Dorfes brachte uns zu einem jungen Mann, der uns die Benutzung der Lederschlinge vorführte, die die meisten Hirten zur Selbstverteidigung über der Schulter tragen. Er gewann sehr schnell an Zielsicherheit und Kraft, als er Stein um Stein auf einen weit entfernten Baum abschoß.

Ich hatte insofern Pech, als es während meines Aufenthalts im Dorf keine Beerdigung oder irgendein anderes aufwendiges Fest gab. Die Leichname, die in ihren Häuser liegen bleiben, bis sie zerfallen, werden durch ein Loch entfernt, das in die östliche Hauswand gebrochen wird, und in ein massives, von Wänden umgebenes Grab gelegt, angefüllt mit Steinen und geschmückt mit den Hörner eines geopferten Zebu.

Ich hatte mich besonders darauf gefreut, die **einzigartige Musik** der Gegend kennenzulernen, und am Neujahrstag kamen ein Geiger und seine Frau, die von einer Zeremonie zur anderen wanderten, um schließlich auch für uns zu singen. Es drängten sich so viele Menschen in Talilies Holzhaus, daß sie selbst draußen im Nieselregen sitzen mußte, während sich der Sänger mit gekreuzten Beinen auf den Boden setzte und seine Geige strich. Seine Frau benutzte Feuerstein, um seine Zigaretten aus Tabak und Maispapier anzuzünden, oder sang fast lustlos neben ihm mit. Er sang auch oder gab einen Liedrhythmus von sich mit seltsam krächzender Stimme, die an einen Verdurstenden erinnerte. Ich hatte diesen Klang noch nie zuvor als Bestandteil einer Musik gehört.

Wenn der Mond hell genug scheint, verbringen die Teenager ihre Abende im Flußbett. Die Mädchen singen und trommeln, während die Jungen sich im Ringkampf üben. Eines Tages bat ich die Kinder, für mich zu singen, und ich fand ihren Stil eher afrikanisch als asiatisch (wie auch die meisten übrigen Charakteristika dieses Stammes). Er bestand aus einem harten Rezitativ ohne Vibrato, mitunter begleitet von anderen Stimmen oder von Trommelschlägen. Die kleinen Kinder hatten die üblichen dicken Bäuche mit Würmern, manche hatten auch die Krätze. Häufige Haaruntersuchungen führten zum Tod von Hunderten von Läusen.

Am Freitagabend, vor dem Markttag in der Stadt, die zwei Stunden Fußweg entfernt liegt, wurden die Haare gewaschen und mit Kuhfett eingerieben. Zerschlissene Alltagskleider wurden gegen die gemeinschaftliche Festkleidung für Markttage getauscht, und man machte sich zu Fuß auf den Weg, mit einer Unterbrechung zum Füßewaschen im Fluß vor der Stadt. An den drei Markttagen während meines Aufenthalts gab es nur einmal die Gelegenheit, etwas zu essen zu kaufen, aber die Dorfbewohner, die die Wanderung in der jeweiligen Woche auf sich genommen hatten, genossen es, den Tag mit Plaudern im Schatten zu verbringen, zu sehen und gesehen zu werden, bevor sie sich im Regen wieder auf den Heimweg machten.

Wir wateten über einen breiten, schnell fließenden Strom zu einem anderen, ländlichen Markt, wo der "Parkplatz" angefüllt war mit Zebu und den *sarety* (Wagen), die sie noch gerade eben gezogen hatten. Die Menschen versammelten sich im Schatten eines großen Baumes oder trieben Tauschhandel auf dem Marktplatz, und die jungen Männer stützten sich auf ihre langen Stäbe. Sie trugen Strohhüte mit bunten Bändern und kleinen Pompons, die über den Rand hingen, und benahmen sich wie Männer von Welt, während sie die Mädchen abschätzig musterten, bevor sie sie ansprachen.

Die Moral in diesem Clan des Stammes ist nach europäischen Begriffen eher "locker". Und als ich im Taxi-Brousse saß, um die nahegelegene Stadt in Richtung Norden zu verlassen, machte mir einer der jungen Männer aus "meinem" Dorf einen öffentlichen Antrag, der, nach der offensichtlichen Belustigung der anderen Passagiere zu schließen, ein "unanständiges" Angebot war. Nicht zuletzt daran zeigte sich, wie vollständig ich akzeptiert worden war.

Mensch und Natur: Die menschlichen Probleme des Naturschutzes
(von Gordon und Merlin Munday)
Menschen müssen bestimmte Grundbedürfnisse befriedigen, damit sie überleben können. Auf einfachste Weise lassen sich diese Bedürfnisse erfüllen: Man jagt und sammelt Früchte oder betreibt Feldbau, um Nahrung und Tauschobjekte zu gewinnen, man züchtet Haustiere, gewinnt Brennstoff zum Heizen und Kochen oder Material zum Errichten einer Behausung und Heilmittel, die gegen körperliche

Beschwerden helfen. Bei all den genannten Beschäftigungen greifen Menschen in die Natur ein und prägen mit ihren Bedürfnissen ihre Umgebung. Auf Madagaskar wie überall sonst auf der Welt hat dies, zusammen mit dem Wachstum der Bevölkerung, zu umfangreicher Zerstörung geführt.

Die Zerstörung von Lebensräumen mit der darauf unweigerlich folgenden Ausrottung von Tier- und Pflanzenarten ist ein unumkehrbarer Vorgang, und wir wünschen uns sicherlich alle, daß diese Entwicklung aufzuhalten wäre, doch eine rein ökologische Lösung ist für die Hungrigen und Armen nicht akzeptabel. Daher sollte der Fremde angesichts der madagassischen Probleme folgendes berücksichtigen: Madagaskar hat eine Einwohnerzahl von fast 11 Mio. Menschen mit einer geringen Bevölkerungsdichte (18 Ew./km^2; im Vergleich dazu leben in Deutschland heute 220 Ew./km^2); aber eine noch entscheidendere Zahl betrifft das schnelle Bevölkerungswachstum mit einem Verdoppelungszeitraum von nur 25 Jahren.

Anbau von Feldfrüchten: Lange glaubte man, daß die gesamte Insel ursprünglich von Wald bedeckt war und daß ausschließlich die Menschen in den 1.500 Jahren, seit sie auf der Insel leben, für die Zerstörung dieser Waldbestände und die darauf folgende Erosion verantwortlich seien. In jüngerer Zeit scheint eine andere Erklärung möglich: Eine allgemeine Zunahme des sehr trockenen Klimas (vgl. Sahel in Afrika) hat möglicherweise das ohnehin sensible Gleichgewicht einer empfindlichen Vegetation negativ beeinflußt und so zu weitverbreiteter Erosion geführt. Doch nichtsdestotrotz ist man sich darin einig, daß die Ankunft des Menschen, der einen wechselnden Feldbau nach der Brandrodungsmethode (*tavy*) betrieb, in großem Umfang für den Verlust des Urwaldes verantwortlich ist.

Die uralte Technik der **Brandrodung** ist einfach und verheerend. Die Bäume werden gefällt und nach einer Trockenzeit von wenigen Monaten verbrannt, um Raum für den gemischten Anbau von Grundnahrungsmitteln zu gewinnen. Das Land wird ein oder zwei Jahre genutzt, bevor man es brach liegen läßt, ein neues Stück Urwald rodet und den gleichen Vorgang wiederholt. Die Brache dauert ungefähr zehn Jahre, genug Zeit für den Regen, den Erdboden zu erodieren und auszulaugen. Eine minderwertige Vegetation siedelt sich auf den ehemaligen Anbauflächen an, zunächst Wald (*savoka*), schließlich Gras. Man hat Schätzungen angestellt, wonach 10 bis 15 Rodungen möglich sind, bevor das Land endgültig ausgelaugt ist, aber dieser Wert ist zu optimistisch, weil bekanntermaßen jungfräuliches Land, das noch nie zuvor bebaut wurde, am fruchtbarsten und ertragreichsten ist. Jedoch müssen die Leute Nahrung haben. Die Hauptanbauprodukte für den Bedarf der Einheimischen sind **Reis** (Grundnahrungsmittel der Bevölkerung), **Cassava, Zuckerrohr** und **süße Kartoffeln**. Die wichtigsten Nahrungsmittel für den Handel sind **Kaffee, Vanille** und **Nelken**. Die Regierung, die die Mängel früherer Planungen erkannt hat, verfolgt das Ziel, die Insel noch 1988 von Reisimporten unabhängig zu machen. Die Reisernten liegen im Vergleich zu weiter entwickelten Ländern niedrig (jährlich um 2 Mio. t), daher gab und gibt es immer wieder Versuche, sowohl den Ertrag zu erhöhen, als auch größere Anbauflächen zu gewinnen.

Vieh: Einen wesentlichen Beitrag zu den Problemen der Bodennutzung liefern die **Zebus** (10 Mio. Stück; ihre Zahl entspricht in etwa der Einwohnerzahl der Insel). Sie spielen eine entscheidende Rolle im Leben der meisten Madagassen, selbst in Kulturen, die nicht zentral auf die Viehzucht ausgerichtet sind, repräsentieren sie für die Familien auf dem Lande Reichtum und Wohlergehen. Sie symbolisieren Pflichterfüllung gegenüber den Ahnen und vieles andere, das dem Leben Sinn gibt. Selbst in Reisanbaukulturen (wie bei den Merina und Betsileo in der Zentralregion oder bei den Betsimisaraka im Nordosten) gibt es viele Zebus, die dazu dienen, die Reisfelder vorzubereiten, Karren zu ziehen etc. Doch ihre Hauptfunktion besteht darin, als Opfertier für die Bestattungen zu dienen.

In den Viehzüchter-Kulturen der **Mahafaly** und **Antandroy** und einem Großteil der westlichen Region, wo die Zebus die Grundlage nicht nur materiellen Wohlstands, sondern auch künstlerischer Interessen, religiöser Vorstellungen, der sozialen Struktur, z.B. der Familien- und Verwandtschaftsbeziehungen, und sogar der Sprache bilden, verbindet das Zebu die Stammesangehörigen mit den Vorfahren und der Welt nach dem Tode. Viele ausgewählte Tiere werden für ein Festmahl geopfert, danach werden die Hörner auf das Grab gelegt. Fleisch wird, mit Ausnahme dieser symbolischen Mahlzeiten, selten gegessen.

Zwar ist es richtig, daß die Zebus sehr gut an das madagassische Klima angepaßt sind, doch handelt es sich um ein Tier, das nur sehr langsam wächst und heranreift (eßbare Fleischmenge: 330-420 kg nach 6-8 Jahren); 32% der Kälber überleben nicht, und der durchschnittliche Milchertrag liegt bei nur einem Liter pro Tag. Diese Werte sind deutlich schlechter als vergleichbare Werte für andere Viehsorten, die in den

Tropen gezüchtet werden. Der Unterhalt des Viehs erfordert 1 ha Weideland pro Kopf Zebu, und in der Trockenzeit leiden die Tiere erheblich, trotz der großen Anstrengungen, sie durchzubringen. Schließlich werden die Grasüberreste auf den Weideflächen abgebrannt, um das Nachwachsen neuer Sprößlinge schon beim ersten Regen zu fördern. Es entstehen unkontrollierte Feuer, die nur allzu häufig auf die Waldränder übergreifen.

Wald: In den kühleren Inselbereichen benötigen die Menschen, zumindest zeitweise, Brennstoff zum Heizen. Überall braucht man Feuer zum Kochen (geschätzt auf etwas mehr als 1 kg Holz pro Person und Tag). In einem Land mit wenig Kohle und ohne Devisen, um die Produkte der modernen Ölindustrie zu kaufen, ist Holz praktisch der einzige Brennstoff. Kann es da überraschen, daß ganze Wälder gefällt wurden, um Brennstoff zu gewinnen? So werden 80% des madagassischen Energieverbrauchs (das entspricht 1,2 Mio. t Heizöl pro Jahr) aus Feuerholz bestritten - ein Problem, das die Regierung bereits seit der Kolonialzeit beschäftigt. Viele der einheimischen Baumarten wachsen teilweise sehr langsam. Sie sind daher an vielen Stellen durch schneller wachsende Arten ersetzt worden, darunter *Acacia dealbata* und verschiedene Kiefer- und Eukalyptusarten.

> Nach aktuellen Schätzungen soll die Bevölkerung von Madagaskar von derzeit 10,5 Mio. Einwohnern auf 28 Mio. Einwohner im Jahre 2015 zunehmen. Am Ende des Jahrhunderts wird der Brennholzbedarf die zur Verfügung stehenden Vorräte um 2 Mio. t pro Jahr überschreiten.

Medizinisches: Alle Länder und Völker haben im Laufe der Geschichte Heilmittel für ihre Beschwerden aus örtlich vorhandenen Materialien entwickelt. Das Studium der Pflanzen zu diesem Zweck nennt man auch Ethnobotanik. Obwohl die pharmazeutische Industrie sie möglicherweise verfeinert hat, liegen die Ursprünge vieler nützlicher Drogen doch im tropischen Regenwald und weniger im Labor.

Es wird geschätzt, daß eins von vier Produkten auf dem Medikamentenmarkt von wilden Pflanzen stammt, und 1985 lag der Jahreswert dieser Medikamente bei mindestens DM 100 Mrd. Die madagassische *Rosy Periwinkle* ("Hundsgiftgewächs", lat. *Catharanthus roseus*) liefert viele Alkaloide, von denen zwei mit Erfolg beim Kampf gegen

Leukämie eingesetzt werden: Der weltweite Verkauf dieser Drogen brachte im Jahre 1980 DM 150 Mio. ein. Da dieses Immergrün kommerziell außerhalb Madagaskars angebaut wird, profitierten die Madagassen allerdings nicht davon. Andere Catharanthus-Arten (*C. coriaceus*) stehen als besonders gefährdete Pflanzenarten im roten Buch des **IUCN (Internationale Gemeinschaft für die Erhaltung der Natur)**, weil sie nur noch an sehr wenigen Orte wachsen, wo der Wald zudem vom Feuer bedroht ist. Diese Pflanzenfamilie ist, abgesehen von ihrem botanischen Interesse, von pharmazeutischer Bedeutung.

Ethnobotanische Forschungen gibt es auf Madagaskar bereits seit einiger Zeit, wie eine Reihe vorliegender Veröffentlichungen beweisen. (Eine vorläufige Datenbank dazu wurde vom WWF/IUCN zusammengestellt.) 1977 beschloß die WHO (Weltgesundheitsorganisation), die Regierungen dringend dazu aufzufordern, Forschungsmittel und Wissenschaftler für traditionelle medizinische Systeme zur Verfügung zu stellen; infolgedessen wurde im National *Pharmaceutical Research Centre* (Antananarivo) eine Abteilung für Ethnobotanik eingerichtet.

Sprache

Die indonesische Herkunft der Madagassen zeigt sich deutlich in ihrer Sprache, die, mit einigen regionalen Dialektvarianten, überall auf der Insel gesprochen wird. (Worte, die Haustiere bezeichnen, stammen jedoch aus dem Kisuaheli, ein Hinweis darauf, daß die frühen Siedler, vernünftigerweise, in ihren Auslegerkanus keine Tiere mitbrachten.) Das **Malagasy** (gespr.: "Malgasch") ist eine reiche Sprache, voller Bilder und Metaphern, und die Redekunst, *kabary*, ist ein wichtiger Bestandteil der madagassischen Kultur. Wörtliche Übersetzungen madagassischer Worte und Redewendungen sind häufig sehr poetisch. Dämmerung heißt z.B. *Maizim-bava vilany*: "Verdunkle die Öffnung des Kochtopfes"; zwei oder drei Uhr morgens ist *Misafo helika ny kary*: "Wenn die Wildkatze sich wäscht".

Die madagassische Sprache zu lernen oder auch nur einige Wendungen zu benutzen mag dem erstmaligen Besucher der Insel als ausgesprochen ehrgeiziges Unterfangen erscheinen. Ortsnamen können 14 oder 15 Buchstaben lang sein (weil sie meist eine literarische Bedeutung haben, wie z.B. *Ambohibao* "Das neue Dorf") und weisen eine unregelmäßige Silbenbetonung auf. Doch es lohnt sich sehr, einige madagassische Worte und Redewendungen zu lernen. Sie sollten auch daran denken, daß ihre gutgemeinten Versuche, Französisch zu sprechen, in Dörfern, in denen diese Sprache ebenfalls eine Fremdsprache ist, nicht viel nützen werden. Wem das Malagasy zu schwierig erscheint, der erinnere sich dankbar der *London Missionary Society*, die zumindest dafür sorgte, daß es nicht in arabischer Schrift geschrieben ist!

Einige grundsätzliche Regeln
Aussprache: Das madagassische Alphabet besteht aus 21 Buchstaben, C, Q, U, W und X kommen nicht vor. Einzelne Buchstaben werden wie folgt ausgesprochen:

a: wie in V<u>a</u>ter.
e: wie B<u>ee</u>t.
g: wie in <u>G</u>arten.
h: fast stumm.
i: lang wie in B<u>ie</u>ne.
j: ausgesprochen ds.
o: langes u wie in Bl<u>u</u>me.
s: zwischen sch und s, doch nach Regionen unterschiedlich.
z: weiches s wie in <u>s</u>uchen.

Buchstabenkombinationen, die eine andere Aussprache benötigen, sind:

ai: wie ei in m<u>ei</u>n.
ao: wie au in B<u>au</u>m.
eo: Kombination von betontem e und kurzem u

Wenn vor einem k oder g ein i oder y steht, wird dieser Vokal auch nach dem Konsonanten gesprochen, z.B. wird *Alika* (Hund) zu *Aliekya* (langes i) und *Ary koa* (und auch) zu *ahriekjua*.

Betonte Silben: Manche Silben werden betont, andere fast gar nicht gesprochen. Das führt zu großen Problemen, wenn Besucher versuchen, Ortsnamen auszusprechen, und leider werden, wie im Englischen, die Grundregeln häufig ignoriert. Im allgemeinen liegt die Betonung auf der vorletzten Silbe, außer wenn das Wort auf **na, ka** oder **tra** endet, dann wird die drittletzte Silbe betont. Worte, die auf **e** enden, betonen diesen Vokal. Gelegentlich kann ein Wort mit der gleichen Schreibung seine Bedeutung allein durch unterschiedliche Betonung verändern, doch

Land und Leute

dann wird es mit einem Akzent geschreiben, z.B. bedeutet *Tanana* Hand, *Tanána* jedoch Stadt.

Wenn ein Wort auf **Vokal** endet, wird diese letzte Silbe so leicht gesprochen, daß sie mehr einem letzten betonten Konsonanten ähnelt. So wird z.B. der Sifaka "Shiefak" (langes i) ausgesprochen. Worte, die aus dem Englischen abgeleitet sind, wie *Hotely* und *Banky*, werden praktisch wie im Englischen ausgesprochen.

Vokabular: Das folgende Grundvokabular für Reisende wurde freundlicherweise vom Autor eines ausgezeichneten Englisch - Madagassisch - Wörterbuchs zusammengestellt.

▶▶ Betonte Buchstaben oder Silben sind unterstrichen.

Sonntag	Alah_a_dy
Montag	Alatsin_ai_ny
Dienstag	Tal_a_ta
Mittwoch	Alarob_ia_
Donnerstag	Alakam_i_sy
Freitag	Z_o_ma
Sonnabend	Asab_o_tsy
Hallo, Guten Tag	Man_ao_ ah_oa_na, T_o_mpoko
oder (an der Küste):	Sal_a_ma, T_o_mpoko
Wie geht es Ihnen?	Fahasalaman_ao_, T_o_mpoko?

▶▶ Bei vielen madagassischen Ausdrücken gilt es als höflich, das Wort *Tompoko* anzufügen, eine Form der Anrede, die ungefähr "mein Herr" oder "meine Dame" bedeutet, aber nicht so förmlich ist. Ein Madagasse antwortet nie einfach mit "Ja" oder "Nein", sondern setzt immer *Tompoko* hinzu.

Mir geht es gut	Sal_a_ma ts_a_ra _a_ho
Auf Wiedersehen	Vel_o_ma, T_o_mpoko
Bis bald	M_a_ndra pih_ao_na
Ja	_E_ny, T_o_mpoko
Nein	Ts_ia_, T_o_mpoko
Sehr gut	Ts_a_ra tok_oa_
Schlecht	R_a_tsy
Danke	Mis_ao_tra, Tompoko
Entschuldigen Sie	_A_za f_a_dy, T_o_mpoko

Land und Leute

Deutsch	Madagassisch
Ich verstehe nicht.	Tsy azoko, Tompoko.
Geben Sie mir ...	Mba omeo ... aho
Ich möchte ...	Mila ... aho
Ich suche nach ...	Mitady ... aho
Wie teuer ... ?	Hoatrinona?
Gibt es eine Übernachtungsmöglichkeit?	Misy ve toerana hatoriana?
Ich möchte gern etwas zu essen/eine Mahlzeit kaufen.	Te hividy hanina/sakafo aho.
Wo ist ... ?	Aiza ... ?
Ist es weit?	Lavitra ve izany?
Gibt es ...	Misy ve ... ?
Bitte helfen Sie mir!	Mba ampio aho!
Wie heißen Sie?	Iza no anaranao?
Ich bin hungrig.	Noana aho.
Ich bin durstig.	Mangetaheta aho.
Ich bin müde.	Vizaka aho.
Dorf	Vohitra
Land	Ambanivohitra
Haus	Trano
Essen	Hanina (Safako - Mahlzeit)
Wasser	Rano
Reis	Vary
Eier	Atody
Hühnchen	Akoho
Brot	Mofo
Milch	Ronono
Straße	Lalana
Stadt	Tanana
Zeitung	Gazety
Hügel	Tendrombohitra
Tal	Lohasaha
Fluß (groß)	Ony
Strom	Riaka
Ochse/Kuh	Omby/Omby vavy
Kind/Baby	Ankizy/zaza kely
Frau/Mann	Lehilahy/Vehivavy.

"Madagassisch für Globetrotter", Band 41 der Reihe Kauderwelsch aus dem Peter-Rump-Verlag, 144 S., DM 12,80.

Flora und Fauna

Die meisten Reisenden kommen aufgrund der vielfältigen **Flora** und **Fauna** nach Madagaskar. Die Insel ist ein "Laboratorium der Natur", wo die Evolution eine andere Richtung nahm.

Der Grund dafür, daß auf Madagaskar soviele einzigartige Tier- und Pflanzenarten entstehen konnten, liegt in grauer Vorzeit. Man glaubt, daß in der **frühen Kreidezeit** eine riesige Landmasse, bekannt als **Gondwanaland**, auseinanderbrach und die heutigen Kontinente Afrika (mit Madagaskar), Asien, Südamerika und Australasien entstanden. Das Phänomen der Kontinentaldrift erklärt, warum manche madagassischen Pflanzen und Tiere auch in Südamerika und Asien zu finden sind, aber nicht in Afrika. Die Boa Konstriktor beispielsweise kommt nur in Südamerika und auf Madagaskar vor, und der Urania-Falter und sechs Pflanzenfamilien sind in ihrem Vorkommen ebenfalls auf diese beiden geografischen Räume beschränkt.

Madagaskar löste sich vor rund 160 Mio. Jahren von Afrika, als sich die Säugetiere noch in einer sehr frühen Entwicklungsstufe befanden. Daher ist es wahrscheinlich, daß die ersten Lemuren, Frettkatzen und Borstenigel die damals noch schmalere Straße von Mosambik auf entwurzelten Bäumen oder Flößen aus Pflanzenresten überquerten.

Als sich die Wasserstraße verbreiterte, hatten sie wenig Veranlassung, sich weiterzuentwickeln, weil es keine großen Raubtiere gab, die ihre Existenz bedroht hätten. Und die dicht bewaldete Insel bot genug Nahrung für alle. Daher ist die Bezeichnung "lebendes Fossil" hier durchaus angebracht.

Doch etwa im 5. Jh. kam der Mensch nach Madagaskar (allerdings gibt es auch Vermutungen, daß dieses einschneidende Ereignis bereits früher stattfand) und rottete bald die größten dort lebenden Tiere aus. Bis zu jener Zeit hatten sich noch elf riesige Lemurenarten durch die Zweige der Bäume gehangelt, wenn sie sich nicht am Waldboden ausruhten. Einige müssen die Größe von Gorillas gehabt haben. Es gab Riesenschildkröten, größer als die heutigen Arten, und - das größte Tier von allen - den *Aepyornis* oder Elefantenvogel (auch Madagaskar-Strauß) mit einer Gesamthöhe von 3 m. Wahrscheinlich war der Mensch für die Ausrottung all dieser Tiere verantwortlich, entweder durch direkte Jagd oder - noch wahrscheinlicher - durch die Zerstörung ihrer Lebensräume.

Der Schutz der Natur ist heute ein vorrangiges Anliegen der madagassischen Regierung, um die Zerstörung der Wälder (seit 1950 um die Hälfte ihrer Fläche reduziert) aufzuhalten. Denn damit sind auch die vielen, ausschließlich auf Madagaskar vorkommenden Spezies bedroht. 90 % aller im Wald auftretenden Pflanzenarten sind **endemisch** (sie kommen nur auf Madagaskar vor), und es gibt sechs absolut einzigartige Pflanzenfamilien. In den **östlichen Hartholzwäldern** wachsen 97 Sorten von Ebenholz; sieben Baobab-Arten (Affenbrotbaum) gedeihen auf Madagaskar (in Afrika gibt es nur eine Art). Bis auf zwei sind alle 130 **Palmenarten** einmalig. Acht Fischgattungen gibt es nur auf Madagaskar, hier leben zwei Drittel aller **Chamäleons** weltweit, und 225 der 235 Reptilienarten sind endemisch. Zudem existieren hier 155 Froscharten; mit Ausnahme einiger weniger, erst in jüngerer Zeit eingeführter Tiere sind alle landlebenden Säuger endemisch: 34 Gattungen und 66 Arten.

Zu den wichtigsten geologischen Merkmalen Madagaskars gehören ein präkambrischer Sockel (die östlichen zwei Drittel der Insel) und ein darauffolgender Lateritboden (roter Verwitterungsboden). Weiterhin findet man eine Sedimentregion entlang der Westküste sowie vulkanische Ausbisse (zutagetretende vulkanische Gesteinsschichten aus der Oberen Kreide). Auf Madagaskar gibt es keine aktiven Vulkane, aber die Region von Itasy im Hochland weist Krater, Aschenkegel und viele heiße Quellen auf.

Zu den **Mineralien**, die im Land abgebaut werden, gehören Glimmer und Titan, aber nicht in kommerziell relevanter Größenordnung. Madagaskar verfügt über eine erstaunliche große Zahl von Rohstoffvorkommen, jedoch ist keines groß genug, um zum wirtschaftlichen Wohlstand des Landes beizutragen.

Aus dem kristallinen Felssockel stammen einige schöne **Edelsteine**, die auf dem Markt und in der Nähe der Fundstätten verkauft werden. Dazu gehören: Rhodonit, Achat, Marmor, Labradorit (Mondstein), Amazonit, versteinertes Holz und Ammoniten.

Es gibt auf Madagaskar sehr viele verschiedene Arten von **Kristallen** (erhältlich als Block oder als Druse), darunter Quarz, rauchig, rosa oder gelblich, zusammen mit Hämatit, Amethyst, Cölestin und Turmalin. Ein Beryll, der ausschließlich auf der Insel vorkommt, ist der rosafarbene Morganit.

Der Drongo

Einer der auffälligsten Vögel auf Madagaskar ist der Trauer- oder Gabelschwanzdrongo (*Dicrurus adsimilis*). Unverwechselbar ist seine Silhouette mit dem deutlich gegabelten Schwanz und dem Haarschopf. Er kommt überall vor, ist nicht scheu und soll ein ausgezeichneter Nachahmer sein. Für die Dorfbewohner in der Nähe von Maroantsetra ist es *fady*, einen Drongo zu töten. Dies ist der Grund:

Vor vielen Jahrzehnten unternahmen die Seeräuber, die die Ostküste plünderten, Ausflüge in die Hügellandschaft, um die Häuser auszurauben und Gefangene zu machen. Wenn Sie hörten, daß ein Piratentrupp unterwegs war, flohen die Dorfbewohner daher in den Dschungel.

Eines Tages hieß es in Ambinanitelo, daß sich eine Gruppe von Seeräubern nähere. Die Leute versteckten sich, doch die Frauen mit den kleinen Kindern konnten mit den anderen nicht mithalten und blieben daher in einem Dickicht zurück. Gerade als die Piraten an ihnen vorbeieilten, weinte ein Baby. Die Seeräuber drehten sich sofort um und gingen auf den Ort zu, von dem das Geräusch gekommen war. Sie hörten das Baby noch einmal weinen, aber dieses Mal kam der Laut aus einer Baumkrone. Es war ein Drongo. Die Piraten sahen sich von einem Vogel in die Irre geführt, gaben ihr Unternehmen auf und kehrten zu ihren Booten zurück. Seither wird der Drongo in diesem Tal verehrt.

Wissenschaftliche Klassifikation

Da viele Tiere und Pflanzen auf Madagaskar noch keinen deutschen Namen haben, werden im Buch häufig die lateinischen oder wissenschaftlichen Bezeichnungen verwendet. Für diejenigen, die sich mit dieser Art von Terminologie nicht auskennen, hier eine kurze Einführung:

Zunächst werden Tiere und Pflanzen in große **Klassen** unterteilt, z.B. Säugetiere (*Mammalia*) und Blütenpflanzen (*Angiospermae*) usw. Dann werden sie weiter untergliedert nach **Ordnungen**, wie z.B. Primaten oder Einkeimblättrige (*Monocotyledoneae*). Die nächste Unterteilung erfolgt in **Familien**: Lemuren (*Lemuridae*) und Orchideen (*Orchidaceae*) seien als Beispiel genannt. Dies sind die allgemeinen Namen, die jeder kennt, und Sie gehen immer auf Nummer sicher, wenn Sie sagen "in der Familie der Lemuren" oder "eine Art von Orchidee". Danach kommen die **Gattungen**, gefolgt von den **Spezies** oder **Arten**. Die lateinischen Namen auf dieser Ebene werden sich weniger bekannt anhören. Es sind die Namen der letztgenannten zwei Ebenen, die in dem lateinischen Namen kombiniert werden, um ein Tier oder eine Pflanze eindeutig zu identifizieren. *Lemur catta* ist also wiedererkennbar, egal in welcher Sprache Sie sich unterhalten. Wir nennen dieses Tier Katta, die Briten sagen *ring-tailed lemur*. Solange sie den lateinischen Namen in der Hinterhand haben, kann es keine Verwechslungen geben.

Flora

Ein Blick auf die Statistik läßt das Herz eines jeden Botanikers höher schlagen. Madagaskar hat rund 10.000 Spezies vorzuweisen (Schätzungen variieren von etwa 7.000 bis 12.000, aber es gibt soviele Arten, die noch nicht klassifziert sind, daß die höhere Zahl wahrscheinlicher ist), während in Deutschland (zum Vergleich) nur rund 2.500 leben. Die große Artenvielfalt kommt durch die **unterschiedlichen Klimazonen** zustande, und rund 80% der madagassischen Flora finden sich nirgendwo sonst auf der Welt. Im Unterschied zur Fauna, die auch dem ungeschulten Betrachter auf den ersten Blick als ungewöhnlich erscheint, ist die Pflanzenwelt dem Nicht-Botaniker zum Großteil vertraut. Wie in anderen Teilen der Welt ist die Natur auch hier mit den grundsätzlich gleichen Bauplänen zur Anpassung an verschiedene Umgebungen hervorgetreten: Pflanzen, die Wasser speichern können, für extrem trockenes Klima und hohe Bäume mit Stützwurzeln für den Regenwald.

Beschreibungen der regionalen Flora finden Sie in den jeweiligen Kapiteln, besonders in ☞ *Der Süden*. Die Übersicht weiter unten entstammt einem detaillierten Aufsatz über Madagaskars Flora von Gordon und Merlin Munday.

Es wird Sie überraschen zu erfahren, daß Sie bereits einige madagassische Pflanzen kennen. Viele Haus- oder Zierpflanzen stammen aus Madagaskar. Dazu gehört der Christusdorn (*Euphorbia millii*) mit seinen leuchtend roten Blüten und spitzen Stacheln, das "Flammende Käthchen" (*Kalanchoe blossfeldiana*) mit roten, langlebigen Blüten, die Panda-Pflanze (engl. *panda plant*; kein deutscher Name; lat. *Kalanchoe tomentosa*), der madagassische Drachenbaum (*Dracaena marginata*), der madagassische Jasmin (*Stephanotis floribunda*) - ein typischer Brautstrauß mit seinen wachsartigen, weißen, stark duftenden Blüten, die Polka-Dot-Pflanze (engl.; kein deutscher Name; lat. *Hypoestes phyllostachya*) und das "Velvet Leaf" (zu deutsch: samtenes Blatt; lat. *Kalanchoe beharensis*). Die berühmteste von allen ist jedoch die Poinciana (*Poinciana regia*) oder Flamboyant, **Madagaskars Nationalblume**.

Nur wenige von Madagaskars einzigartigen Pflanzenarten haben deutsche Namen erhalten, aber ein madagassischer Pflanzenname hat doch seinen Weg in die deutsche Sprache gefunden: die Raffia-Palme oder Bast-Palme (*Raphia farinifera*). Sie wächst auf sumpfigem Boden im Osten der Insel und war schon immer von großer Bedeutung für Kunsthandwerker und Gärtner überall auf der Welt.

Schätzungen hinsichtlich der Zahl von Pflanzenarten auf Madagaskar reichen von 7.370 bis 12.000, womit das Land eine der botanisch reichsten Gegenden der Erde ist. Von rund 400 blühenden Pflanzenfamilien weltweit kommen fast 200 auf Madagaskar vor. Es gibt acht endemische Familien und 18% der Gattungen sowie fast 80% der Arten sind ebenfalls endemisch.

Wissenschaftliche Befunde legen nahe, daß primitive Blütenpflanzen (die ersten Angiospermen) ursprünglich im westlichen Teil von Gondwanaland entstanden, möglicherweise in der frühen Kreidezeit. Später verbreiteten sie sich weiter nach Norden und bildeten die unterschiedlichsten Formen aus, was zur Verbreitung der Flora auf den beiden großen Superkontinenten führte. Viele Gattungen hat Afrika mit Madagaskar gemein, doch die einzelnen Arten sind sehr wohl unterschiedlich. Beispielsweise ist keine einzige der 300 afrikanischen Aloe-Arten identisch mit irgendeiner der 60 Arten, die wir auf Madagaskar finden, und die "sukkulenten" Euphorbien sind hier eher hölzern als sukkulent. Afrika hat nur einige hundert Arten von Orchideen, während Madagaskar rund 1.000 aufweisen kann. Dennoch sind viele Pflanzen, wie z.B. das afrikanische Veilchen (*Viola abyssinica*) und das afrikanische Schaumkraut (*Cardamine africana*) sowohl auf Madagaskar als auch in Afrika weit verbreitet. Die Mangroven sind - wie man es bei Pflanzen, die sich über das Wasser fortpflanzen, nicht anders erwarten darf - alle identisch mit denjenigen, die man an der ostafrikanischen Küste findet. Madagaskars endemische Palmen - 13 Gattungen - haben dagegen fast alle Ähnlichkeit mit denjenigen Asiens und Südamerikas.

Hinweis: Aufgrund der klimatischen Bedingungen weisen der Osten (einschließlich der Gebiete Sambirano und Nosy Be sowie der Zentralregion) und der Westen der Insel eine sehr unterschiedliche Vegetation auf (☞ Karte). Beide Regionen sind weiter in Areale unterteilt, die eine grobe Klassifizierung nach Geografie, Klima und Vegetation zulassen.

Östliche Region
Immergrüner Regenwald: Immergrüner Regenwald kommt unterhalb 800 m vor. Die Niederschläge liegen ganz allgemein über 2.000 mm, an manchen Stellen erreichen sie bis zu 3.500 mm. Die Vegetation ist in unterschiedlich hohen Blätterdächern gewissermaßen "übereinandergeschichtet", und der Kampf um einen Platz möglichst dicht am Licht führt dazu, daß es kein Unterholz gibt. Viele Bäume haben Stützwurzeln oder stelzenähnliche Luftwurzeln. Epiphyten (Aufsitzer), darunter Orchideen und Farne, sind reichlich vorhanden.

Der **madagassische Regenwald** unterscheidet sich von vergleichbaren Wäldern in Afrika durch seine größere Artenvielfalt, ein niedrigeres Hauptblätterdach und durch das Fehlen von großen hervorstehenden Bäumen. Außerdem ist die Dichte des Baumbestands dreimal so groß wie in vergleichbaren Regenwäldern auf anderen Kontinenten. Zu den Familien, die Bestandteil des oberen Laubdaches sind, gehören *Euphorbiaceae* (Wolfsmilchgewächse), *Sapindaceae* (Seifenbaumgewächse), *Rubiaceae* (Krappgewächse, darunter wilder Kaffee), *Ebenaceae* (Ebenholzgewächse), einschließlich der Gattung *Diospyros* (mit 97 Arten, von denen eine das echte Ebenholz ist) und verschiedene Palmen.

Für den Touristen ist diese Form des Waldes in **Lokobe** (Nosy Be), in der Gegend um Maroantsetra und in Nosy Mangabe erreichbar.

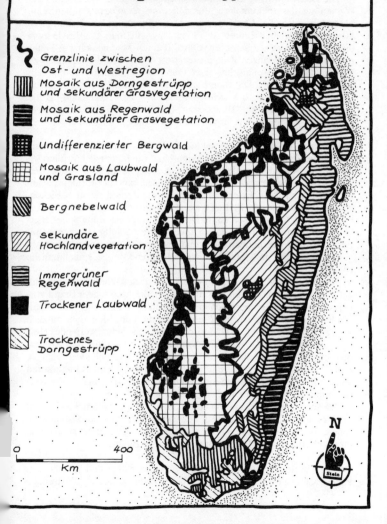

Die **Ile Ste. Marie** ist besonders für Botaniker sehr interessant. Hier können sie das spektakuläre *Macroplectrum sesquipedale* sehen, eine besonders reizvolle Orchideenart. Das röhrenförmige Nektargefäß dieser cremigweißen Blume ist 38 cm lang. Als man Charles Darwin diese Orchidee zeigte, sagte er voraus, daß auf Madagaskar ein Falter mit einer ebenso langen Zunge existieren müsse, um die Orchidee zu befruchten. Und zweifelsohne: Der Falter heißt *Praedicta* (zu deutsch: "der Vorhergesagte"). Die Blume wird auch **Darwins Orchidee** genannt. Charakteristisch für die Küstenlandschaft der Insel sind große Barringtonia-Bäume mit "Bischofshut"-Früchten und Kokosnußpalmen, die sich auf das Meer, das ihre Früchte verbreitet, hinauslehnen.

Mosaik aus Regenwald und sekundärer Grasvegetation: Ein bemerkenswertes Beispiel für einen einheimischen Baum, der sich erfolgreich im Sekundärwald angesiedelt hat, ist der Baum des Reisenden (*Ravenala madagascariensis*), Symbol Madagaskars und Firmenzeichen von Air Madagascar. Er erhielt den Namen aufgrund seiner Fähigkeit, im unteren Ende seiner Blätter Wasser zu speichern, das man mit einem Panga-Schlag herauslassen kann. Die fächerartige Anordnung der Blätter ist ausgesprochen dekorativ. *Ravenala* tritt häufig zusammen mit *Pandanus* (der Schraubenpalme) und *Typhonodorum* (einem Aronstabgewächs) auf, das im oder am Wasser wächst und riesige, spinatähnliche Blätter hat.

Andere einheimische Arten tun sich schwer im Wettbewerb mit eingeführten Gräsern, Farnen und Sträuchern, die nach einem Brand vorherrschen. Zu den einheimischen waldlebenden Arten, die auch Waldränder besiedeln können, gehören einige, die dem Menschen nützlich sind, so z.B. *Canarium* (die chinesische Olive). Sie liefert wertvolles Holz und ätherische Öle. Weiterhin wachsen am Waldrand der Krotonölbaum, aus dem Medikamente gewonnen werden, und zwei Guaven, *Psiadia altissima* und *Harungana madagascariensis*, ebenfalls Lieferanten eines wertvollen Medikaments (Harunganin), das bei Magenverstimmungen angewendet wird.

Diese Art von Vegetation am Rande der gerodeten Flächen ist (leider) überall in der Nähe von bewohnten Orten an der Ostküste zu sehen, wo die Vegetation infolge eines Brandes degeneriert ist und von Gras beherrscht wird. Es existieren nur wenige Bäume.

Bergnebelwald: Kommt in der Regel zwischen 800 m und 1.300 m vor, kann aber auch bis auf 2.000 m hinaufreichen, wenn die klimatischen

Bedingungen stimmen. Das Blätterdach ist etwa 5 m niederiger als im Wald der Ebene, und es gibt mehr Unterholz, darunter einige Gattungen aus gemäßigten Klimazonen, wie z.B. *Lamiaceae* (Lippenblüter) und *Impatiens* (Springkraut). Epiphyten (Aufsitzer), Farne und Moose sind in großer Zahl vorhanden, außerdem große Lianen und Bambus. Mit zunehmender Höhenlage nimmt die Höhe des Laubdaches ab, so daß mehr Licht zum Erdboden dringt und das Wachstum von Epiphyten und dichtem, krautartigem Unterholz mit reichlich Moos gefördert wird. Die Blätter der Pflanzen werden widerstandsfähiger und haben eine dickere Kutikula (Wachsschicht auf den Blättern), um Wasser speichern zu können.

Zu den Bäumen in dieser Höhe gehören *Dalbergia* (Rosenholzbaum) und *Weinmannia*. Letzterer liefert nützliches, leichtes Bauholz. Verschiedene Palmen und Baumfarne wachsen in niedrigeren Lagen.

Der am besten zugängliche Bergnebelwald mittlerer Höhenlage ist **Périnet**. Die Hochland-Variante kann man im Nationalpark **Montagne d'Ambre** sehen, und Bergnebelwald in großer Höhenlage läßt sich am besten auf den unteren Hängen des **Marojejy-Massivs** demonstrieren.

Hochlandvegetation (Zentrum der Insel): Der Wald, der früher die *Hauts plateaux* bedeckte, ist durch Grasland ersetzt worden. Einige Abwechslung bieten Granitfelsen, auf denen Sukkulenten wachsen (die Route National Nr. 7 zwischen Ambalavao und Ihosy bietet Ihnen einen guten Ausblick auf solche Felsformationen). Diese Hügel werden "Inselberge" genannt. *Pachypodium* (die Madagaskarpalme) kommt in dieser Umgebung vor, u.a. auch mit Aloen und Euphorbien.

Hochgelegener Bergwald: Beginnend auf 1.300 m und bis zu einer Höhe von 2.300 m ist die Vegetation hier von niedrigeren, stärker wechselnden Temperaturen, Wind, Sonne und Regen geprägt. Die Vegetation im Wald ähnelt hohen Sträuchern mit kleinen, widerstandsfähigen Blättern. Moose und Flechten ummanteln die Zweige und bedecken den Boden manchmal bis zu 30 cm dick. Sie bieten auch den epiphytischen Farnen und Orchideen Halt. Im Unterholz herrschen Erikazeen vor. Das beste Beispiel ist das **Marojejy-Massiv**, zusammen mit dem botanischen Reservat von **Ambohitanely**, 80 km nördlich von Antananarivo.

Tapia-Wald: Dies ist der einheimische Name für die vorherrschende Art *Uapaca bojeri*, ein Baum mit dicker und rissiger Borke, die sich bei

Waldbränden als sehr feuerbeständig erwiesen hat. Der Wald befindet sich auf den westlichen Hängen des **zentralen Hochlands** mit einem trockeneren Klima als in den östlichen Arealen. Die undurchdringliche Vegetation scheint der in mediterranen Korkeichenwäldern zu ähneln. Es gibt nur wenige Eypiphyten (Aufsitzer) oder bodenlebende Moose.

Im **Isalo Nationalpark** gibt es Tapia-Haine und auch verschiedene Sukkulenten auf Sandsteinfelsen.

Busch- und Strauchvegetation im Gebirge: Sie ist charakterisiert durch eine einzelne Schicht (bis zu 6 m dick) von undurchdringlich sich verzweigenden, immergrünen hölzernen Pflanzen, die noch über 2.000 m wachsen. Interessant ist dieser Vegetationstyp auch wegen der Bäume, die zu den Korbblütern (*Asteraceae*) gehören.

▶▶ Keiner der Berge ist leicht zugänglich. Möglicherweise ist **Andringitra** die beste Gelegenheit, es einmal auszuprobieren.

Westliche Region
Trockener Laubwald: Die Flora ist ausgedehnt und sehr verschiedenartig, jedoch nicht so dicht und weniger üppig als in den feuchteren Wäldern im Osten. Laubbäume wachsen bis zu einer Höhe von 12-15 m mit einigen herausragenden Bäumen von 25 m. Lianen sind reichlich vorhanden, auch dichtes Unterholz, aber es gibt keine Farne, Palmen oder Moose, die den Waldboden bedecken, und nur wenige Orchideen.

Trockener Laubwald wächst auf Lehm- oder Sandboden. Dazu gehören auch die üppigen Galeriewälder an den Flüssen, wo Tamarinden vorherrschen. Ein dritter Lebensraum, bestehend aus Kalkplateaus, ist bewachsen mit niedrigerem Wald, wenigen Lianen und immergrünen Pflanzen. Bäume und Sträucher mit angeschwollenen Stämmen oder Stengeln (*pachycauly*) sind häufig anzutreffen.

Die Forststation von **Ampijoroa** ist ein leicht zugängliches Gebiet mit trockenem Laubwald. Schwieriger zu erreichen, aber lohnend, wenn man dorthin gelangen kann, ist das **Reservat von Tsingy de Namoroka** mit seiner dichten Kombination aus trockenem Wald, Savanne und Pflanzen, die speziell auf die Felsspitzen oder den kalkhaltigen Karst (*tsingy*) abgestimmt sind, nach dem das Reservat benannt ist.

Laubwalddickicht (Dornenwald): Unter diese Kategorie fällt Madagaskars ungewöhnlichste Landschaftsform, wo *Didiereaceae* (Armleuchterbäume), eine endemische Familie, gemeinsam mit baumartigen

Flora und Fauna

Euphorbien auftreten. Außerdem gibt es hier auch einige immergrüne Pflanzen, wahrscheinlich weil der Nebel vom Meer bis hierher reicht. Der starke Tau am Morgen ist ein Segen für die Einheimischen, die das kostbare Wasser mit "Taukellen" sammeln. Das Dickicht wechselt in der Höhe zwischen 3 und 6 m. Mit seinen Dornen ist es praktisch undurchdringlich. Herausragende Bäume sind meist Baobabs.

Didiereaceae ähneln dem Boojum-Kaktus (*Fouquieriaceae*) aus dem Südwesten der USA und Mexikos. Es gibt vier Gattungen, die ausschließlich im Westen und Süden Madagaskars vorkommen: *Alluaudia* (sechs Arten), *Alluaudiopsis* (zwei Arten), *Didierea* (zwei Arten) und *Decaryia* (eine Art). Beispiele für die baumartigen Euphorbien aus dem Dickicht sind *E. stenoclada* (stachelig, der Latexsaft wird zum Kalfatern der Pirogen benutzt), *E. enterophora* (ohne Stacheln, bis 20 m hoch) und *E. plagiantha*, ebenfalls ohne Stacheln und charakterisiert durch eine sich abschälende, gelblich-braune Rinde.

Besonders auffällig sind die "Faß-" und "Flaschen-"Bäume mit ihren massigen Stämmen, die zum Speichern von Wasser dienen. Die Gattungen heißen *Adansonia*, *Moringa* und *Pachypodium*.

Blattsukkulenten sind reichlich vertreten, darunter mehrere Arten von hohen (3-4 m) Aloen. Die verkümmerten, überzähligen Blätter hüllen den Stamm ein und bieten Schutz bei einem Waldbrand. Achten Sie auch auf die Gattung *Kalanchoe*. Eine der interessantesten Arten, *K. beauverdii* (2-3 m lange Kletterpflanze), bildet Knospen an den Rändern der Blätter, von denen jede einzelne sich dann zu einer winzigen Tochterpflanze entwickelt, die zur massiven Verbreitung der Art beiträgt.

Dies sind nur einige wenige Beispiele aus gut tausend Arten, die zu Gattungen der verschiedensten Pflanzenfamilien gehören. Sie alle ähneln sich jedoch in ihren Fähigkeiten, sich der Trockenheit anzupassen. Nach einem Regen bilden sich sehr schnell Blätter und Blüten, bei manchen Arten entstehen die Blüten sogar schon vor dem Regen, um so ein Maximum an Zeit für das Wachstum der Frucht und die Verbreitung der Art zur Verfügung zu haben, ehe die nächste Trockenperiode kommt.

Der beste Ort, an dem man einen Dornenwald sehen kann, ist in der Nähe von Tuléar, entlang der Straße von Fort Dauphin nach **Ambovombe** und im **Berenty-Reservat**. Berenty ist auch ein ausgezeichnetes Beispiel für den Galeriewald. Ein anderes Naturschutzgebiet, allerdings nicht ganz so gut erreichbar, ist **Tsimanampetsotsa** (z.T. ein Brackwassersee), 100 km südlich von Tuléar.

Sekundäre Grasvegetation: Im Vergleich zum Dornenwald ist diese Art der Vegetation eher enttäuschend, da rund 80% der westlichen Region mit sekundärem oder baumbestandenem Grasland bewachsen sind, das jedes Jahr neu abgebrannt wird. Zwei Arten von Palmen, *Medemia nobilis* und *Borassus madagascariensis* (beide wachsen an Flußufern) haben sich in diesem Gebiet angesiedelt.

Mangrovensümpfe: Ein Lebensraum, der aus Sträuchern oder kleinen Bäumen, die in schlammigen Lagunen, Flußdeltas, Buchten oder an Küsten wachsen, besteht. Die Wurzeln der Sträucher bzw. Bäume werden oft vom Salz- oder Brackwasser überspült. Mangroven findet man hauptsächlich an der Westküste. Charakteristisch sind die Stelzwurzeln, von denen einige aus dem Wasser herausragen, um Sauerstoff aufnehmen zu können.

Manche haben den weiteren Vorteil, daß ihre Samen bereits in der Frucht keimen, solange sie noch am Baum ist (Viviparie). Die junge Pflanze fällt dann tief in den Schlamm und ist so, fest verankert, sicher vor der Austrocknung. Es gibt drei Familien (neun Arten) auf

Flora und Fauna

Der Baobab (von Ed Fletcher)
Baobabs (Affenbrotbäume) kommen in **Afrika** und **Madagaskar** vor: eine Art in Afrika und sieben Arten auf Madagaskar. Viele Mythen und Volkssagen drehen sich um den Baobab. Allgemein wird er auch der "upside-down-tree" (Verkehrtherum-Baum) genannt. Der Legende zufolge riß der Teufel den Baobab aus, trieb ihn mit den Zweigen voran in die Erde und ließ ihn so, mit den Wurzeln nach oben, stehen. Er wird beschrieben als "ein Kaliban von Baum, ein ergrauter, deformierter alter Kobold mit dem Körperumfang eines Riesen," er soll die Haut eines Rhinozeros haben und "Spinnenfinger, die ins Leere greifen."

Baobabs können mehrere tausend Jahre alt werden. An ausgewachsenen Exemplaren hat man Berechnungen angestellt, um ihr Alter zu errechnen. Das geschah unter Verwendung einer Formel aus Wachstumsrate, Größe und Wuchsbedingungen in Gegenden mit wenig Niederschlag. Das Ergebnis: Manche Baobabs könnten mehr als 5.000 Jahre alt werden. Dieses Resultat führte zu theologischen Auseinandersetzungen, da bekanntlich durch die Sintflut alle Tiere und Pflanzen umgekommen sein sollen. Michael Adanson, der Botaniker, der als erster im Jahre 1743 einen Baobab beschrieb, verärgerte David Livingstone durch seine Berechnungen des Alters von einigen afrikanischen Exemplaren.

Eine der strittigsten Fragen im Zusammenhang mit dem Baobab ist seine Einstufung als Baum. Er könnte auch als Sukkulente definiert werden, weil er in seinem Stamm Wasser speichern kann, anders als andere Bäume, die in der gemäßigten oder tropischen Klimazone wachsen. Auf Madagaskar wird der Baobab auch häufig **Flaschenbaum** genannt. Er wird in der Nähe der Mahafaly-Gräber gepflanzt und gilt als heilig.

Der Baobab dient traditionell vielen Zwecken: Fasern aus der Borke werden verwendet, um Seile herzustellen, auch Körbe, Schlingen, derben Stoff, Saiten für Musikinstrumente und wasserdichte Hüte. (Ein Charakteristikum des Baobab, das andere Bäume nicht besitzen, ist der Umstand, daß das Abziehen der Borke den Baum nicht tötet. Sie bildet sich neu.) Aus Holzbrei kann man dickes, rauhes Papier, Schwimmkörper, Tabletts und Schüsseln herstellen. Die frischen Blätter ergeben ein Gemüse, ähnlich dem Spinat, und ein Getränk. Die Samen dienen als Nahrungsmittel, das viel Protein und Öl enthält. Die leeren Samenhülsen verwendet man dagegen als

Utensilien, während aus dem Fruchtfleisch ein erfrischendes Getränk mit hohem Vitamin C-Gehalt zubereitet werden kann.

Die verschiedenen einheimischen Baobabs:
Adansonia grandidieri: Er ist der größte Baobab. Der Stamm ist zylindrisch, sehr dick und hat eine rötliche Rinde. Die Blüte ist ganz und gar weiß und blüht im März. Die Sakalava betrachten die Frucht als wertvolle Nahrungsquelle, ernten sie und die eßbaren Samen, die eine ölhaltige Substanz ergeben. Der glatte senkrechte Stamm wird mit Hilfe von hölzernen Nägeln erklettert, die man in die Rinde treibt. Der örtliche Name ist *Reniala*. Das Vorkommen dieses Baobab beschränkt sich auf den südlichen Teil der Gegend um **Menabe** im Osten, besonders um Morondava.

Adansonia madagascariensis: Eine der schönsten Baobab-Arten. Der Stamm ist in der Regel kaum geschwollen, seine Form ist zylindrisch oder sich verjüngend vom unteren Ende bis zu den Zweigen. Er kann zwischen 10-35 m hoch werden. Einheimische Namen sind *Za*, *Zabe*, *Renida* und *Bozy*, je nach Größe, Erscheinungsbild und nach Stammeszugehörigkeit. Die Blüte ist rot und bildet sich im allgemeinen zu Beginn der Regenzeit im November, so daß die Frucht in der Trockenzeit reif zur Ernte ist. Dieser Baobab ist weit verbreitet, ein vertrauter Anblick an der Westküste von **Diego-Suarez** (Norden) und **Cap Sainte Marie** (Süden), in der **Ambongo-Boina** Gegend und um **Manombo** bis nördlich von Tuléar.

Adansonia za: Unterschiedlich im Aussehen. Der Stamm verjüngt sich vom Fuß bis zum oberen Ende, oder er ist zylindrisch und leicht mit dem *Grandidier* zu verwechseln. Die Höhe schwankt zwischen 10-39 m. Einheimische Namen sind *Za*, *Ringy* und *Boringy*. Die Blüte ist gelb mit einer Spur Rot. Er wächst in Regionen mit strengem Klima und wenig Niederschlägen, so in Teilen von **Ambongo-Boina** und **Sambirano** im Westen und Nordwesten.

Dieser Baobab wird immer seltener, weil er in den Trockenzeiten zum Füttern der Zebus dient. Nach dem Fällen wird die Rinde abgeschält, damit das Vieh sich von den mit Wasser vollgesogenen Fasern ernähren kann.
Adansonia fony: Variables Erscheinungsbild, zwischen 4-10 m. Der Stamm kann in verschiedenen Formen geschwollen sein: sich

verjüngend vom Fuß zu den Zweigen, geschwollen in der Mitte oder zigarrenförmig und am oberen Ende wie zusammengeschnürt. Ein wirklich bemerkenswerter Baum. Die einheimischen Namen sind *Za*, *Ringy*, *Zamena*, *Boringy*. Die Blüten sind gelblich und blühen jeweils nach Regenfällen, die in den trockenen Gegenden, wo der Baum wächst, sehr unregelmäßig auftreten.

Zu seinem Lebensraum gehören die felsigen Gegenden im **südlichen Park von Menabe**, um **Morondava**, **Mount Ambohibitsika** (Bassin von Mangoky), der Wald von **Marofondelia** im Norden von Morondava und die Sandhügel zwischen **Fiherena** und **Manombo**.

Adansonia suarezensis: Diese Art hat einen glatten Stamm, der sich im allgemeinen vom Fuß an verjüngt und bei den Zweigen dann wieder anschwillt. Die Höhe schwankt zwischen 20-30 m. Einheimische Namen sind nicht bekannt. Die Blüten sind groß und dunkelrot.

Adansonia perrieri: Erst kürzlich entdeckt (1960) in der Region von Diego-Suarez auf dem **Plateau von Ankarana** mit einer gelben Blüte. Es gibt kaum weitere Informationen.

Adansonia alba: Mit einem geschwollenen Stamm, sich allmählich verjüngend vom Fuß zum oberen Ende. Die Höhe schwankt zwischen 10-15 m. Einheimische Namen sind unbekannt.

Die Blüte dieses Baumes ist weiß, und die Art findet man besonders nördlich von **Bezofo** in dichtem Wald und auf einer Höhe von ungefähr 500 m in einer Gegend, wo im allgemeinen keine Baobabs existieren.

Adansonia digitata: Diese Art ist ebenfalls in Afrika sehr weit verbreitet. Der Baum hat einen großen Stamm von bis zu 40 m Umfang und 20 m Höhe und kann bis zu 130.000 l Wasser enthalten. Zu den vielen regionalen Namen gehören: *Sefo*, *Bontona*, oder *Vontona* (der Geschwollene), *Reniala* (Vater oder Mutter des Waldes). Die Blüte ist weiß und groß.

Er ist häufig auf dem zentralen Marktplatz von **Sakalava-Dörfern** zu sehen und vor allem in den Häfen in der Ambongo-Boina Region im Westen (in **Majunga** steht ein besonders berühmter Baobab dieser Art).

Madagaskar. In der Tuléar-Region ist der Gegensatz von dorniger Vegetation im Inland und dem leuchtend grünen Band der Mangroven besonders augenfällig. Das Holz der Mangroven ist hart und sehr kompakt, aber nicht besonders haltbar und findet für Pfähle und Planken oder auch als Feuerholz Verwendung. Die Rinde eignet sich gut zum Gerben von Leder.

Eine Population von *Avicennia marina* existiert, außer in der Region um Tuléar, auch in der Betsiboka-Bucht sowie auf Nosy Be.

Vanille

Die Vanille ist auf Madagaskar nicht heimisch, vielmehr handelt es sich um eine Orchideenart aus Mexiko. Da das Insekt, das für die Befruchtung zuständig ist, in seinem Heimatland blieb, müssen alle Vanilleblüten auf Madagaskar von Hand bestäubt werden.

Vanille wird im Norden und Osten von Madagaskar angebaut; fast die gesamte Ernte wird in die USA zur Eiscremeherstellung exportiert. Die Regierung setzt den Vanille-Preis fest. 1986 lag er bei rund DM 8 (FMG 7.500) pro Kilo.

Fauna

Säugetiere

Auf der Insel gibt es fünf Ordnungen von Landsäugetieren: Primaten (Lemuren), *Insektivora* (Tanreks und Spitzmäuse), *Chiroptera* (Fledertiere), *Carnivora* (Raubtiere, darunter die Fossa oder Frettkatze) und *Rodentia* (Nagetiere, z.B. die Riesenspringratte). Von diesen Säugetieren sind die drei Lemurenfamilien besonders bekannt, daher sollen sie ausführlicher beschrieben werden.

Vor langer Zeit gab es Tiere von der Art der Lemuren überall auf der Welt, auch in Nordamerika. Bekannt als Halbaffen, hatten sie sich aus dem Ur-Primaten entwickelt, dem Vater aller Primaten einschließlich des Menschen. Sie hatten einige affenähnliche Charakteristika, behielten aber das fuchsartige Gesicht ihrer insektenfressenden Vorfahren bei, wobei die lange Nase für den besonders gut ausgebildeten Geruchssinn steht. Die Lemuren haben sich seit dem Eozän vor 58-36 Mio. Jahren wenig verändert. Einige Nachfahren des Ur-Primaten entwickelten sich zu Affen. Im Wettbewerb mit anderen Säugetieren entwickelten sie eine größere Intelligenz und bessere

Sehfähigkeit. Ihr Geruchssinn verlor demgegenüber an Bedeutung, daher ragten auch ihre Nasen nicht mehr so weit vor.

Lemuren sind die einzigen überlebenden Halbaffen weltweit, mit Ausnahme der Buschbabies in Afrika und den Loris Asiens. Wenn man ihre Gesichter betrachtet, kann man sich kaum vorstellen, daß es sich um unsere Verwandten handelt.

Die Anzahl der Lemurenarten und -unterarten, die der Wissenschaft bekannt sind, scheint jährlich zu wachsen. Als ich die erste Ausgabe dieses Buches schrieb, gab es 29 Spezies. Heute sind es 31, plus einer Art, die man bereits für ausgestorben hielt. Daß Wissenschaftler eine neue Primatenart entdecken, ist ein ausgesprochen seltenes Ereignis. Daß dieses Ereignis gleich dreimal in der gleichen Anzahl von Jahren eintrat, ist daher höchst außergewöhnlich und zeigt die entscheidende Bedeutung, die dem Erhalt der madagassischen Lebensräume zukommt, die ohne Zweifel Tausende von noch nicht klassifizierten Lebewesen bergen. Die neuen Arten in der Runde sind der **Goldene Bambuslemur**, *Hapalemur aureus*, von Ranomafana (☞ *Das Hochland*), der **Goldkopfsifaka** (*Propithecus tattersalli*), der 1988 in der Provinz Antsiranana entdeckt wurde, und der büschelohrige **Katzenmaki** (*Allocebus trichotis*), der bereits als ausgestorben galt, aber in der Nähe von Mananara 1989 wieder auftauchte, um von dem unermüdlichen Bernhard Meier identifiziert zu werden, der auch den Goldenen Bambuslemur entdeckte.

Nur eine Handvoll Lemuren sind tagaktiv, also leicht zu beobachten. Begeisterte Lemur-Beobachter können jedoch auch im Dunkeln mit Hilfe einer Stirnlampe nach den nachtlebenden Arten Ausschau halten. Die **tagaktiven Lemuren**, die in manchen Naturreservaten weit verbreitet sind, werden in den jeweiligen Abschnitten dieses Buches beschrieben: Kattas und Sifakas in **Berenty**, Indris in **Périnet** und Schwarze Lemuren auf **Nosy Be**. Doch es gibt auch einige allgemeine Informationen, die von Interesse sind. Tagaktive Lemuren leben in Gruppen, in denen die Weibchen dominieren (ein seltener Umstand bei Primaten, weil die Männchen in der Regel größer sind), und sie liegen am Morgen in der Sonne, um ihre Körpertemperatur zu erhöhen. Lemuren haben einen langsamen Stoffwechsel und benötigen ein wenig Hilfe von der Sonne für ihr tägliches Energiequantum. Die Vorherrschaft der Weibchen ist möglicherweise deshalb erforderlich, weil die Jungen sehr lange auf die Milch ihrer Mütter angewiesen sind, so daß eine zusätzliche Nahrungsaufnahme zum Stillen erforderlich ist.

Flora und Fauna

Ein Lemur, den Sie wahrscheinlich nicht zu sehen bekommen werden, ist das **Aye-Aye** (Fingertier). Dieses merkwürdige Tier verdeutlicht noch einmal die Einzigartigkeit der madagassischen Fauna, daher verdient es, hier beschrieben zu werden. Es dauerte eine Weile, ehe die Wissenschaftler sich einig waren, daß das Aye-Aye eine Art von Lemur ist. Es bildet eine eigene Familie, *Daubentoniidae*, mit der einzigen Art *Daubentonia madagascariensis*.

Das Aye-Aye sieht aus, als sei es gewissermaßen aus Teilen verschiedener Tiere zusammengesetzt. Es hat die Zähne eines Nagetiers (sie hören nie auf zu wachsen), die Ohren einer Fledermaus, den Schwanz eines Fuchses und die Hände von keinem anderen lebenden Wesen - der extrem lange und dünne Mittelfinger sieht aus wie der eines Skeletts. Es ist dieser Finger, der die Wissenschaftler fasziniert, weil er die Anpassung des Aye-Aye an seine Umgebung so augenfällig macht.

Auf Madagaskar füllt dieses Tier die ökologische Nische, die durch das Nichtvorhandensein von Spechten freibleibt. Das Fingertier benutzt seinen Skelettfinger, um Larven aus Bäumen zu holen, nachdem es ihren Aufenthaltsort mit Hilfe seiner Fledermausohren festgestellt und sich durch die Rinde des Baumes mit seinen Nagetierzähnen hindurchgebissen hat. Seine Finger sind unter den Lemuren auch in anderer Hinsicht einzigartig: Es hat Krallen, keine Fingernägel (außer am großen Zeh).

Dieses faszinierende Tier galt lange Zeit als vom Aussterben bedroht, aber kürzlich gab es ermutigende Zeichen, daß es doch sehr viel weiter verbreitet ist, als ursprünglich angenommen. Zwar ist die Zerstörung des Lebensraumes die Hauptbedrohung für das Überleben des Aye-Aye, doch es ist auch deshalb bedroht, weil es angeblich böse Kräfte besitzen soll.

Die Landbewohner glauben, es sei ein Bote des Todes. Wird ein Fingertier in der Nähe einer Siedlung gesehen, so muß es getötet werden, und selbst dann kann die einzige Rettung darin bestehen, das gesamte Dorf abzubrennen. Ein Zauberer kann große Macht gewinnen, wenn er den Mut hat, dem lebenden Tier seinen Skelettfinger

Bestimmung nachtaktiver Lemuren (von R.W. Byrne)

Nachtaktive Lemuren zu beobachten, ist überhaupt nicht schwer. Sie sind sehr viel weniger schüchtern als die oft gejagten tagaktiven Arten und lassen einen direkt unter den Bäumen entlanglaufen, auf denen sie sitzen.

Ihre Augen haben ein Silberhäutchen (*tapetum lucidum*) hinter der Netzhaut, das das Licht reflektiert, so daß ihre Augen im Dunkeln leuchten, wenn man sie mit einer Taschenlampe anstrahlt. Um das Leuchten der Augen zu sehen, sollte die Längsachse des Taschenlampenstrahls dicht an Ihren eigenen Augen sein, daher ist eine starke Stirnlampe am besten geeignet. Dann können sie einen kleinen, braunen Lemur sehen ... aber welche Art ist es denn nun?

Die meisten Abbildungen sind recht verwirrend, doch es ist nicht allzu schwer festzustellen, zu welcher Gattung der Lemur gehört. Achten Sie darauf, ob er aufrecht sitzt oder sich auf dem Zweig entlangstreckt wie ein Eichhörnchen und ob die Gesichtsform eher flach oder spitz ist.

Gibt es irgendwelche Markierungen oder Farbkontraste? Wie ist die Größe, der Schwanz? Dann, vorausgesetzt das beobachtete Tier ist kleiner als ein Brauner Maki (*Lemur fulvus*) und braun oder grau, benutzen Sie den folgenden Schlüssel:

1.a Gesicht flach, eher eulenähnlich; Körper meist aufrecht, siehe 2.
1.b Gesichtsform spitz, Körper eher horizontal, siehe 3.
1.c Gesicht stumpf, aber nicht flach; Körper in der Regel horizontal, großer, dicker Schwanz, kurze Beine. Hauptsächlich tagaktiv, keine auffälligen dunklen Markierungen (z.B. im Gesicht), keine weißen Markierungen = *Hapalemur* (Halbmaki). *Hapalemur griseus* (Grauer Halbmaki): Kaninchengröße, ißt Bambus, gräulich
H. simus (Breitschnauzen-Halbmaki): viel größer (Größe des Braunen Makis), gräulich, fast ausgestorben. *H. aureus* viel größer (Größe des Braunen Makis), orange-bräunlich, fast ausgestorben, neu entdeckt in den Wäldern von Ranomafana.

2.a Schwanz unsichtbar oder aufgerollt vor dem Körper; die helle Unterseite bzw. die Hinterbeine zeigen keinen Streifen am

Oberschenkel; Ohren winzig; gelblich und rötlich in der Farbe. Träge, ausschließlich nachtaktiv = *Avahi* (Wollmaki; *Avahi Laniger*).
2.b Schwanz gut zu sehen; Tier kleiner (Größe eines Kaninchens oder noch kleiner); keine deutlichen Farbkontraste, Ohren klein oder winzig. Nachtaktiv; schlafen manchmal an Orten, wo man sie sehen kann, besonders auf Nosy Be: *Lepilemur* (Wieselmaki). (Die sieben Arten unterscheidet man am besten an der Größe ihres Aktivitätsbereichs.)

3.a Winzig, laufen schnell und springen von Zweig zu Zweig; dünner Schwanz. Nachtaktiv = *Microcebus* (Mausmaki, entweder *Microcebus murinus* oder *Microcebus rufus* - sehr schwer auseinanderzuhalten, Aktivitätsbereich unterschiedlich).
3.b Mittelgroß, kontrastierende helle Unterseite; schwarze "Brille" und schwarze Ohren und Nase; langer dicker Schwanz. Nachtaktiv = *Cheirogaleus* (Katzenmaki). *medius*: recht klein aber sehr dicker Schwanz, gräulich. *Cheirogaleus major*: recht groß, Schwanz weder spitz zulaufend noch abgeflacht, bräunlich.

In diese Aufschlüsselung wurde *Microcebus coquereli* (der Rattenmaki) nicht aufgenommen, eine Art, die räumlich sehr begrenzt auftritt und, so vermute ich, aussehen würde wie eine große Ausgabe von *M. rufus* und sich auch so benimmt.

Auch *Allocebus trichotis* (Büschelohriger Katzenmaki) ist nicht enthalten, eine Art, die seit Jahren nicht mehr gesehen wurde, und ebensowenig *Phaner furcifer* (Gabelstreifiger Katzenmaki), besonders auffällig gezeichnet und sehr begrenzt im Vorkommen.

Wenn Sie das, was Sie gesehen haben, immer noch nicht einordnen können, kann es sich noch um einen "tagaktiven" Lemuren, wie z.B. den Braunen Maki, handeln, der einen Großteil der Nacht auf Futtersuche ist.

Und wenn es massig ist, große, fledermausähnliche Ohren, einen buschigen Schwanz und dünnliches graues Fell hat, dann haben Sie heute einen absoluten Haupttreffer gelandet - Sie sehen ein Aye-Aye vor sich!

abzubeißen. Das **Aye-Aye** ist im Inselreservat von **Nosy Mangabe** geschützt, wohin es 1966 eigens gebracht wurde, und wurde auch in **Ranomafana** und **Périnet** gesichtet.

Fast genauso seltsam wie das Aye-Aye sind die 21 **Tanrek-Arten**. Diese Insektenfresser werden von manchen Zoologen als die primitivsten Säugetiere betrachtet, und als die fruchtbarsten. Ein Weibchen kann allein 32 Junge gebären! Viele Tanrek-Arten haben Stacheln und erinnern an Miniatur-Ausführungen von europäischen Igeln. Der winzige Streifentanrek (*Hemicentetes*) hat eine Reihe von ganz besonderen Stacheln, die er in Vibration versetzen und aneinander reiben kann, wobei ein Geräusch entsteht (unhörbar für den Menschen), das dazu dient, die Jungen wieder zusammenzurufen, wenn sie sich zum Fressen zerstreut haben.

Nicht alle Tanreks haben Stacheln. Manche sind behaart und ähneln Mäusen oder Spitzmäusen. Doch Stacheln scheinen die bevorzugte Methode der Selbstverteidigung zu sein, und selbst die behaarten Arten haben oft einige wenige Stacheln im Fell verborgen. Tanreks werden von den Madagassen gegessen, besonders die größte Art, die als schwanzloser oder großer Tanrek bekannt ist und die Größe eines Kaninchens hat. Außerdem gibt es einen wasserlebenden Tanrek, der in den schnellfließenden Strömen des östlichen Regenwaldes gejagt wird.

Manche Tanrek-Arten fallen während der Trockenzeit, wenn die Nahrung knapp wird, in einen tiefen Schlaf.

Nicht alle 26 **Fledermausarten** auf Madagaskar sind endemisch (offensichtlich konnten sie die Straße von Mosambik überfliegen), aber immerhin 13 Arten leben ausschließlich hier. Sie sind bisher kaum wissenschaftlich untersucht worden. Am leichtesten zu beobachten sind die Flughunde und -füchse (*Pteropus rufus*), eine endemische Art, die den Flughunden Asiens eng verwandt und in Berenty zu sehen ist. Sie sind ein begehrtes Nahrungsmittel.

Die sieben Arten von madagassischen **Raubtieren** gehören alle zur Familie der *Viverridae* (Schleichkatzen) und sind mit dem Mungo sowie der Zibet- und Ginsterkatze aus Afrika verwandt. Die größte Art ist die einem Puma ähnliche Fossa (auch Fosa geschrieben, um Verwechslungen mit dem kleineren, nachtaktiven *Fossa fossana* oder Fanaloka zu vermeiden). Der wissenschaftliche Name der Fossa ist *Cryptoprocta ferox*, und obwohl man dieses Tier nur selten zu sehen bekommt, ist es durchaus verbreitet. Die Fossa ist ein ausgezeichneter Baumkletterer und der einzige ernsthafte Feind der Lemuren (abgesehen von Greifvögeln). Sie hat ein rötliches Fell, kurze, kräftige Kiefer, einziehbare Krallen, einen langen Schwanz und entspricht in der Größe etwa einem Labrador. Häufiger zu sehen sind die vier Arten von Mungo-ähnlichen *Galidiinae* (Madagaskar-Mungos). Recht weit verbreitet ist *Galidia elegans*, der Ringelmungo, kastanienbraun mit gestreiftem Schwanz und in den östlichen und nördlichen Regenwäldern zu Hause.

Keins der **Nagetiere** ist genauso wie unsere (obwohl Mäuse und Ratten eingeführt wurden, und besonders letztere scheinen sich in den billigeren Hotels sehr wohl zu fühlen). Es gibt 7 Gattungen, von denen die Riesenspringratte die interessanteste ist. Sie springt wie ein Wallaby zwischen den Baobabs in der Nähe von Morondava herum, wo eigens ein Naturreservat eingerichtet wurde.

Amphibien und Reptilien
Madagaskar ist in dieser Gruppe der Fauna besonders reich. Es existieren 144 Arten von Fröschen (die einzigen Amphibien; es gibt keine Kröten, Molche oder Salamander), von denen die meisten Baumfrösche sind, und 257 Reptilien. Viele Arten sind erst in jüngerer Zeit entdeckt worden, so daß ihre Zahl sich mit Sicherheit noch erhöhen wird, wenn weitere Studien vorliegen.

Von den vielen Eidechsenarten auf Madagaskar verdienen die **Chamäleons** besondere Erwähnung, weil man sie leicht beobachten und in die Hand nehmen kann. Die meisten Leute glauben, sie wissen etwas über Chamäleons, nämlich daß sie ihre Farbe verändern, um sich ihrer Umgebung anzupassen. Tatsächlich entspricht dies nicht ganz der Realität: Chamäleons haben die bemerkenswerte Fähigkeit, ihre Farbe zu verändern, aber emotionale Faktoren spielen dabei wider Erwarten eine wesentlich größere Rolle als die Farbe der

Umgebung. Ein grünes Chamäleon, das eine braune Straße überquert, bleibt grün, aber wenn es auf ein anderes Chamäleon trifft, verzieren Punkte und Streifen die Haut als Zeichen der Drohgebärde. Chamäleons werden im Sonnenlicht dunkler und nachts heller. Sie können ihre normale Hautfarbe verändern, um sich ihrer Umgebung anzupassen.

Zum größten Teil verlassen sie sich doch mehr auf langsame Bewegungen und verstecken sich hinter Zweigen, um ungesehen zu bleiben. Chamäleons gibt es nur in der Alten Welt, und "Chamäleons", die in den USA als Haustiere verkauft werden, sind in Wirklichkeit Anolis-Eidechsen. Obwohl sie wie die echten Chamäleons ihre Farbe verändern, gibt es doch viele wichtige Unterschiede: Chamäleons können ihre Augen unabhängig voneinander bewegen und gleichzeitig nach vorn und nach hinten gucken. Ihre Füße sind besonders angepaßt, um Zweige zu umschließen, und ihre Zunge, deren Länge z.T. die des Körpers übertrifft, kann blitzschnell hervorschießen, um Insekten zu fangen.

Es gibt zwei Gattungen von Chamäleons, *Chamaeleo* und das kleine *Brookesia* (Stummelschwanzchamäleon). Madagaskar ist die Heimat von zwei Dritteln (51 Arten) der Chamäleonarten weltweit, darunter das größte und das kleinste Chamäleon der Welt.

Chamäleons sind besonders bekannt wegen ihrer Tarnungskünste. Die wirklichen Meister dieser Kunst sind jedoch die Fransen-Geckos der Gattung *Uroplatus* (auch madagassische Plattschwanzgeckos genannt). Diese Reptilien passen sich so vortrefflich an die Rinde der Bäume an, auf denen sie den Tag verbringen, daß meine Begleiter, als ich ihnen in Nosy Mangabe (besonders lohnend für *Uroplatus*) ein Exemplar zeigte, es nicht sehen konnten. Erst als ich es dazu brachte, zur Selbstverteidigung den Mund aufzureißen, entdeckten sie es. Die Haut dieser Eidechse ist nicht nur haargenau so gefärbt wie die Baumrinde, sondern ihre Seiten sind auch ausgefranst, so daß auf dem Baum kein Schatten zu sehen ist. Selbst das Auge dieses Tieres ist gefleckt wie die Rinde. Es ist wirklich fast unsichtbar.

Keine der 60 **Schlangenarten**, die auf Madagaskar leben, ist giftig. Oder, um genau zu sein, weil sie alle Opistoglyphen sind (d.h. ihre Giftzähne befinden sich weit hinten im Kiefer), können sie keine giftigen Bisse austeilen. (Es gibt, streng genommen, 6 Arten von Giftschlangen.)

Die am häufigsten gesehene Schlange ist die *Do* oder Boa Konstriktor, deren nächste Verwandte in Südamerika lebt. Es ist wirklich interessant, daß die einheimische Bevölkerung, trotz der offensichtlichen Harmlosigkeit der Schlangen, diese doch fürchtet und man sich viele Geschichten über diese Reptilien erzählt. So glauben die Einheimischen z.B., daß die lange, dünne *fandrefiala*-Schlange ein Zebu aufspießen kann, indem sie sich mit dem Schwanz zuerst von einem Baum fallen läßt. Es heißt, diese teuflische Kreatur nähme zunächst Maß, indem sie einige Blätter vom Baum fallen läßt. Der madagassische Name *Kapilangidro* bedeutet "Lemurenteller" und bezeichnet die *Sanzinia madagascariensis* (madagassische Hundskopfboa). Diese Schlange, heißt es, rolle sich spiralförmig zu einer Schüssel zusammen, aus der dann die Lemuren trinken.

Weiterhin gibt es verschiedene Arten von **Schildkröten**, doch 80% der Reptilien sollen durch eingeführte Tiere getötet worden sein. Die madagassische Strahlenschildkröte und die Angonoka (engl. "Pflugschar-Schildkröte") sind besonders schön, doch leider vom Aussterben bedroht. Ein erfolgreiches Züchtungsprogramm für letztere wurde in Ampijoroa eingerichtet.

Schmetterlinge
Auf Madagaskar leben mehr als 300 Arten von Schmetterlingen und Faltern, von denen 233 endemisch sind. Da Madagaskar sich möglicherweise bereits von Afrika trennte, bevor die Schmetterlinge sich entwickeln konnten, flogen die Vorfahren der heutigen Schmetterlinge vermutlich aus Ostafrika herüber. Dennoch gibt es einen Schwalbenschwanz, *Atrophaneura antenor*, dessen nächster Verwandter in Indien lebt, und der Urania-Falter *Chrysiridia madagascariensis* ähnelt stark demjenigen, der in Südamerika zu finden ist.

Der auffälligste Falter ist der Kometenfalter (*Argema mittrei*), einer der größten der Welt, mit einem wunderschönen silbernen Kokon. Er ist noch recht verbreitet, wird aber leider in großer Zahl zum Verkauf an Touristen gesammelt.

Vögel
Verglichen mit dem afrikanischen Festland, ist Madagaskar arm an Vögeln. Es gibt 256 Arten, von denen 211 Brutvögel und 115 endemisch sind. Zu den endemischen Familien gehören die Stelzenrallen (*Mesitornithiformes*), Erdracken (*Brachypteraciidae*), Kurole (*Leptosomidae*), Jalas (*Philepittidae*), Vangawürger (*Vangidae*) und Couas (Seidenkuckucke, lat. *Couinae*). Letztere sind (mit 10 Arten) eine bemerkenswerte Gruppe. Mit ihren langen, breiten Schwänzen ähneln die

Seidenkuckucke dem afrikanischen Turako. Die insektenfressende Vanga-Familie (14 Arten) ist ebenfalls auffällig, besonders der groteske Helmvanga (*Euryceros prevostii*) mit seinem übergroßen, blauen Schnabel. Er ist jedoch sehr selten. Leichter zu beobachten sind der charakteristische Sichelvanga (*Falculea palliata*) und auch der Hakenvanga (*Vanga curvirostris*).

☞ Im Abschnitt über Berenty finden Sie weitere Einzelheiten zu den madagassischen Vögeln, darunter auch eine Check-Liste.

Naturschutz auf Madagaskar: Vergangenheit und Zukunft
(von Alison Richard)

Einführung
In den östlichen Regenwäldern Madagaskars erzählt man sich, daß dort vor langer Zeit ein Tier lebte, das *babakoto* genannt wurde. Es ernährte sich von den Blättern und Früchten der Bäume und führte ein leichtes, sorgenfreies Leben. Das *babakoto* hatte vier Kinder. Zwei wuchsen auf und lebten von den Früchten und Blättern des Waldes, wie schon ihre Vorfahren es getan hatten. Die anderen beiden verließen den Wald und begannen damit, Land zu bebauen. Dies waren die ersten Vorfahren des madagassischen Volkes, und dies ist auch der Grund, warum es noch heute verboten oder *fady* ist, den *babakoto* oder *Indri indri* zu jagen oder zu töten.

Diese überlieferte Geschichte ist nur eine von vielen, die man immer wieder in ländlichen Gegenden Madagaskars zu hören bekommt. Geschichten wie diese erklären, warum ein bestimmtes Tier oder eine Pflanze geschützt werden sollte. An welchem Punkt in der madagassischen Geschichte sich die Vorstellung des *fady* so weit verbreitete, daß sie besonders auf die Tier- und Pflanzenarten der Insel übergriff, wissen wir nicht.

Es gibt zunehmend Belege dafür, daß die Jagd durch die frühen Siedler zum Aussterben der größten Tiere auf der Insel beitrug, und es wäre irreführend zu behaupten, daß die heute noch existierenden Tiere alle von einem System aus traditionellen Glaubensregeln geschützt wären - im Gegenteil. Da die Menschen immer hungiger werden und Einwanderer auf der Suche nach Arbeit in Gegenden ziehen, deren Tierarten ihnen nicht bekannt sind bzw. für die ihre *fady* nicht gelten, verlieren die Glaubenssätze an Gültigkeit, und der Schutz, den das System von *fady* bieten kann, ist nur unvollständig und gefährdet. Dennoch findet die in jüngerer Zeit wachsende Sorge der Landesregierung um den Erhalt des Naturerbes auf der Insel ihr Echo in den traditionellen Vorstellungen der Menschen, die neben und, mitunter ganz wörtlich, mitten in diesem Naturerbe leben. Es bleibt daher abzuwarten, ob die Bemühungen der Regierung, zusammen mit zunehmender Unterstützung auch der internationalen Gemeinschaft, eine Chance haben könnten, erfolgreich zu sein.

Integration von Naturschutz und Entwicklung
Mit dem Beschluß einer nationalen Strategie zum Naturschutz und tragbarer Maßnahmen zur Weiterentwicklung des Landes im Jahre 1984 war die Regierung von Madagaskar eine der ersten weltweit, die auch formal die Wichtigkeit der Integration dieser beiden Bereiche anerkannte. Auf der Suche nach Möglichkeiten, die beschlossene Strategie in die Tat umzusetzen, hielt die Regierung Ende 1985 eine große internationale Konferenz über Naturschutz und Entwicklung ab, aus der viele gemeinschaftliche Anstrengungen hervorgingen.

Das Ministerium für Tiererzeugnisse (Fischerei, Landwirtschaft), Wasser und Forsten (abgekürzt MPAEF), das das System der Reservate verwaltet, hat eine Reihe von Partnerschaften mit internationalen Organisationen gegründet, wie z.B. mit der Weltbank oder dem World Wide Fund for Nature.

So verschiedenartig diese Organisationen in ihrer Bedeutung und ihrer Arbeitsweise auch sind, sie teilen mit dem MPAEF die Verpflichtung, das Vordringen in die Naturreservate und deren Ausbeutung durch einen besseren Schutz zu verhindern, indem sie besonders die Menschen, die darum herum leben, mit ökonomisch vertretbaren Alternativen versorgen. Die Aktionen des MPAEF zusammen mit dem World Wide Fund for Nature sind ein gutes Beispiel für diese Art von Bemühungen.

Der erste Schritt in dem gemeinsamen MPAEF/WWF-Programm, das 1986 gestartet wurde, bestand darin, eine gründliche Bewertung aller Schutzgebiete des Landes vorzunehmen. Damit wollte man herausfinden, welche Gebiete besonders bedroht sind, um bereits erste, vorläufige Vorschläge für ihre zukünftige Verwaltung zu formulieren. Heute konzentriert sich das Projekt auf **Andringitra** (Reservat Nr. 5) im Südosten, **Andohahela** (Reservat Nr. 11) im Süden, **Marojejy** (Reservat Nr. 12) im Nordosten und den **Montagne d'Ambre Nationalpark** im Norden. In altbekannter Naturschützertradition wird die Zahl der Mitarbeiter in diesen Reservaten erhöht, und sie werden mit Uniformen und Transportmitteln ausgestattet, die für effektive Kontrollen unabdingbar sind. Stipendien ermöglichen den Leitern der Reservate, Lehrgänge in der Verwaltung natürlicher Resourcen zu besuchen.

Die Grenzen der Reservate werden immer besser gekennzeichnet und mit Hinweisschildern versehen. Dies alles sind notwendige Aktionen, die die Regierung von Madagaskar in der Vergangenheit nicht selbst durchführen konnte, weil die erforderlichen Mittel nicht zur Verfügung standen und vielleicht auch, weil sich erst kürzlich eine Stimmung von wirklicher Dringlichkeit breit gemacht hat. Besonders interessant und ebenso notwendig wie die traditionellen Maßnahmen sind jedoch diejenigen Anstrengungen, die in Verbindung mit den Aktionen der Organisationen, die sich um die wirtschaftliche Entwicklung des Landes kümmern, unternommen werden.

In diesem Zusammenhang liegt das Schwergewicht darauf, die landwirtschaftlichen Verfahren oder Techniken der Viehhaltung zu verbessern, die Feuerholzproduktion zu steigern, Methoden zur Erhaltung des Bodens einzuführen oder zu verbessern usw. Die speziellen Maßnahmen sind je nach Region unterschiedlich, aber das Ziel ist immer das gleiche: Sicherzustellen, daß die Naturschutzanstrengungen, die sich auf die Reservate konzentrieren, mit der ökonomischen Entwicklung in den Gegenden um die Schutzgebiete herum sinnvoll zusammenwirken und sie nicht etwa stören oder behindern.

Der Erfolg dieses Programms und anderer, ähnlicher Aktionen, wird letztendlich von der Unterstützung und Beteiligung derjenigen Menschen abhängig sein, die am direktesten betroffen sind. Daher bemüht man sich ernsthaft, herauszufinden, was die Menschen, die in der Umgebung der Reservate leben, für ihre größten Probleme und Bedürfnisse halten. Zusätzlich versucht man sie, in den Planungsprozeß mit einzubeziehen, statt sie einfach mit Naturschutzmaßnahmen und Entwicklungsmodellen zu konfrontieren, an denen sie bisher nicht mitwirken konnten. Das gesamtgesellschaftliche Problembewußtsein und die allgemeine Bildung sind ebenfalls wichtige Komponenten des Konzepts. Eine mobile Einheit, ausgestattet mit audio-visuellen Hilfsmitteln, sowie ein ausgebildeter Stab von Mitarbeitern reisen zur Zeit durch die Dörfer im Umkreis der Reservate, um die große Bedeutung der Umweltprobleme zu erläutern und Wege und Möglichkeiten zu ihrer Verringerung oder Lösung zu diskutieren.

In dem Sonderreservat von **Beza Mahafaly** im Südwesten bemüht man sich ebenfalls um ein neues Bildungsniveau. Mit der enthusiastischen Unterstützung der Menschen, die in dieser Gegend leben, wurde Beza Mahafaly 1977 zu einem Hochschulreservat der Universität von Madagaskar und zweier amerikanischer Universitäten (Washington University und Yale) erklärt.

Finanziell unterstützte der World Wide Fund for Nature dieses Projekt. Weit abgelegen, verhältnismäßig unzugänglich und nur 600 ha groß, trägt das Beza Mahafaly-Reservat dazu bei, das zu schützen, was nach Satellitenaufnahmen das einzige größere, noch erhaltene Stück Urwald im Südwesten Madagaskars ist. Kattas (*Lemur catta*) und Sifakas (*Propithecus verreauxi*) leben in großer Zahl in diesem Reservat, und nachts kann man den Mausmaki (*Microcebus murinus*) und den Großen Wieselmaki (*Lepilemur mustelinus*) beobachten. Zu den weiteren Formen wildlebender Tiere, die hier auftreten, gehören mehr als 65 Vogelarten und eine große Population der höchst bedrohten madagassischen Strahlenschildkröte (*Asterochelys radiata*).

Das Beza Mahafaly-Reservat wurde gegründet, um den Naturschutz im Südwesten voranzutreiben. Darüberhinaus dient es als Testgelände für Ideen zur Erhaltung des madagassischen Naturerbes sowie der ökonomischen Bedürfnisse der Bevölkerung. Maßnahmen in Verbindung mit diesen beiden Zielen sind heute bereits im Gange. Das Reservat soll jedoch auch den Studenten als Trainingsgelände zur Verfügung stehen, die an der Landwirtschaftsschule der Universität von Madagaskar eingeschrieben sind. Aus den Reihen dieser Studenten wird die nächste Generation von Managern und Verwaltungsbeamten kommen, in deren Händen die Zukunft der natürlichen Resourcen der Insel liegen wird. Ein Kurs im Gelände, der zweimal jährlich in Beza Mahafaly stattfindet, führt diese Studenten an die praktischen Aspekte der Naturschutzbiologie heran und vergrößert ihr Wissen um die einzigartigen und vielfältigen Pflanzen und Tiere, für die sie bald verantwortlich sein werden. Jedes Jahr kommen auch einige wenige Studenten nach Beza Mahafaly, um für längere Zeit Forschungsarbeiten über die Vegetation, die wildlebenden Tiere und die sozio-ökonomischen Probleme der Region durchzuführen.

Wenn die Möglichkeit, auf die traditionellen Glaubensgrundsätze und Vorstellungen der Inselbewohner zurückzugreifen, Grund zu vorsichtigem Optimismus hinsichtlich des künftigen Überlebens von Madagaskars vielfältigen Pflanzen- und Tierarten gibt, so gilt dies für die Gesamtentwicklung während der letzten Jahre. Beispielsweise war das Beza Mahafaly-Projekt, als es 1977 begonnnen wurde, so klein es auch war, das einzige Projekt seiner Art auf Madagaskar. Zehn Jahre später ist es nur noch eins unter einer wachsenden Anzahl von Bemühungen, das Ideal des Naturschutzes in praktische Realität umzuwandeln. Die Bedrohungen sind real und zahlreich. Aber das gleiche gilt, in zunehmendem Maße, für die Entschlossenheit und die Mittel, sie zu bekämpfen.

Seit Alison 1988 diesen Text schrieb, hat der WWF seine Arbeit, die geschützten Gebiete systematisch zu erfassen, erfolgreich fortgesetzt. Die Ergebnisse der Studie sind in Madagascar: Revue de la conservation et des aires protégées *veröffentlicht. Der WWF empfiehlt, daß 14 neue Reservate eingerichtet werden sollten. Dazu würden auch Korallenriffe, Inseln vor der Küste, Mangroven und Feuchtgebiete im Inland gehören, weil keines dieser Ökosysteme von den bisher existierenden Reservaten erfaßt wird. Der WWF würde außerdem gern 11 bestehende oder empfohlene Gebiete in die integrierten Naturschutz- und Entwicklungsprojekte aufgenommen sehen, zusätzlich zu den fünf, die bereits in Planung sind.*

Besuch in den Nationalparks und Reservaten

Es gibt sechs verschiedene Kategorien von geschützten Gebieten, von denen die ersten drei eingerichtet wurden, um natürliche Ökosysteme oder bedrohte Arten zu schützen:

1. **Réserves Naturelles Intégrales** (streng geschützte Reservate)
2. **Parcs Nationaux** (Nationalparks)
3. **Réserves Spéciales** (Besondere Schutzgebiete; Sonderreservate)
4. **Réserves de Chasse** (Jagdreservate)
5. **Forêts Classées** (klassifizierte Wälder)
6. **Perimètres de Reboisement et de Restauration** (Wiederaufforstungsgebiete)

zu 1: 11 Reservate gehören in diese Kategorie; davon werden in diesem Buch vier beschrieben: **Tsingy de Namoroka, Tsimanampetsotsa, Andringitra, Marojejy** und **Lokobe**.

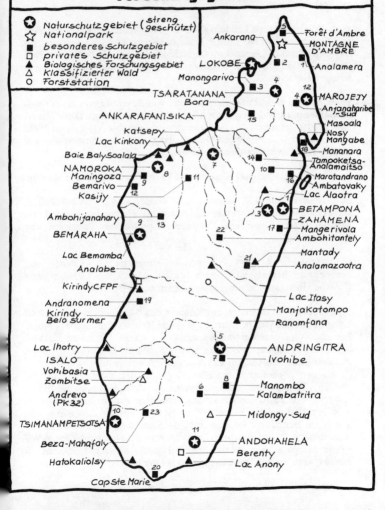

Diese Reservate schützen repräsentative Ökosysteme und sind, streng genommen, nur für autorisierte wissenschaftliche Forschungen zugänglich.

zu 2: Wie in anderen Ländern schützen die Nationalparks Ökosysteme und Gegenden von besonderer landschaftlicher Schönheit und sind für die Öffentlichkeit zugänglich (mit Genehmigung). Es gibt nur zwei Nationalparks: **Montagne d'Ambre**, sehr populär, und **Isalo** mit recht wenigen Besuchern.

zu 3: Es existieren 23 Sonderreservate, von denen **Ankarana**, **Périnet-Analamazaotra** und **Nosy Mangabe** hier beschrieben sind. Diese Reservate dienen dem Schutz von Ökosystemen bedrohter Tierarten. Nicht alle werden beaufsichtigt. Der Zugang ist u.U. beschränkt auf autorisierte wissenschaftliche Forschungen.

zu 4: Vier Seen (darunter **Kinkony** und **Ihotry**) sind Entenjagdreservate.

zu 5 und 6: Die 158 klassifizierten Wälder und 77 Wiederaufforstungsgebiete auf Madagaskar schützen den Wald und bestimmte Flußgebiete unter Anwendung allgemein anerkannter Prinzipien der Forstwirtschaft.

Außerdem gibt es auch private Reservate, von denen das berühmteste **Berenty** ist. Hierfür brauchen Sie keine Genehmigung; über die Höhe des Eintrittsgeldes entscheidet der Besitzer.

Der WWF beabsichtigt, ein Konzept des "Ökotourismus" in seinen Entwicklungsplan für bestimmte Parks und Reservate mit aufzunehmen. Besuche von Touristen werden zur Zeit oder in der nahen Zukunft besonders in folgenden Schutzgebieten gefördert: Montagne d'Ambre, Ankarana und in beschränktem Ausmaß in Andringitra.

Zu den geplanten Einrichtungen gehört der Bau von Zufahrtsstraßen, Naturpfaden, Unterkünften, Ausstellungs- und Besucherzentren. Andere Reservate, denen besondere Aufmerksamkeit zuteil wird, sind Marojejy, Manongarivo, Nosy-Mangabe, Zahamena und Tsingy de Bemaraha. Drei neue Nationalparks sind in Vorbereitung: Ranomafana, Mananara-Nord und die Masoala-Halbinsel. Der WWF würde ebenfalls gern Analamazaotra-Périnet (allgemein bekannt als Périnet) zum Nationalpark von Mantady erweitern.

Oft ist es möglich, Reservate zu besuchen, die in diesem Buch nicht aufgeführt sind, doch der Zugang kann schwierig sein, oder Sie erhalten die gewünschte Genehmigung nicht.

Die **Genehmigungen** zum Besuch der Parks und Reservate waren früher kostenlos, doch heute müssen Ausländer FMG 20.000 pro Person und Reservat bezahlen. Beim derzeitigen Wechselkurs sind das rund DM 23. Das Geld wird für die Erhaltung der Schutzgebiete ausgegeben. Gruppen brauchen sich um die Formalitäten im einzelnen nicht zu kümmern, Individualreisende müssen sich dagegen persönlich an das **Département des Eaux et Forêts** in Anatananarivo wenden.

Das Büro befindet sich im Distrikt Nanisana und ist am besten mit dem Taxi oder dem Bus Nr. 3 von der Avenue de l'Indépendance aus zu erreichen (der Bus hält vor der Tür). Die Öffnungszeiten sind von 8-12 Uhr und von 14-18 Uhr. Die *autorisation d'accès* ist oft sofort erhältlich, aber wenn Sie sicher gehen wollen, sollten Sie am Morgen den Antrag stellen und sich darauf einrichten, am Nachmittag noch einmal wiederzukommen. Wenn Sie planen, in einem der Reservate zu übernachten, sollten Sie das unbedingt erwähnen, weil Sie dazu möglicherweise eine besondere Genehmigung brauchen. Bringen Sie Ihre ausgearbeitete Wanderroute gleich mit - Sie werden zumindest ungefähre Daten angeben müssen.

Wanderführer
Zu Beginn des Tourismus boten in den beliebteren Reservaten kleine Jungen ihre Dienste als Führer an. Über ein bescheidenes Trinkgeld im nachhinein freuten sie sich riesig. Das Aufblühen des Tourismus brachte die Verbreitung der "Big Tippers" ("Groß-Trinkgeldgeber", für madagassische Verhältnisse) mit sich, und das Resultat in zumindest einem Reservat war tragisch (☞ *Bedo*).

Der WWF empfiehlt, daß Sie Ihrem Führer kein Trinkgeld geben sollten, sondern ein tägliches Gehalt von ca. FMG 2.500-3.000.
Rund DM 3 für einen Tag Arbeit wird Ihnen möglicherweise unglaublich knickrig vorkommen, aber Sie müssen dagegen den monatlichen Mindestlohn von FMG 40.000 halten (ca. DM 42).

Um eher ehrliches Bemühen als Geldgier zu fördern, wäre es vernünftig, Ihren Führer dazu zu ermutigen, ein Empfehlungsbuch bei sich zu tragen. (Es wäre sicher das Geld wert, zu diesem Zweck ein einfaches Schulheft zu kaufen.) In dieses Buch können die Touristen dann Lob und Tadel eintragen. Wenn Ihr Fremdenführer ungewöhnlich gut war, sollten Sie dem vereinbarten Entgelt unbedingt ein Trinkgeld oder ein Geschenk hinzufügen, aber Sie sollten sich dazu nicht verpflichtet fühlen.

Weitere Informationen
Ernsthaften Naturliebhabern und Planern von Expeditionen empfehle ich, ein Exemplar von *Madagascar: Revue de la conservation et des aires protégées* (☞ *Literatur*) anzuschaffen. Leider wurde bisher kein ähnliches Buch in deutscher Sprache veröffentlicht.

Begeisterte Botaniker können sich an Alfred Razafindratsira wenden, einen madagassischen Experten auf dem Gebiet der Sukkulenten, Orchideen und Palmen. B.P. 198, Antananarivo 101, ☎ 261-10, 448-21.

Naturschutzorganisationen
Madagaskar benötigt alle finanzielle Hilfe, die es nur bekommen kann. Falls Sie Interesse an einer Spendenaktion haben, um damit den Regenwäldern zu helfen, wenden Sie sich am besten an den **WWF**, Info-Dienst, Postfach 16 44, 7505 Ettlingen.

Conrad Stein Verlag

REISE ☞ HANDBÜCHER

...Prospekt anfordern.

Reise-Infos von A bis Z

Anreise

Ein Flug nach Madagaskar muß nicht unbedingt das Teuerste an Ihrer Reise sein. Zur Zeit (Januar 1991) bieten **Air Madagascar, Air France** und **Aeroflot** günstige Tarife für einen Flug nach Madagaskar an. Obwohl Aeroflot momentan von allen drei Fluglinien am billigsten ist (ein Flug von Hamburg via Moskau nach Antananarivo kostet rund DM 1.980), ist diese Linie nicht unbedingt zu empfehlen. Lange Wartelisten, ein mindestens dreistündiger Aufenthalt in Moskau (auf dem Rückflug teilweise sogar 14 Std.) und wenig Komfort könnten Ihren anfänglichen Enthusiasmus beeinträchtigen. Wenn Sie jedoch auf ein Abenteuer aus sind bzw. den langen Aufenthalt in Moskau für eine Stadtrundfahrt nutzen wollen, ist ein Flug mit Aeroflot genau das Richtige für Sie.

Alternativen zur Aeroflot sind die sehr viel bequemeren und kulinarisch reizvolleren Linien Air Madagascar und Air France, obwohl es auch hier einige Merkwürdigkeiten gibt. **Air Madagascar** ist die einzige Airline, die ich kenne, wo freilaufende weiße Pudel die gleichen Privilegien genießen wie reguläre Passagiere. Sie fliegt zweimal wöchentlich von Deutschland nach Madagaskar: jeden Samstag via Zürich nach Tana (der Flugpreis ab Hamburg beträgt ca. DM 2.500) und jeden Mittwoch über Paris - Marseille - Djibouti nach Tana. **Air France** bietet zudem einen Flug (hin Mo/zurück Di) via Paris nach Antananarivo. Der Flug Hamburg - Paris - Tana kostet DM 2.150 (Januar 1991).

tIP Wenn Sie Ihren internationalen Flug buchen, sollten Sie gleichzeitig die wichtigsten Inlandflüge mitbuchen, die gerade zur Hauptreisezeit stark belegt sein können (besonders in den Süden und zur Ile Ste. Marie). Da Air Madagascar im April 1990 die internationalen Flugpreise um 3 % erhöht hat, könnte ebenfalls eine Erhöhung der Inlandflugpreise geplant sein. Früher war es zudem möglich, einen **Air Tourist Pass** zu erwerben, mit dem man unbegrenzt im Inland reisen konnte. Seit 1990 besteht diese Möglichkeit leider nicht mehr.

Europäische Agenturen für Air Madagascar sind:
➡ Air Madagascar, Herzog-Rudolf-Str. 3, 8000 München 22, Deutschland, ☎ 089/231801-13.
➡ Air Madagascar, Flughofstr. 61, 8152 Glattbrugg, Schweiz, ☎ 01/8108584.

Wer besonders kreativ ist, kann auch andere Möglichkeiten finden, per Flugzeug nach Madagaskar zu gelangen. Der beste Weg ist möglicherweise, einen billigen Charterflug nach Nairobi zu nehmen und dann ein 21 Tage gültiges Excursion-Ticket (für DM 670) nach Antananarivo zu kaufen (mehr als 21 Tagen kosten DM 1.100). Maschinen von Air Madagascar oder Air Mauritius verlassen Nairobi dreimal in der Woche, am Sonntag, Dienstag und Freitag. Der Flug am Sonntag ist eine 747 aus Paris, die häufig ausgebucht ist. Auch die anderen Flüge sind oft voll besetzt, aber ich bin schon erfolgreich Standby geflogen.

Sie können auch bei der französischen Gesellschaft *Le Point* einen Charterflug nach Réunion buchen (☏ 89424451, Mulhouse oder 42966363, Paris) oder bei *Nouvelle Frontière* (☏ 42731064 in Paris). Ab Réunion gibt es Flüge für DM 500 fünfmal in der Woche nach Antananarivo. Flüge von Mauritius kosten DM 600, aber ab Deutschland gibt es keine billigen Flüge nach Mauritius (um die DM 3.000).

Wenn Sie Ihre Buchungen direkt über *North-South Travel Ltd* (☏ 0245/492882, Fax 0245/356612) vornehmen lassen, helfen Sie damit direkt der Dritten Welt, denn das Unternehmen unterstützt mit seinen Gewinnen verschiedene Hilfsprojekte.

In London vermittelt *Wexas International* (☏ 071/5848116) günstige Flüge, u.a. nach Madagaskar und Mauritius. Mit einem billigen Flug nach London könnte diese Flugverbindung eine weitere Alternative darstellen.

Ausrüstung

Reisegepäck
Eine robuste Segeltuchtasche oder ein Rucksack mit Innengestell sind praktischer als ein Koffer. Rucksackwanderer sollten überlegen, ob sie sich einen Rucksack mit einer Reißverschlußtasche kaufen, in der sie während des Fluges die Trageriemen verstauen können.

Nehmen Sie eine leichte Nylontasche zum Zusammenfalten mit, um Einkäufe nach Hause zu transportieren, und die größte noch zulässige Tasche, die man als Handgepäck mit ins Flugzeug nehmen darf. Packen Sie alles ein, was Sie für die ersten vier Tage ihres Aufenthalts etwa brauchen werden, besonders wenn Sie mit Aeroflot reisen. Dann sind Sie nicht ganz und gar aufgeschmissen, falls Ihr Gepäck unterwegs verloren gehen sollte.

Kleidung

Sie werden es mit den unterschiedlichsten Temperaturen zu tun haben, von kühl/kalt im Hochland bis sehr heiß an der Küste. Kleidung in Schichten - T-Shirt, Sweatshirt, leichter Pullover - ist warm und vielseitig und benötigt weniger Platz als ein dicker Pullover. Ich bin ein Fan von Rohan Bags (lange, dünne, aber strapazierfähige Hosen aus einem Baumwollmischgewebe - ähnliche Bekleidung bieten auch die Firmen Fjäll Räven und Jack Wolfskin an; erhältlich in Ausrüsterläden). Sie sind leicht, trocknen über Nacht, egal wie feucht es ist, und haben eine Innentasche mit Reißverschluß zur Sicherheit. Die Jacken dieser Firma sind ebenso gut. Sie werden eine wasserabweisende Jacke oder ein Regencape benötigen, vielleicht auch einen kleinen Schirm.

Wenn Sie vorhaben, viel Zeit in den Regenwäldern zu verbringen, sollten Sie gute wasserdichte Kleidung mitnehmen (auch eine Regenhose) und leichte Gummistiefel. Im Hochland (und auch in Périnet) wird es an Winterabenden (Juni/Juli) sehr kalt, das gleiche gilt für die Wüste im Süden. Ein Faserpelz oder Leibwärmer tun hier gute Dienste. Eine leichte Baumwolljacke ist immer praktisch, wenn es abends an der Küste etwas windig wird.

Gute Outdoor-Kleidung und andere Ausrüstungsgegenstände bekommen Sie in einschlägigen Fachgeschäften, Ausrüster- oder Globetrotterläden.

Bequeme Turnschuhe und Sandalen sollten Sie unbedingt mitnehmen. Wanderschuhe sind nur erforderlich, wenn Sie vorhaben, viel zu wandern; auf den Haupttouristenwegen sind sie nicht notwendig.

Wenn Sie gern schnorcheln, sollten Sie sich ein wenig Gedanken über Ihre Strandkleidung machen. Außer einem Badeanzug werden Sie ein altes Paar Segeltuchschuhe oder ähnliches benötigen, um ihre Füße vor den Korallen zu schützen (oder, noch besser, kaufen Sie einfach ein Paar Plastiksandalen auf dem Markt). Außerdem brauchen Sie T-shirts und Shorts oder sogar eine lange Hose, während Sie im Wasser sind. Die Unterwasser-Welt ist so faszinierend, daß Sie sich ohne weiteres einen schlimmen Sonnenbrand zuziehen können, besonders auf den Schultern und auf der Rückseite der Oberschenkel.

Hygieneartikel

Vor noch nicht allzu langer Zeit war es unmöglich, auf Madagaskar Seife zu kaufen. Glücklicherweise sind jene Zeiten vorbei, aber es ist immer noch sicherer, alles, was Sie brauchen, mitzubringen. Etwas, das Sie nicht kaufen können, ist anständiges Toilettenpapier. In guten

Hotels gibt es solches Papier, aber es ist die Sorte, die die Franzosen auf dem Lande bevorzugen - eher einer Baumrinde ähnlich als einem Material, das sie in wiederholten Kontakt mit Ihrer Haut bringen möchten. Das ist äußerst unglücklich, wenn Sie einen längeren Aufenthalt planen. Ein Reisender, der darauf hinweist, daß es unmöglich ist, genug Toilettenpapier für den ganzen Aufenthalt mitzubringen, empfiehlt, die einheimische Ware anzufeuchten, dadurch wird sie weniger kratzig - und kühler.

Wenn Sie normalerweise ihre Nase in Toilettenpapier schneuzen, bringen Sie lieber Taschentücher mit. Und wo wir schon einmal dabei sind: Wenn Sie mit Aeroflot fliegen, sollten Sie ein wenig Toilettenpapier für ihren Zwischenaufenthalt in Moskau dabeihaben. Dort ist es sehr selten! Frauen sollten zudem genug Tampons für die gesamte Reise mitnehmen.

Einige Toilettenartikel kann man auch mehrfach verwenden: Zahnseide eignet sich nicht nur zur Zahnpflege, man kann damit auch Reparaturen durchführen, und mit einer Nagelbürste lassen sich auch Kleider waschen. Verschwenden Sie keinen wertvollen Platz an ein Badehandtuch - ein normal großes Handtuch ist absolut ausreichend.

Schutzmaßnahmen gegen Moskitos
Angesichts der ständig zunehmenden Verbreitung von Malaria ist es absolut notwendig, vernünftig gegen Moskitos geschützt zu sein. **Resochin** und **Lariam** zählen heute zu den weltweit verabreichten Medikamenten gegen Malaria (☞ *Gesundheit*).

Auch Einreibemittel, wie beispielsweise Bonomol, Autan oder das schwedische Djungel Olja sollten Sie dabeihaben. Pyrethrum-Spiralen, die die ganze Nacht hindurch langsam abbrennen, sind überall auf Madagaskar erhältlich und sehr effektiv. Wenn Sie die Variante für die Steckdose benutzen, müssen Sie wissen, daß die Stromspannung auf Madagaskar unterschiedlich ist (natürlich!): 110 V oder 220 V.

Wenn Sie in Hotels der Kategorie C übernachten wollen, brauchen Sie unbedingt ein Moskitonetz, und zwar am besten ein freistehendes, weil es kaum je die Möglichkeit gibt, ein anderes aufzuhängen. Fragen Sie in den einschlägigen Ausrüstungsläden nach.

Ausrüstung für draußen
Eine Grundausrüstung fürs Camping gibt Ihnen die Freiheit, auch auf abenteuerlichen Nebenwegen zu reisen, und sie macht das Reisen über Land erheblich bequemer.

Das wichtigste Stück ist Ihr Rucksack. Er sollte kein Außengestell haben, weil das in den stark überfüllten Fahrzeugen, die als öffentliche Verkehrsmittel dienen, sehr unsozial wäre. Außerdem besteht die Gefahr, daß jemand darauf tritt und der feste Rahmen zerbricht. Investieren Sie ruhig etwas Geld in einen guten Rucksack mit Innengestell und genügend Taschen. Schützen Sie ihn vor Öl, Schmutz und den Körperflüssigkeiten junger, pelziger oder gefiederter Fahrgäste mit einem Baumwollsack oder einer ähnlichen Schutzhülle (im Ausrüster-Laden erhältlich).

Ein leichter Schlafsack hält Sie in billigen Hotels warm, wenn die Bettwäsche unzureichend ist, und auch bei Übernachtungen inner- oder außerhalb des Busses.

 Nehmen Sie außerdem noch ein Schlafsack-Inlet für heiße Nächte mit, oder wenn im Hotel die Bettwäsche fehlt oder verschmutzt ist.

Eine Luftmatratze oder ein aufblasbares Kopfkissen schützen Ihren Allerwertesten auf harten Sitzen und auch Ihre Hüften, wenn Sie draußen schlafen. Mit einem dieser hufeisenförmigen Reisekopfkissen können Sie auch im Sitzen schlafen.

Ein leichtgewichtiges Zelt gibt Ihnen die Möglichkeit, auf eigene Faust Ausflüge zu unternehmen und in Naturreservaten, an einsamen Stränden etc. zu übernachten. Es sollte ein separates Vor- und Außenzelt haben (wichtig bei Regen) und gut belüftet sein.

Um Ihre Unabhängigkeit endgültig zu sichern, benötigen Sie schließlich noch einen Kocher. Campinggas-Kartuschen sind gelegentlich erhältlich, aber es wäre sicherer, Sie bringen einen Spiritus-Brenner mit. Dieser Brennstoff heißt auf Französisch *alcohol à bruler* und ist im allgemeinen in den Läden erhältlich. Da ein Kocher ohne Brennstoff ziemlich sinnlos ist, wäre ein Brenner, den man auch mit Benzin oder Petroleum betreiben kann, vorzuziehen.

Wenn Sie die meiste Zeit in *hotelys* (Garküchen) essen, sollten Sie eine Tube leckerer, würziger Soße dabeihaben. Das hilft bei den Bergen von klebrigem Reis. Vitam-R, beispielsweise, könnte aufgrund seines Vitamingehalts genau das Richtige sein. Nehmen Sie einen eigenen Becher und Löffel mit, so können Sie einen Kaffee am Wegesrand trinken, ohne eine Tasse benutzen zu müssen, die in schmutzigem Wasser ausgewaschen wurde. Auf dem Markt können Sie dann Ihren Joghurt ohne die Keime von jemand anderem am Löffel essen .

Wie wäre es, Pannenflicksets für verzweifelte Taxi-Brousse-Fahrer mitzunehmen? Wenn das nicht einen Platz in der ersten Reihe wert ist, wüßte ich nicht, was sonst.

Verschiedenes
Da es heute keine Schwierigkeit mehr ist, einen Führer zu finden, der Sie nachts mit auf Lemurenjagd nimmt, sollten Sie eine Stirnlampe plus Reservebatterien in Ihre Ausrüstungsliste aufnehmen. (Stirnlampen werden vor allen Dingen von Höhlenforschern benötigt und sind in Ausrüsterläden erhältlich). Die Stirnlampe ist auch in anderen Situationen sehr hilfreich, beispielsweise wenn man nach dem Dunkelwerden im Zelt noch lesen möchte. Sie haben die Hände dann trotzdem frei.

Hier ein Vorschlag für eine Checkliste: Kleine Taschenlampe mit Reservebatterien und -glühbirne oder Stirnlampe, Wecker (oder Weck-Armbanduhr), Taschenmesser, Nadel und Faden, Schere, Pinzette, Sicherheitsnadeln, Klebeband, Filzstift, Kugelschreiber, ein kleines Notizbuch, ein großes Notizbuch als Tagebuch und für Briefe nach Hause, Plastiktüten (in allen Größen, robust), Universalstopfen für Badewannen und Waschbecken, elastische Wäscheleine oder Seil und Klammern, konzentriertes Waschmittel (in Campingläden in Tuben erhältlich), Ohrstopfen (ein Geschenk des Himmels in lauten Hotels und im Taxi-Brousse), Insektenabwehrmittel, Sonnenschutz, Lippencreme, Reservebrille oder -kontaktlinsen, Sonnenbrille, Reiseapotheke, ein Wasserbehälter, Wasserreinigungstabletten o.ä. (☞ *Gesundheit*), Taschenfernrohr, Kamera, Filmmaterial (doppelt soviel, wie Sie zu brauchen meinen), Bücher und evt. Minispiele.

Waren zum Verschenken, Verkaufen oder Eintauschen
Mittlerweile bin ich so sehr gegen den Eigennutz des Schenkens eingenommen (☞ *Verantwortlicher Tourismus*), daß ich diesen Abschnitt fast gestrichen hätte. Dennoch muß ich zugeben, daß es Momente gibt, wo Geschenke ein angemessener Ausdruck der Dankbarkeit sind.
   In ländlichen Gegenden sollten Sie Gegenstände als Geschenke verwenden, die einen "Ich zeige/erzähle Dir etwas (von mir)"-Effekt haben und so Ihren Kontakt zu den Einheimischen verbessern. Postkarten von zu Hause, Bilderbücher (lesen Sie Sally Crooks Bericht über ihren Aufenthalt in einem Dorf im Süden: Vertraute Bilder sind sehr beliebt), Papier und die Kunstfertigkeit, daraus etwas Erkennbares herzustellen (Origami), Band und Kenntnisse im Fadenabnehmen (Kinderspiel).

Famadihana-Zeremonie

Mahafaly-Grab

Zebu-Rind

Tragbares Straßenschild

Grabstelze (Aloalo)

Anosy-See

Auf dem Heimweg vom Markt

Antaimoro-Papier   Kaffeebohnen   und Vanille

Pferdebus in Tana

Warten am Pousse-Pousse-Stand

Fotos Ihrer Familie werden dankbar gründlich betrachtet. Frisbees, Bälle oder Luftballons tragen ebenfalls zur allgemeinen Freude bei.

 Denken Sie immer darüber nach, welchen Gegenstand Sie in eine Ihnen fremde Kultur einführen. So vermeiden Sie spätere Konfliktsituationen.

In städtischen Gegenden oder bei den gebildeteren Madagassen sind Geschenke eine sehr gute Möglichkeit, Ihre Dankbarkeit für erwiesene Freundlichkeiten oder besonders guten Service zum Ausdruck zu bringen. Kalender mit Landschaftsaufnahmen aus Ihrer Heimat sind durchaus geeignet. Edle Badezimmerartikel werden ebenso gern genommen, und es lohnt sich immer, die erlaubte Menge an zollfreiem Whisky und Zigaretten (eine Flasche Alkohol und 500 Zigaretten) mit ins Land zu bringen. Kleidung, besonders Jeans, wird häufig von denjenigen erbeten, die gefallen an westlichen Look finden, und ein Paar Turnschuhe werden Sie immer los.

Elektrizität

Die Stromspannung auf Madagaskar liegt bei 110 oder 220 Volt. Steckdosen (wenn vorhanden) sind für runde Stecker mit zwei Polen geeignet.

Essen und Trinken

Essen
Gutes Essen ist eine der Annehmlichkeiten, die Madagaskar zu bieten hat, und selbst die anspruchsvollsten Touristen sind mit dem Essen, das in den besseren Hotels und Restaurants serviert wird, in der Regel zufrieden. In internationalen Hotels wird internationale Küche serviert, in der Regel mit französischem Einschlag, und oft gibt es auch spezielle madagassische Gerichte (z.B. im Hilton am Donnerstag).

Lodges und kleinere Hotels bereiten einheimische Gerichte zu, die ausgezeichnet sein können, besonders an der Küste, wo Hummer und andere Meeresfrüchte vorherrschen. Fleischliebhabern werden die saftigen Zebu-Steaks zusagen. Außerhalb der Hauptstadt bieten die meisten Hotels ihren Gästen ein festes Menü an (*table d'hôte*). Wenn

Sie aus einer Karte wählen können, ist es eine große Hilfe, ein französisches Wörterbuch dabeizuhaben, vorzugsweise eins mit einem speziellen Kapitel über französisches Essen.

In vielen Städten ist chinesisches oder indisches Essen sehr verbreitet und fast immer gut und preisgünstig. *Soupe chinoise* bekommt man praktisch überall. Sie ist nahrhaft und geschmackvoll. Die Madagassen essen viel Reis. Zu den meisten Gerichten wird daher ein klebriger Berg dieses Grundnahrungsmittels serviert. Er ist nichtssagend und geschmacksneutral, aber saugt die leckeren Soßen gut auf. (Falls die Soßen einmal nicht so lecker sein sollten, bringen Sie am besten Ihre eigene Würze mit).

Milchprodukte, die früher nicht zu bekommen waren, sind heute in den größeren Städten erhältlich. In der Regel gibt es auf den Märkten eine gute Auswahl an Früchten, und auch in den meisten Restaurants wird neben Rohkostgemüse (frz. *crudités*) Obst serviert. Von Juni bis August beschränkt sich das Angebot an Obst im großen und ganzen auf Zitrusfrüchte und Bananen, aber ab September gibt es Erdbeeren, Mangos, Litschis, Ananas, Zitrusfrüchte, Bananen und Loquats. Überall kann man Kokosnußstückchen kaufen, besonders an der Küste, wo Kokosnußmilch ein beliebtes und sicheres Getränk ist. Bonbons aus Kokosnuß und Karamel werden in den Straßen verkauft, oft eingewickelt in Papier aus Schulheften.

Trinken

Das madagassische "Drei Pferde"-Bier ist sehr gut, ebenso das neue "Beeks Brau". Der Preis steigt, je nach Umgebung: Man zahlt z.B. im Hilton immer den doppelten Preis für ein Bier als in einem *hotely* (normaler Preis: große Flasche ca. FMG 1000; kleine Flasche ca. FMG 600 plus reichlich Pfand).

In der Region von **Fianarantsoa** werden **Weinstöcke** angebaut, und manche der Weine sind recht ordentlich. L'azani Betsileo (für rund FMG 8.000 die Flasche) ist zu empfehlen. Zwei gute madagassische Apéritifs sind **Maromby** und **Litchel** (aus Litschis hergestellt).

Rum, *toaka gasy*, ist billig und reichlich im Angebot, besonders in den Zuckeranbaugebieten, wie z.B. auf Nosy Be. Fermentierter Zuckerrohrsaft, *betsabetsa* (Ostküste) oder fermentierte Kokosnußmilch, *trembo* (im Norden), sind eine Abwechslung. Das beste Getränk ist jedoch *punch au coco* mit einer Basis aus Kokosnußmilch - eine Spezialität der Ile Ste. Marie, die man auch in anderen Küstengegenden bekommen kann.

Nichtalkoholische Getränke gibt es nicht besonders viele. Zu erwähnen sind ein gutes, aber recht teures Quellwasser, *Eau Vive* und, natürlich, Coca-Cola. Die einheimische *limonady* hat leider überhaupt keine Ähnlichkeit mit Zitronensprudel.

Madagassisches Essen
Nachdem er ein Jahr auf Madagaskar gelebt hatte und viel in entlegenen Gegenden gereist war, beschrieb David Curl die üblichen madagassischen Gerichte als: "Haut und Reis, Knorpel und Reis, Fett und Reis und Knochen und Reis", was für Huhn, Rind, Schwein und Fisch steht. Diese bissige Zusammenfassung gilt mitunter für die kleineren Dörfer, wo einfache Gerichte mit Kreide auf Tafeln vor den *hotelys* geschrieben stehen:

Henan-omby (oder *Hen'omby*)	Rindfleisch
Henam-borona (oder *Hen'akoho*)	Huhn
Henan-kisoa	Scheinefleisch
Henan-drano (oder *Hazan-drano*)	Fisch

Außerdem kann es sein, daß auf der "Speisetafel" auch noch *Mazotoa homana* steht. Dies ist kein Gericht, sondern bedeutet soviel wie "Guten Appetit!"

Zusammen mit dem Fleisch oder dem Fisch und den unvermeidlichen Riesenbergen von Reis (*vary*) wird eine Schüssel mit Brühe serviert. Sie wird über den Reis gelöffelt oder als Suppe getrunken.

Den Durst stillt man mit *ranovola* oder Reiswasser. Es entsteht, indem man Wasser in dem Topf erhitzt, in dem der Reis gekocht wurde. Es schmeckt leicht nach verbranntem Reis, und weil es mehrere Minuten lang gekocht wurde, kann man es beruhigt trinken. Reiswasser soll sogar therapeutische Wirkungen haben; die WHO (Weltgesundheitsorganisation) empfiehlt "Gerstenwasser" zur Rehydrationstherapie, weil Stärke, die in Reis ebenso vorkommt wie in Gerste, als Energielieferant vom Körper leichter aufgenommen werden kann als Zucker.

 Fügen Sie Ihrem *ranovola* einfach ein wenig Salz hinzu, und Ihr Gegenmittel gegen Durchfall ist perfekt!

In den besseren Restaurants kann madagassisches Essen wirklich sehr gut sein, und jeder Besucher der Insel sollte zumindest einmal das populärste Gericht, *Romazava*, probieren. *Romazava* ist ein Eintopf aus

Fleisch und Gemüse, der mit Ingwer gewürzt wird. Er wird in der Regel mit *brèdes* (ausgesprochen "Brähd") serviert, eine Auswahl von rohem Gemüse, das oft einen angenehm pfeffrigen Geschmack hat. Ein anderes leckeres einheimisches Gericht ist *ravitoto*, das sind geraspelte Maniokblätter mit gebratenem Schweinefleisch.

Reis

Die Madagassen haben eine fast mystische Beziehung zum Reis. König Andrianampoinimerina erkärte "Reis und ich sind eins", und seine Loyalität gegenüber dem Merina-König zeigte man durch fleißiges Arbeiten in den Reisfeldern. Heute sind die Betsileo die Meister im Anbau dieses Gundnahrungsmittels, das auch in anderen Gegenden der Insel angebaut wird, entweder auf bewässerten Feldern oder als "Hügelreis", der vom Regen abhängig ist. Reis macht die Hälfte der Gesamtproduktion an landwirtschaftlichen Gütern aus.

Die Madagassen essen Reis dreimal am Tag, der Jahresverbrauch liegt bei 135 kg pro Person (fast ein Pfund Reis pro Tag!). 1976 wurde jedoch der Reismarkt verstaatlicht. Infolgedessen reduzierte sich die Reismenge, die zum offenen Verkauf kam, so drastisch, daß die Beschränkungen 1984 wieder aufgehoben werden mußten. Doch viele kleine Reisbauern bauen ihren Reis trotz allem lediglich für den eigenen Verbrauch an. Die Regierung unternimmt große Anstrengungen, um die Reisproduktion zu steigern (die Erträge sind, im Vergleich zu anderen Ländern, gering) und Madagaskar in diesem Grundnahrungsmittel von Importen unabhängig zu machen. Ehemals ein Reisexportland, muß der madagassische Bedarf heute durch Importe gedeckt werden.

Feiertage

1. Januar	Neujahrstag
29. März	Erinnerung an den Aufstand von 1947
Ostermontag	variabel
1. Mai	Tag der Arbeit
Himmelfahrt	variabel
Pfingstmontag	variabel
26. Juni	Nationalfeiertag
15. August	Mariä Himmelfahrt

1. November	Allerheiligen
25. Dezember	Weihnachten
30. Dezember	Tag der Republik

Wenn diese Feiertage auf einen **Donnerstag** fallen, gehört der folgende Freitag ebenfalls zum Wochenende. Denken Sie daran, daß die **Banken** am Tag vor einem Feiertag immer um 12 Uhr schließen.

Formalitäten

Visa
Jeder, der nach Madagaskar reist, benötigt ein Visum, das von den madagassischen Auslandsvertretungen ausgestellt wird. Dieses Visum ist einen Monat lang gültig und muß innerhalb von sechs Wochen nach Ausstellungsdatum in Anspruch genommen werden. Es kostet zur Zeit DM 45 (Januar 1991). Anträge für einige Berufsgruppen, z.B. Journalisten, werden u.U. an das Hauptbüro weitergeleitet, bevor Sie Ihr Visum erhalten. Die Formulare müssen in fünffacher Ausfertigung ausgefüllt werden, d.h. Sie brauchen mindestens fünf Fotos. Es kann sein, daß Sie ein Rückflugticket vorlegen müssen; ein Brief des Reisebüros, das sich um Ihren Flug kümmert, ist in diesem Fall ausreichend.

Botschaften und Konsulate
... in Deutschland: Rolandstr. 48, Postfach 188, 5300 Bonn 2, ☏ 0228/331057 (Botschaft).
... in Österreich: Pötzleinsdorferstr. 94-96, 1184 Wien, ☏ 474192 (Konsulat).
... in der Schweiz: Birkenstr. 5, 6000 Luzern, ☏ 01/211-2721 (Konsulat).

Verlängerung Ihres Visums
Es ist nicht weiter schwierig, Ihr Visum auf Madagaskar für einen weiteren Monat zu verlängern. Wenn Sie allerdings länger als zwei Monate im Land bleiben wollen, müssen Sie Ihre Vorkehrungen schon vor der Abreise treffen, oder kurzzeitig das Land verlassen und nach Réunion fliegen. Anträge auf Verlängerung eines Visums (*prolongation*) müssen an das **Innenministerium** gerichtet werden. Es befindet sich in der Nähe des Hilton Hotels in Antananarivo. Sie benötigen: drei Fotos, eine Fotokopie Ihrer Devisenerklärung, eine maschinengeschriebene Erklärung (am besten schon zu Hause vorbereiten), warum Sie länger

bleiben wollen, Ihren Reisepaß und ein gewisses Maß Geduld. Raniero Leto berichtet, daß Sie eine Verlängerung für wenige Wochen auch bei einer Polizeiwache beantragen können.

Geld

Empfehlenswert ist die Mitnahme von **Reiseschecks** und **DM-** bzw. **US$-Banknoten**. Ich nehme immer einen gewissen Vorrat an **französischen Francs** mit (in bar) für überraschende Situationen, wenn ich keine Reiseschecks eintauschen kann oder meinen Ausweis nicht dabeihabe. Da die Preise für Devisen in der Regel in französischen Francs angegeben sind, ist es sinnvoll, in dieser Währung zu denken. Die großen Hotels und Air Madagascar akzeptieren auch **Kreditkarten**, aber nur American Express ist weit verbreitet. Master Card ist eine Alternative. Ein Reisender berichtet, daß Visa "vollkommen nutzlos" ist.

Madagassische Francs
Die madagassische Währung ist der **Franc Malgache** (FMG). Aufgrund der Inflation in jüngerer Zeit sieht man die kleinen Münzen von 5, 10 oder 20 Francs kaum noch. Es gibt aber auch größere Silbermünzen, die, auf den ersten Blick, wie 10- oder 20-Franc-Stücke aussehen. Bei genauerem Hinsehen entdeckt man, daß es sich um *ariary* handelt (ein *ariary* sind 5 Francs), d.h. sie sind 50 bzw. 100 Francs wert.

▶▶ Die Kurse vom März 1991 lagen bei FMG 936 für DM 1 (laut Auskunft Landeszentralbank Schleswig-Holstein).

Geldüberweisungen
Wenn Sie sich Geld von zu Hause schicken lassen müssen, ist es am besten, das im vorhinein zu arrangieren. Die beste Bank zu diesem Zweck ist die **Banque Malgache de l'Océan Indien**, Place de l'Indépendance, Antaninarenina. Deren Partnerbank ist die **Banque Nationale de Paris** (Sitz in Frankfurt).

Gesundheit (von Dr. J. Wilson)

Auf Madagaskar gesund zu bleiben, ist, wie in anderen Entwicklungsländern auch, eine Frage der guten Vorbereitung und des gesunden Menschenverstandes.

Malaria

Auf Madagaskar kommen drei verschiedene Arten von Malaria vor, und mittlerweile wird die Resistenz der Erreger gegen die Vorbeugepräparate zum Problem. Da eine Form der Erkrankung, die zerebrale Malaria, wirklich gefährlich ist, lohnt es sich, aktuelle Informationen über die Malaria-Prophylaxe einzuholen. Bei folgenden Stellen können Sie sich informieren:

- ✉ **Hamburg**: Bernhard-Nocht-Institut für Schiffs- und Tropenkrankheiten, Bernhard-Nocht-Straße 74, ☏ 040/311021;
- ✉ **Saarbrücken**: Staatl. Institut für Hygiene und Infektionskrankheiten, Malstedter Str. 17, ☏ 0681/58650;
- ✉ **Berlin**: Landesimpfanstalt mit tropenmedizinischer Beratungsstelle, Königin-Elisabeth-Str. 32, ☏ 030/3032797;
- ✉ **Heidelberg**: Institut für Tropenhygiene und öffentl. Gesundheitswesen am Südasieninstitut d. Uni, Im Neuheimerfeld 324, ☏ 06221/562905;
- ✉ **München**: Institut für Infektions- und Tropenmedizin der Universität, Leopoldstr. 5, ☏ 089/333322;
- ✉ **Tübingen**: Tropenmedizinisches Institut der Uni, Wilhelmstr. 27-31, ☏ 0707a1/292365;
- ✉ **Basel**: Schweizerisches Tropeninstitut, Szoninstr. 57, ☏ 61/233896;
- ✉ **Wien**: Institut für spezifische Prophylaxe und Tropenmedizin der Uni, Kinderspitalgasse 15, ☏ 221/431595.

Zur Zeit werden folgende Präparate zur Vorbeugung empfohlen: **Resochin** und **Lariam**. Diese Medikamente nimmt man am besten nach dem Essen ein (damit kann in der Regel der Nebeneffekt einer leichten Übelkeit vermieden werden). Sie sollten mit der Malaria-Prophylaxe eine Woche vor der Abreise nach Madagaskar beginnen, und sie noch bis sechs Wochen nach Ihrer Rückkehr fortsetzen.

Im Gegensatz zu **Fansidar**, das einst als approbiertes Mittel gegen Malaria verabreicht wurde, jedoch zu zahlreichen Nebenwirkungen geführt hat, wurden bei Resochin und Lariam keine gefährlichen Nebenwirkungen festgestellt. Selbst wenn Sie die Prophylaxe vorschriftsmäßig durchgeführt haben, besteht noch die ganz geringe Chance, trotzdem an Malaria zu erkranken. Sie sollten sich daher an Ihren Arzt wenden (und erwähnen, daß Sie im Ausland waren), wenn Sie innerhalb eines Monats nach Ihrer Rückkehr an einem grippalen Infekt erkranken.

Moskitos und Malaria
Im Oktober 1988 berichtete *The Economist*, daß 100.000 Madagassen im Hochland an Malaria gestorben seien, in einer Gegend ohne Immunität bzw. Medikamente gegen die Krankheit. Die Weltgesundheitsorganisation bringt den Ausbruch mit zwei Ursachen in Verbindung: Das Wiederauftreten des Moskitos *Anopheles funestus*, der unter den Franzosen fast ausgerottet worden war, und die Erwärmung des Klimas, die entweder auf den Treibhauseffekt oder die zunehmende Abholzung des Regenwaldes zurückzuführen und für den Fortpflanzungsrhythmus der Moskitos günstig ist. Die Reisfelder im Hochland sind ideale Brutstätten.

Ein schweizerisches Hilfsprogramm hat bereits einige Vorbeugungsmaßnahmen getroffen und konnte auch die Behandlungsmethode verbessern, doch die Krankheit ist da und wird sich so schnell nicht ausrotten lassen.

Wenn Sie keine anderen Medikamente nehmen, sollten Sie die Malaria-Prophylaxe unbedingt einhalten und sich ansonsten nach den Richtlinien des britischen Malaria-Forschungslabors richten:

"Unternehmen Sie jede nur mögliche Anstrengung, um nicht gestochen zu werden, und, wenn es gar nicht mehr anders geht, nehmen Sie sich vielleicht den Rat dieses Lesers zu Herzen: "Weil ein Forscher einmal die These aufstellte, Moskitos würden von Kohlendioxid angezogen, besteht die beste Vorsorgemaßnahme möglicherweise darin, nicht zu sprechen."

Impfungen
Die Verbreitungsgebiete von Krankheiten und internationale Gesundheitsvorschriften können sich ändern, daher sollten Sie sich über den aktuellen Stand vor Reiseantritt informieren. Es wäre vernünftig, wirksame Impfungen gegen **Polio**, **Tetanus**, **Typhus** und **Cholera** zu haben. Unbedingt ratsam ist auch eine Gammaglobin-Spritze gegen **Hepatits**.

Es lohnt sich ebenfalls, einen Schick-Test durchführen zu lassen. So kann festgestellt werden, ob Ihre Kinderimpfung gegen **Diphterie** noch wirksam ist. Eine "einfache" intramuskuläre Injektion gegen **Tollwut** ist jetzt möglich, und vielleicht sollten Sie sich auch darum kümmern, wenn Sie meinen, daß Sie gefährdet sind. Diese Krankheit ist auf Madagaskar verbreitet, weil es in vielen Gegenden der Insel halbwilde Hunde gibt, Lemuren sind dagegen keine Überträger.

Denken Sie daran, daß aktive Impfungen mindestens vierzehn Tage auseinander liegen müssen, also sollten Sie im voraus planen.

Wenn Sie aus Afrika kommen, müssen Sie ein internationales Impfzeugnis vorlegen, aus dem hervorgeht, daß Sie noch wirksam gegen Gelbfieber und Cholera geimpft sind. Für Reisende aus Europa ist die Vorlage eines solchen Zeugnisses nicht vorgeschrieben.

Zähne
Lassen Sie sich von Ihrem Zahnarzt untersuchen, bevor Sie abreisen.

Versicherung
Kümmern Sie sich darum, daß Sie eine Versicherung haben, die die Behandlungskosten auf Madagaskar übernimmt und auch die Kosten für einen Flug nach Hause oder nach Réunion bzw. nach Nairobi, wo die medizinischen Einrichtungen besser sind als auf Madagaskar.

Örtliche medizinische Versorgung
Die örtliche medizinische Versorgung ist ausgezeichnet, wenn man die Beeinträchtigungen durch schlechte Kommunikationsmöglichkeiten, fehlende Medikamente und medizinische Einrichtungen bedenkt. Madagassische Ärzte sind gut ausgebildet, und alle, die ich kennengelernt habe, schienen vertrauenswürdig und freundlich. Viele der jüngeren Ärzte sprechen Englisch.

Insekten und von Insekten übertragene Krankheiten
Die einzigen bekannten Trypanosom-Organismen (Schlafkrankheit), die auf Madagaskar existieren, befallen nur Chamäleons! Die afrikanischen Formen der Schlafkrankheit gibt es auf Madagaskar nicht, weil keine Tsetsefliegen existieren, die sie verbreiten könnten. Doch dafür gibt es reichlich Moskitos, die z.B. Malaria und Elephantiasis übertragen. Es wäre ratsam, sich vor Moskitostiche so gut es geht zu schützen, um den später auftretenden Juckreiz und evt. Entzündungen zu vermeiden. Kleiden Sie sich also nicht zu leicht, bewahren Sie Ihr Insektenschutzmittel jederzeit griffbereit auf, und benutzen Sie in schlecht geschützten Hotelzimmern ein Moskitonetz.

 Wenn Sie erst einmal gestochen wurden, helfen zinkhaltige Salben gegen den Juckreiz.

Andere unangenehme Tiere

Die madagassischen Landschlangen sind Opistoglyphen, d.h. praktisch nicht giftig (☞ *Fauna*). Die Meeresschlangen sind gefährlich, aber leuchtend gefärbt, daher leicht zu sehen, und im übrigen nicht aggressiv. Sie müssen zum Atmen an die Wasseroberfläche kommen. Der einzige Moment, in dem Sie als Schwimmer oder Schwimmerin gefährdet sein könnten, ist also, wenn Sie direkt über einer Schlange schwimmen oder schnorcheln, wenn diese gerade beschließt aufzutauchen.

Besonders wenn Sie sich im Wald aufhalten, sollten Sie auf **Skorpione** und **Hundertfüßer** achten. Beide verabreichen zwar keine tödlichen, aber doch recht unangenehme Bisse bzw. Stiche. Skorpione sind nachtaktiv, kommen aber häufig auch nach einem Regenschauer heraus. Tagsüber verstecken Sie sich gern in schmalen Spalten. Wenn Sie im Wald zelten, kann es durchaus vorkommen, daß Sie einen Skorpion in der Tasche Ihres Rucksacks finden - selbst wenn Sie so vernünftig waren, ihn an einem Baum aufzuhängen. Skorpionstiche sind sehr schmerzhaft (die Beschwerden halten etwa 24 Stunden an), aber nicht tödlich. Nach einem Stich in den Finger schmerzten mein Unterarm und meine Hand mehrere Tage lang. Nur Morphium konnte den Schmerz betäuben. Einen Monat lang war mein Finger taub, und noch nach drei Jahren sind die Nervenverbindungen nicht ganz, wie sie sein sollten.

Hundertfüßer sind möglicherweise die besten Kampfmaschinen, die je entwickelt wurden. Sie beißen an einem Ende, stechen am anderen, und jedes einzelne Bein kann eine kleine Wunde verursachen. Auf Madagaskar leben einige sehr große Arten (15 cm), denen man am besten aus dem Weg gehen sollte.

Die großen **Spinnen** können gefährlich sein, und auch die (stark überschätzte!) Schwarze Witwe kommt auf Madagaskar vor. Die großen Grabwespen verursachen ebenfalls unangenehme Stiche. Nach meiner Erfahrung sind aber nur die Skorpione problematisch, weil sich sie in trockenen Wäldern gern an Plätzen verstecken, wo man leicht einmal mit der Hand hineinfaßt, ohne hinzusehen.

 Wenn Sie im Wald auf dem Boden schlafen wollen, sollten Sie alle erforderlichen Maßnahmen treffen, um sich gegen diese Kreaturen abzusichern - am besten mit einer Hängematte oder einem Zelt mit fest eingenähtem Boden.

Blutegel können im Regenwald sehr unangenehm werden, aber sie sind nur eklig, nicht gefährlich. Am besten geht man ihnen aus dem

Weg, indem man möglichst alle offen zutageliegenden Hautflächen bedeckt, die Hose in die Strümpfe stopft und Insektenschutzmittel anwendet (selbst unter den Strümpfen und in den Schuhen). Wenn Egel sich erst einmal festgesaugt haben, sollte man sie nicht gewaltsam entfernen. Entweder warten Sie ab, bis sie sich satt getrunken haben (dann fallen sie ab), oder Sie ermutigen sie zu einem vorzeitigen Abschied, indem Sie eine brennende Zigarette oder Salz zu Hilfe nehmen. Eine leere Filmdose ist übrigens ein geeignetes Salzfaß. Die Wunde, die ein Blutegel hinterläßt, blutet stark und kann sich entzünden, wenn sie nicht sauber gehalten wird.

 Gehen Sie nicht barfuß durch feuchte, sandige Flußbetten. So zieht man sich "Jigger" zu.

Das sind weibliche Sandflöhe, die Maden ähneln und sich in Ihre Zehen eingraben, um sich von Ihrem Blut zu ernähren, solange sie ihre Eier ausbrüten. Graben Sie sie mit einer sterilen Nadel aus und desinfizieren Sie die Wunde gründlich, um einer Entzündung vorzubeugen.

Pflanzen
Auf Madagaskar gibt es eine Reihe von Pflanzen, die lokale Hautreizungen hervorrufen. Die schlimmste, der ich begegnet bin, ist eine kletternde Hülsenfrucht, deren erbsenschotenähnlichen Früchte wie behaart aussehen. Dieses "Fell" der Früchte dringt, tausenden von winzigen Nadeln gleich, durch die Haut - sie mit Hilfe einer Pinzette wieder zu entfernen, ist äußerst schmerzhaft. Bei der Berührung mit anderen Pflanzensäften, die auf der Haut brennen, hilft meistens ein Bad. Waschen Sie Ihre Kleider am besten gleich mit, ein Untertauchen in voller Montur kann unter Umständen die letzte Rettung sein!

Reisekrankheiten
Magenbeschwerden und Durchfall: Schon die Umstellung auf das tropische Klima Madagaskars kann zu derartigen Beschwerden führen, ohne daß eine Infektion manifest ist.

In solchen Fällen empfiehlt sich: Nahrungskarenz 24-48 Std.; dabei sollten Sie auf eine ausreichende Flüssigkeitzufuhr (Mineralwasser, kein Alkohol) mit Ausgleich verlorengegangener Elektrolyte (Salz etc.) achten. Setzen Sie sich in dieser Zeit nicht der Sonne/Hitze aus! Keine körperlichen Anstrengungen!

Einer Infektion mit Durchfallssymptomen sollten Sie vorbeugen: Eiscreme, Eiswürfel, Leitungswasser, Salate, ungekochte oder ungenügend erhitzte Speisen sollten Sie meiden. Am Straßenrand zubereitetes Essen kann unproblematisch sein, wenn es genügend erhitzt ist. Viele madagassische Rinder sind von Bandwürmern befallen, daher würde ich empfehlen, Ihr Steak (das auf Madagaskar in der Regel exzellent ist) gut durchgebraten zu essen.

Medikamente sollten nur genommen werden, wenn es wirklich erforderlich ist; es kommen dann Medikamente wie **Tannalbrin**, **Imodium** (Loperamid) und **Metaclopramid** in Betracht. Wenn schwere Symptome auftreten (Blutausscheidung u.ä.), gehen Sie bitte sofort zum Arzt!

Bilharziose: Bilharziose ist eine Erkrankung durch Pärchenegel, die in den Süßwasser-Gewässern Madagaskars sehr verbreitet sind. Zur Fortpflanzung brauchen die Pärchenegel als Zwischenwirt Süßwasserschnecken.

Die Erkrankung an Bilharziose kann zu schweren, krankhaften Veränderungen innerer Organe führen, meiden Sie deshalb unbedingt **stehende Gewässer!**

Geschlechtskrankheiten: Aids und andere Geschlechtskrankheiten sind weltweit verbreitet. Daher gelten auf Madagaskar die gleichen Vorsichtsmaßnahmen wie zu Hause.

Reiseapotheke
Sie können ohnehin nicht alle Medikamente mitnehmen, die Sie auf einer Reise u.U. brauchen könnten. Abgesehen von Präparaten, die Sie regelmäßig einnehmen müssen, sollten Sie sich daher nicht unnötig mit einer umfassenden Reiseapotheke belasten. Viele der Medikamente, die Sie im Krankheitsfall brauchen könnten, bekommen Sie in den Apotheken.

Die folgende Liste ist für den "üblichen" Touristen/Reisenden gedacht:
Malaria-Tabletten, ein **Desinfektionsmittel** (auch Salz, aufgelöst in kochendem Wasser, eignet sich ausgezeichnet), sterile **Gaze** und **Leukoplast**, lösliches **Aspirin** - gut gegen Fieber, Schmerzen, **Augentropfen**, ein **Anti-Histaminikum** (als Creme oder in Tablettenform), **Pinzette** zum Entfernen von Splittern, kleinen Dornen und Korallen, **Pflaster** für Hautverletzungen und eine **elastische Binde**.

Darüberhinaus hat der liebe Gott vor jede (Eigen-) Therapie eine (**ärztliche!**) Diagnose gestellt.

In London bietet MASTA (*Medical Advisory Service for Travellers*) einen umfangreichen Gesundheitsbrief sowohl für Individualreisen als auch für Expeditionen an.
Dieser Brief beinhaltet Informationen über Malaria, Impfungen und empfohlene Medikamente für die Reiseapotheke. Formulare zum Bestellen des Gesundheitsbriefes erhalten Sie bei MASTA, Keppel St, London WC1E 7HT, U.K.

Sterilisierung von Wasser
Wenn Sie *Eau Vive* oder Mineralwasser trinken, verringert sich das Risiko einer Infektion erheblich. Aber so abgefülltes Wasser ist nicht immer erhältlich und kann auch teuer sein. Oft ist es besser, Wasser aus dem Wasserhahn selbst zu reinigen.

Das effektivste und bequemste Mittel zum Sterilisieren von Wasser ist **Jod** (gegenüber Chlor vorzuziehen, weil es auch Amöbenzysten tötet). Es ist flüssig oder in Tablettenform erhältlich. Um behandeltes Wasser geschmacklich reizvoller zu machen, können Sie Getränkepulver mitnehmen.

Eine Alternative zu Jodtabletten oder -lösungen ist ein **Wasserfilter**, z.B. von der Firma Katadyn. Dadurch erhalten Sie sicheres Wasser ohne unangenehmen Beigeschmack. Allerdings ist der Filter für den Durst mancher Leute zu langsam. Eine andere Möglichkeit ist ein Tauchsieder, mit dem Sie Ihr eigenes Wasser abkochen können. Diese Form der Sterilisation ist sehr effektiv und hat auch noch den Vorteil, daß man sich gleich eine nette Tasse heißen Tee brauen kann.

Verschiedene Tips zu Ihrer Gesundheit und Bequemlichkeit
Eine Rehydrationstherapie findet in der Dritten Welt zunehmend Anwendung, um Durchfall bei Kindern zu heilen. Die gleiche Therapie funktioniert auch bei erwachsenen Reisenden: Verlorene Mineralstoffe werden ersetzt, gleichzeitig beugt man der Gefahr der Dehydration vor. Leser J.M.Layman sandte mir folgendes Rezept: "Eine einfache **Rehydrationsrezeptur** besteht aus einem Teelöffel Salz und acht Teelöffeln Zucker auf einen Liter Wasser (*Eau Vive* ist in Flaschen zu 750 ml und 1500 ml erhältlich; ich dachte erst, es handle sich um 1l- bzw. 2l-Flaschen, bevor ich den Inhalt ausgemessen habe).

Wenn kein sauberes oder gereinigtes Wasser vorhanden ist, sollten Sie sich an Kokosnüsse halten: Ihre Milch ist nicht nur steril (wenn man sie direkt der Nuß entnimmt), sondern hat zudem die richtige Zuckerkonzentration. Ein halber Teelöffel Salz sollte in etwa die richtige Menge sein, die man dem Wasser einer durchschnittlichen Kokosnuß zugibt."

Evelyn Horn Wootton sandte mir folgende, erprobte Tips: "Malaria-Tabletten verursachen bei vielen Menschen Übelkeit, wenn man sie nimmt, ohne vorher etwas gegessen zu haben. Doch es war mir nicht immer möglich, die Tabletten beim Frühstück zu nehmen (und ich habe sie auch oft vergessen). Daher gewöhnte ich mir an, meine Malaria-Tabletten gleich nach dem Aufstehen zu schlucken, nachdem ich meinen Magen mit Metamucil darauf vorbereitet hatte. Metamucil ist ein natürliches Abführmittel. Ein Teelöffel auf ein Glas Wasser reicht völlig.

Mit den Jahren lernte ich medizinischen Ammoniakgeist (Riechsalz) zu schätzen. Ein halber Teelöffel auf ein Glas Coca-Cola, langsam getrunken, hilft praktisch auf der Stelle gegen Übelkeit - ein großartiges Mittel, wenn man unterwegs ist und nicht mehr aus noch ein weiß Ich habe auch den Eindruck gewonnen, daß diese Rezeptur den Juckreiz von Insektenstichen lindert.

Meine Haut reagiert empfindlich auf Sonnenschutzmittel, daher muß ich Zinkoxid-Salben verwenden. Ein Tupfen weißer Zinkoxid-Salbe auf der Nase einer Sechzehnjährigen im Bikini mag ja recht nett aussehen, aber ich bin 66 Jahre alt. Hätte ich diese Creme auf Madagaskar verwendet, wäre ich wahrscheinlich in einen *lamba* gewickelt, zwei-, dreimal um ein Grab herumgetragen und schließlich dort hineingesteckt worden!

Ich färbte die Zinkoxid-Salbe mit Make-up-Basis ein (eine, gegen die ich nicht allergisch bin), und es klappte wunderbar! Und wo wir schon einmal beim Thema sind: Nach meiner Erfahrung brennen Erfrischungstücher, die ja Alkohol enthalten, auf der Haut, wenn ich sie für mein Gesicht benutzen muß. Daher nehme ich lieber Babytücher mit, die sehr viel sanfter und zudem größer sind. Um sie feucht zu halten und zu transportieren, packe ich sie in wiederverschließbare Plastiktüten um.

Lebenshaltungskosten

Verglichen mit der Dritten Welt ganz allgemein, ist Madagaskar kein billiges Land. Da gute Hotels und Reisen in der ersten Klasse in Devisen bezahlt werden müssen, können diejenigen, die bequem und komfortabel reisen und das Beste von Madagaskar sehen wollen, nicht von den niedrigeren Preisen für die Einheimischen profitieren. Besuche in den lohnendsten und am leichtesten zugänglichen Gegenden Fort Dauphin und Berenty liegen aussschließlich in der Hand eines privaten Landbesitzers, und seine Preise sind sehr hoch.

Wenn Sie vorhaben, auch innerhalb des Landes zu fliegen (eine Notwendigkeit, wenn Sie nur wenig Zeit haben), Berenty zu besuchen oder in Hotels der mittleren Preisklasse zu übernachten, müssen Sie mit durchschnittlichen Kosten von DM 85 pro Tag rechnen. Der Flugpreis von Antananarivo nach Fort Dauphin lag 1990 bei FF 360 (rund DM 120), und ein Besuch in Berenty mit Übernachtung kostete Ende 1989 FF 780 (ca. DM 260) alles inklusive.

Wer mit begrenztem Budget reist und sich einschränkt (gutes Essen ist allerdings immer bezahlbar), kann seine täglichen Ausgaben auf rund DM 30 reduzieren. So bekommt man das echte Madagaskar zu sehen, wenn auch nur einen kleinen Teil davon - es sei denn, Sie haben sehr viel Zeit. Doch seien Sie gewarnt: Der Wechselkurs hat sich in den letzten zwei Jahren kaum verändert, die Preise sind jedoch deutlich gestiegen. Die meisten Hotels sind jetzt doppelt so teuer.

▶▶ Auf Madagaskar kann ein Pärchen fast genauso billig reisen wie ein Alleinreisender, weil die meisten Zimmer ohnehin ein Doppelbett haben und auch als Doppelzimmer bezahlt werden müssen.

Pauschal- oder Individualreise?

Selbst die überzeugtesten Individualreisenden sollten überlegen, ob sie nicht mit einer Gruppe nach Madagaskar reisen, zumindest für einen Teil ihres Aufenthalts. Wenn Sie nicht reichlich Zeit haben und die französische Sprache nicht fließend beherrschen, ist es sehr schwierig, die interessantesten Teile des Landes auf eigene Faust zu sehen. Der große Vorteil einer organisierten Tour besteht darin, daß Sie über Land reisen und dabei anhalten und die Landschaft, die Gräber, Vögel und Dorfbewohner betrachten können. Die öffentlichen Verkehrsmittel sind meist so überfüllt, daß selbst der Blick aus dem Fenster (wenn es ein Fester gibt) unmöglich wird.

Speziellen Interessengruppen (Botanikern, Ornithologen) sei es besonders ans Herz gelegt, mit einer Gruppe aus ihrem eigenen Land zu fahren. So können Sie sicher sein, einen kundigen Führer zu bekommen und auch die notwendigen Transportmöglichkeiten in entlegene Gegenden.

Pauschalreisen
Eine wachsende Zahl von Veranstaltern bietet Reisen nach Madagaskar an. Wenn Sie sich für eine Tour entscheiden, sollten Sie sich nicht ausschließlich vom Preis beeinflussen lassen. Finden Sie heraus, wie lange die jeweilige Gesellschaft schon Reisen nach Madagaskar anbietet, weil es immerhin einige Jahre dauert, ehe man die organisatorischen Probleme wirklich im Griff hat. Vergewissern Sie sich, daß der für Ihre Gruppe vorgesehene Führer das Land tatsächlich kennt.

Empfehlenswerte Reiseunternehmen sind u.a. AVIATOURS, Wiesbaden, Dr. Düdder Reisen, Aachen, Trauminsel Reisen, Herrsching und Wikinger Reisen, Hagen.

Reiseveranstalter auf Madagaskar: Madagascar Airtours, Hilton Hotel, Antananarivo, B.P. 3874, ☏ 241-92, Telex: 222-32 AIR MAD MG.
Bei weitem der erfahrenste Veranstalter mit einem breitgefächerten Angebot an Ausflügen und Schwerpunkten wie Naturgeschichte, Ornithologie, Speläologie, Trekking, Mineralogie, Flußfahrten, Segeln etc.
Liounis Voyages, Immeuble COROI, Antsahavola, Antananarivo, B.P. 425, ☏ 238-26, Telex: 22214 COROI MG.
Sie arbeiten mit Cortez Travel in Kalifornien zusammen, um neben konventionellen Programmen auch ungewöhnliche Pauschalreisen anzubieten. Der Manager, Christophe de Comarmond, scheint in der Lage zu sein, einfach alles möglich zu machen.
Julia Voyage, 7 Rue P.Lumumba, Antananarivo, B.P. 3179, ☏ 268-74.
Julia hat eine "Mineralien-Tour" begründet, auf der man Mineraliendepots im Süden Madagaskars besuchen kann.

Andere Veranstalter, die vielleicht ebenso gut sind, über die ich aber nichts Spezielles weiß, sind:
Transcontinents, 10 Ave. de l'Indépendance, Antananarivo, B.P. 541, ☏ 223-98, Telex 22259 ZODIAC.
Voyages Bourdon, 15 Rue P.Lumumba, Antananarivo, ☏ 296-96, Telex 22557 YOYDON MG.
Trans 7, 11 Ave. de l'Indépendance, Antananarivo, B.P. 7117, ☏ 248-38, Telex 22381.
Touring Fima, 41 Rue Ratsimilaho, Antananarivo, B.P. 6073, ☏ 222-30, Telex: 22464.
Tourisma, 15 Ave. de l'Indépendance, Antananarivo, B.P. 3997, ☏ 287-57 & 289-11.

Post

1990 kostete ein dreiminütiges Telefongespräch nach Deutschland FMG 11.685, jede Extraminute FMG 3.895. Wenn Sie sich Post schicken lassen wollen, sagen Sie dem Briefeschreiber, er möge bitte Ihren Vornamen abkürzen und den Nachnamen in Großbuchstaben schreiben. Den Brief kann er dann postlagernd (*Poste Restante*) an Sie adressieren, und zwar in der Stadt, in der Sie wahrscheinlich sein werden. Sie können den Brief dann im Hauptpostamt abholen.

Hinweis: Die Gegend, die in manchen Anschriften als **Antaninarenina** bezeichnet wird, ist die Obere Stadt in der Nähe des Hotel Colbert. **B.P.** in einer Anschrift bedeutet *Boîte Postale* - Postfach.

Reisezeit

Lesen Sie den Abschnitt über das Klima, bevor Sie sich für eine Reisezeit entscheiden. Allgemein gilt, daß die trockenen Monate zwischen April und September liegen, aber je nach Gegend variieren die Niederschläge enorm. Die Monate, die Sie unbedingt vermeiden sollten, sind der August, wenn die beliebten Orte völlig überlaufen sind, und der Januar, Februar und März (wegen der Zyklone und der starken Regenfälle). Wenn Sie allerdings im Süden und Westen bleiben, kann auch diese Nebensaison lohnend sein, da die internationalen Flugpreise dann preiswerter sind und weniger Touristen sich auf die Reise begeben.

Der September ist schön, aber im Süden sehr windig. Meine Lieblingsmonate sind Oktober und November, wenn das Wetter gut aber nicht zu heiß ist, wenn die Jacarandas blühen, die Lemuren Junge haben und die Märkte voller Früchte sind.

Routenvorschläge für Individualreisende

Eine der schwierigsten Entscheidungen für den Besucher, der zum ersten Mal in ein so vielfältiges Land wie Madagaskar kommt, ist die Frage: Wohin? Selbst ein ganzer Monat ist nicht lang genug, um alles zu sehen, daher sollte man seine Tour nach ganz persönlichen Interessen planen. Hier sind einige Vorschläge für Routen, die drei oder vier Wochen in Anspruch nehmen.

Die komfortable Rundreise
Sie umfaßt die interessantesten Orte, die auch komfortable Unterkünfte zu bieten haben (Kategorien A und B) und die mit dem Flugzeug erreichbar sind. Die meisten organisierten Reisen führen hierhin.

Die Route verläuft wie folgt: Antananarivo- Fort Dauphin und Berenty - Antananarivo - Périnet (per Straße oder Bahn) - Tamatave - Diego Suarez - Nosy Be, Antananarivo.

Die Route für Entdecker
Für diejenigen, die nur begrenzte Mittel zur Verfügung haben, die ihren eigenen Schlafsack etc. mitbringen und auch die Bereitschaft, Komfort gegen faszinierende Erfahrungen zu tauschen. Für eine dieser Rundtouren benötigen Sie einen ganzen Monat:

Antananarivo - Antsirabe (mit dem Zug) - Fianarantsoa (per Straße) - Abstecher nach Ranomafana (Straße) Manakara (per Zug) und wieder zurück - Fianarantsoa - Fort Dauphin (per Straße) - Tuléar (per Straße oder Flugzeug) - Antananarivo.

Als Alternative oder zusätzlich (wenn Sie keine Zeitbegrenzung haben): Antananarivo - Majunga (per Straße oder Flugzeug) - Nosy Be (Straße oder Flugzeug) - Diego Suarez (Straße) - Sambava oder Marontsetra (Flugzeug) - Tamatave (Flugzeug) - Ile Ste. Marie - Antananarivo. Oder Ile Ste. Marie - Tamatave- Périnet (Zug) - Antananarivo.

Sie können natürlich auch von Tamatave nach Fénérive fahren und von dort das Boot nach Ile Ste. Marie nehmen.

Route für Naturliebhaber
Eine drei- oder vierwöchige Tour könnte folgendes umfassen:
Antananarivo - Fort Dauphin und Berenty - Antananarivo - Majunga (Ampijoroa) - Nosy Be (Lokobe) - Diego Suarez (Montagne d'Ambre) - Maroantsetra (Nosy Mangabe) oder Mananara - Tamatave - Périnet - Antananarivo. Oder Sie lassen die Ostküste aus, um Ranomafana zu sehen.

Ethno-Tour (Gräber usw.)
Antananarivo und Umgegend (Merina-Gräber) - Fianarantsoa (mit Ausflügen nach Ambositra und Ambalavao) - Tuléar (Ausflug durchs

Mahafaly-Land) - Fort Dauphin (Berenty und Besuch der Antanosa-Gräber) - Antananarivo - Tamatave und Ostküste (Betsimisaraka-Gräber) - Antananarivo.

Geschichts-Tour
Antananarivo - Ambohimanga - Fort Dauphin - Antananarivo - Ile Ste. Marie - Tamatave - Mahavelona (Festung) - Tamatave - Antananarivo.

 In der Regenzeit (von Dezember bis März) sollten Sie die Ostküste auslassen.

Wenn Sie anderen Reisenden aus dem Weg gehen und Gegenden sehen wollen, die vom Tourismus noch nicht betroffen sind, gibt es reichlich interessante Ort, die in diesem Buch erwähnt sind und in den oben aufgeführten Rundtouren nicht vorkommen - und Hunderte von anderen Orten, die in diesem Buch überhaupt nicht vorkommen. Madagaskar ist ein riesiges Land - gehen Sie auf Entdeckungsreise!

Sicherheit

Nur in der Hauptstadt Antananarivo besteht die ernstzunehmende Gefahr, daß Sie beraubt werden könnten. Donnerstag abend und Freitag (Markttag) sind besonders arg, und vor allem in der Gegend um den Bahnhof sollte man sich in acht nehmen. Tamatave ist ebenfalls riskant. Auch dort soll mindestens einmal ein gewaltsamer Raubüberfall stattgefunden haben.
Im Süden gibt es Banditen und Viehdiebe, aber ich habe noch nie gehört, daß Touristen bestohlen wurden. Leider wird der zunehmende Tourismus auch zwangsläufig eine Zunahme der Diebstähle in allen beliebten Gegenden mit sich bringen. Seien Sie also vernünftig.

Hier einige Vorschläge, wie Sie Ihre Wertsachen schützen können:

➽ Bewahren Sie Ihr **Bargeld** in einem Geldgürtel oder einem Brustbeutel auf, und verteilen Sie die Reiseschecks so, daß sie nicht alle an einer Stelle verstaut sind. Bewahren Sie einen Zettel mit den Nummern Ihrer **Reiseschecks**, Ihres Reisepasses, Ihrer Kreditkarten, Ihres Flugtickets, Ihrer Versicherung etc. in Ihrem Geldgürtel auf. Stecken Sie eine weitere Kopie in Ihr Gepäck.

▶▶ Heben Sie eine Fotokopie der ersten Seite Ihres **Reisepasses** und Ihres **Visums** auf. Achten Sie auch auf Ihre Devisenerklärung.

▶▶ Nehmen Sie ein **Zahlenschloß** mit, mit dem Sie Ihre Zimmertür im Hotel verschließen können (das gilt für billige Hotels in der Stadt).

▶▶ In besseren Hotels sollten Sie Ihre Wertsachen in einem Schließfach hinterlegen.

Seien Sie auf der Hut vor Dieben, die Ihre Handtasche aufschneiden könnten, besonders auf Märkten und in überfüllten Bussen. Diese Gauner benutzen eine Rasierklinge und sind sehr geschickt. (Ich wurde auf diese Art und Weise einmal im Bus zum Flughafen Ivato ausgeraubt; ich war mir sicher, daß meiner Handtasche keine Gefahr drohte, doch die Seite der Tasche war für den Dieb und seinen Komplizen zugänglich. Sie hatten mir in den Bus geholfen und sich dann freundlich neben mich gestellt.) Überlegen Sie sich, ob Sie sich nicht vielleicht selbst eine Tasche aus schnittfestem Material anfertigen wollen - oder tragen Sie zumindest dieses Buch unten in Ihrer Tasche (☞ *Vorwort*).

▶▶ Tragen Sie keine Goldketten oder irgendeine andere Art von Schmuck.

▶▶ Lassen Sie Ihre Kleider nicht am Strand zurück, wenn Sie schwimmen gehen (besonders in Gegenden, wo die Einheimischen an Touristen gewöhnt sind).

Wenn Sie beraubt worden sind, sollten Sie sich umgehend an die Polizei wenden. Dort werden alle Angaben genau notiert. Dann schickt man Sie zum Polizeichef zur Unterschrift. Das ganze dauert Stunden, aber Sie brauchen die Bescheinigung für Ihre Versicherung.

Frauen auf Reisen
Nach meiner Erfahrung und derjenigen anderer Frauen, die Beiträge für dieses Buch geschrieben haben (wir alle sind sehr abenteuerlich gereist), ist Madagaskar eins der sichersten und angenehmsten Länder der Welt, wenn man als Frau allein reisen möchte. Natürlich ist es in einem Land, in dem es viele Prostituierte gibt, empfehlenswert, sich dezent zu kleiden und durch das allgemeine Auftreten deutlich zu machen, daß Sie keine Kunden suchen.

Meine einzige Erfahrung, die sich deutlich von Erlebnissen in eher "heißblütigen" Ländern unterscheidet, bestand darin, daß ein kleiner Mann am Hafen von Hell-Ville an mich herantrat und - auf Englisch - fragte: "Haben Sie je einen madagassischen Mann gehabt?"

Souvenirs

Auf Madagaskar bekommt man praktisch alle denkbaren Kunsthandwerkswaren. Besonders typisch für das Land sind Holzschnitzereien, Gegenstände aus Raffia (in erstaunlicher Vielfalt), gehäkelte und bestickte Tischtücher und Kleider, Halbedelsteine, mit Schnitzarbeit verzierte Zebu-Hörner, Antaimoro-Papier (mit eingearbeiteten, getrockneten Blumen), präparierte Schmetterlinge, Muscheln usw. Die Auswahl ist praktisch unbegrenzt.

▶▶ Die **Gewichtsgrenze** für Ihr Gepäck auf dem Rückflug liegt bei **20 kg** (30 kg, wenn Sie non-stop nach Paris fliegen, was als "Inlandsflug" gilt!) Denken Sie daran, wenn Sie einkaufen gehen.

Andere einheimische Produkte, die sich gut als Geschenke eignen, sind **Vanilleschoten** (allerdings dürfen Sie, streng genommen, nur 100 g mitnehmen), **Pfefferkörner**, **Safran** und andere Gewürze, außerdem Honig.

Kaufen Sie **keine** Produkte, die von gefährdeten Tierarten stammen. Dazu gehören **Schildkrötenpanzer**, **Krokodilleder** und, natürlich, lebende oder ausgestopfte Lemuren und andere Tiere. Ebenfalls verboten ist die Ausfuhr von **endemischen Pflanzen** und Gegenständen, die zum Bestattungskult gehören.

Um den Verkauf von Produkten bedrohter Tierarten ein für alle Mal zu stoppen, sollten Touristen ihre Gefühle - und die gesetzlichen Bestimmungen - deutlich äußern. Wenn Ihnen z.B. ein Schildkrötenpanzer angeboten wird, sollten Sie dem Verkäufer sagen, daß dies *prohibé* (verboten) ist, und damit er Sie wirklich begreift, könnten Sie hinzufügen, daß es *fady* für Sie ist, so etwas zu kaufen.

Genehmigungen

Für manche Gegenstände brauchen Sie, theoretisch, eine Ausfuhrgenehmigung, aber bei Touristen findet diese Regelung nur selten Anwendung. Wenn man sich die offizielle Liste ansieht, die lauter Gegenstände enthält, die Touristen sehr wahrscheinlich kaufen werden, scheint es unmöglich, dies durchzusetzen.

Erkundigen Sie sich, wenn möglich, bei einem Reiseveranstalter vor Ort und verlassen Sie sich auf Ihren gesunden Menschenverstand: Falls Sie einen Schrank aus Rosenholz oder einen ausgestopften *Aepyornis* mit nach Hause nehmen wollen, sollten Sie sich um den Papierkram kümmern. Wenn es sich hingegen um eine geschnitzte Buchstütze handelt, würde ich mir nicht die Mühe machen.

Ausfuhrgenehmigungen für Gegenstände des Kunsthandwerks erhalten Sie beim **Ministère de l'Art et de la Culture Révolutionnaire**, Galerie 6, Avenue de l'Indépendance, Analakely. Sie werden Ihre Einkäufe auflisten und Quittungen vorlegen müssen. Geben Sie die Liste früh am Morgen ab, und holen Sie sich die Genehmigungen am Nachmittag. Bei Tierprodukten, wie z.B. präparierten Schmetterlingen, oder bei großen hölzernen Gegenständen wenden Sie sich an Zimmer 42 im 4. Stock des **Département des Eaux et Forêts** in Nanisana.

Unterkunft

Madagassische **Hotels** sind nach einem nationalen Sternesystem klassifiziert (5-Sterne = gehobene Kategorie).
Nach meiner Erfahrung wird damit eher etwas über den Preis als über die Qualität gesagt. In diesem Buch habe ich drei Kategorien verwendet: **A, B** und **C**. Oft sind die weniger prunkvollen Hotels der Klasse B die besseren Unterkünfte. Strandbungalows gibt es in allen drei Kategorien; häufig sind sie preiswerter als die Hotels. In 4- und 5-Sterne-Hotels muß in Devisen bezahlt werden.

Kategorie A
Internationaler Standard in Antananarivo, Tamatave, Tuléar, Fort Dauphin und Nosy Be, aber in der Regel groß und unpersönlich. Häufig zu teuer und sehr heruntergekommen in anderen, weniger frequentierten Städten. Preise von DM 42 bis DM 220 für ein Doppelzimmer.

Kategorie B
Diese Hotels können genauso sauber und bequem sein wie die Hotels der Kategorie A. Häufig weisen sie die zusätzliche Attraktion (wenn Sie die richtige Einstellung haben) eines gewissen Tierlebens in den Zimmern auf. Besonders Geckos scheint es in den Hotelbadezimmern dieser

Kategorie ausnehmend gut zu gefallen, vielleicht weil es dort so viele Insekten gibt. Die meisten Hotels haben ein Waschbecken und ein Bidet im Zimmer und komfortable Betten, allerdings harte Unterlagen im französischen Stil anstelle von Kopfkissen. Häufig werden sie von einer Familie geführt und haben eine sehr freundliche Atmosphäre. Der durchschnittliche Preis liegt bei DM 23.

Kategorie C
Schauderhaft schrecklich das eine Mal, aber recht nett bei anderer Gelegenheit; nichts für zimperliche Leute. Es kann Ratten, Schaben und ähnliche Geschöpfe Gottes geben, die mit Ihnen das Zimmer teilen.

Die Kopfkissen sind mit Sisal gefüllt, und die Doppelbetten sind mitunter erstaunlich unbequem mit klumpigen Matratzen, die wie eine Hängematte durchhängen. Ob man will oder nicht, findet man sich mit seinem Partner kuschlig aneinandergeschmiegt in der Mitte des Bettes wieder. Teilweise haben sie nur dünne Auflagen, die jedoch über Leisten liegen.

Manche Hotels dieser Kategorie haben ein Waschbecken im Zimmer, und gelegentlich sind die Zimmer sauber und ihr Geld wirklich wert. Das C ist dann lediglich auf den Preis zurückzuführen. In einem abgelegenen Ort werden Sie für nur DM 3 ein einfaches Zimmer bekommen, oft liegen die Preise aber bei DM 9 oder DM 11.

 In den meisten Hotels der Klassen **B** und **C** können Sie Ihre Wäsche für einen sehr vernünftigen Preis waschen lassen.

Sally Crook weist auf folgendes hin: *Toilette* bedeutet Dusche oder Badezimmer, zumindest im Norden von Madagaskar. Um also Mißverständnisse zu vermeiden, sollten Sie nach dem W.C. fragen ("Duhble Weh Seh"). Ich konnte das bewußte Örtchen einmal erst entdecken, als ich meiner Nase nachging, nachdem ich wiederholt nach dem falschen Ort gefragt hatte."

▶▶ Das madagassische Wort *hotely* bezeichnet in der Regel ein Restaurant oder eine Snackbar, nicht unbedingt eine Unterkunft.

 Auf Madagaskar gibt es keine ausgebauten **Campingplätze**. Früher war es möglich, wild zu zelten, aber leider wurden in einigen Urlaubsorten Zelte ausgeraubt. In entlegenen Orten ist das Zelten jedoch völlig ungefährlich.

Verhalten

Reisende, die vorhaben, die ausgetretenen Touristenpfade zu verlassen, werden größtmögliche Anstrengungen unternehmen wollen, um die Einheimischen nicht zu kränken oder zu verschrecken. Die Landbevölkerung ist meist ausgesprochen warmherzig und gastfreundlich. Leider ist es wegen der vielen *fady*-Verbote, die von Gegend zu Gegend und Dorf zu Dorf stark variieren, nicht immer möglich zu wissen, wie man sich verhalten soll. Dann ist alles, was Sie tun können, die Dorfbewohner zu beobachten und sich so zu verhalten, wie sie es tun, und, wenn möglich, einen einheimischen Führer zu nehmen.

Vazahas (weiße Ausländer) und andere Außenseiter sind von den Konsequenzen ausgenommen, die es nach sich ziehen kann, ein örtliches *fady* zu verletzen, aber sie können doch unbeabsichtigt dazu beitragen, daß die Gemeinschaft teure Opfer bringen muß, um die beleidigten *razana* wieder zu besänftigen.

Fragen Sie bei der Ankunft im Dorf nach dem *Ray aman'dreny* (Mutter und Vater) des Dorfes. Dies wird der Dorfälteste oder eine Gruppe von Ältesten sein. Eine andere Person, der Sie sich vorstellen sollten, ist der *Président du Fokontany* oder Vorsitzende des Volks-Komitees. Er wird Ihnen zeigen, wo Sie schlafen können (manchmal wird eine Hütte für Gäste frei gehalten, oft muß jemand Platz für Sie machen). In der Regel werden Sie mit Essen versorgt, und als besonderer Ehrengast bekommen Sie vielleicht sogar Fleisch. (In den Dörfern bestehen die Alltagsmahlzeiten aus Reis und *brèdes*.) Der Vorschlag, für Ihre Unterkunft und das Essen zu bezahlen, würde als Beleidigung aufgefaßt werden, aber ein kleines Geschenk wäre durchaus angemessen.

Das Obengenannte gilt für sehr entlegene Gegenden, die mit einem Fahrzeug nicht zu erreichen sind. (Die Bewohner sind infolgedessen nicht an Ausländer gewöhnt.) In anderen Gemeinschaften sollten Sie sich immer noch an den *Président du Fokontany* wenden, aber es kann sein, daß man von Ihnen erwartet, für Ihre Übernachtung zu bezahlen. Sie sollten dann in jedem Fall anbieten, das zu tun.

Verantwortungsbewußt reisen

Erst in jüngerer Zeit wird mehr und mehr über die Ethik oder Moral des Reisens und das in diesem Sinne richtige Verhalten von Reisenden diskutiert. Tourismus in "unterentwickelten" Ländern hat sicherlich einen schwerwiegenden Einfluß auf die Einwohner, bringt manch Gutes und viel Schlechtes. Madagaskar scheint mir ein besonderer Fall zu sein.

Mehr als jedes andere Land, das ich besucht habe, erweckt Madagaskar in mir eine besondere Zuneigung und ein Bewußtsein seiner Zerbrechlichkeit, sowohl hinsichtlich der Menschen, die hier leben, als auch hinsichtlich der Tiere.

Die wildlebenden Tiere profitieren offensichtlich von der Aufmerksamkeit, die ihnen in jüngerer Zeit zuteil wird, und in dieser Hinsicht kann ich einen verantwortungsbewußten Tourismus (oder Ökotourismus, wie der WWF dieses Phänomen gern nennt) als Wohltat empfinden. Für die Menschen ist dies jedoch nicht immer von Vorteil. Einige fähige Madagassen haben Arbeit in der Tourismusindustrie gefunden, aber viele verlieren durch den Tourismus mehr und mehr ihre kulturelle Identität, ihre Würde und Integrität.

Es ist nicht leicht, sich kulturelle Sensibilität anzueignen, und es ist schwierig für Besucher aus Industrieländern, die sich nur allzusehr ihres Reichtums bewußt sind, verglichen mit der extremen Armut, die sie in ihrer Umgebung bemerken. Ihre Reaktion ist zu geben - Kinder sind in der Regel die Empfänger, weil sie niedlich sind, nicht weil sie bedürftig sind, und der Geber ist sich nicht im klaren darüber, daß der Bettler, den er gerade geschaffen hat, dem nächsten *vahaza*, der vorbeikommt, sehr viel weniger sympathisch erscheinen wird.

So verbreitert sich der kulturelle Graben. Man muß nicht sehr weit denken, um herauszufinden, daß man Kindern keine Geschenke in Form von Kugelschreibern, Geld oder Süßigkeiten machen sollte - all die vielen Kleinigkeiten, die Touristen in solchem Übermaß besitzen.

Verkehrsmittel

Es gibt drei verschiedene Möglichkeiten, durch Madagaskar zu reisen: mit der Bahn, auf der Straße oder im Flugzeug. Egal, welche Art des Reisens Sie bevorzugen, Sie sollten in jedem Fall die Bedeutung von *en panne* kennen, was soviel wie "Probleme mit dem Motor/Panne bedeutet".

 Auf Madagaskar gibt es nur vier **Bahnlinien**, von denen die beliebteste (bei Touristen) die Route von Antananarivo nach Tamatave ist (Dauer 12-16 Std.).

Der Fahrpreis in der ersten Klasse entspricht ca. DM 0,03 pro Meile - fantastisch günstig! In der zweiten Klasse kann es sehr voll werden, aber man sollte auch das ruhig einmal ausprobieren. Es ist eine Erfahrung,

Luftballons

Vor acht Jahren, als der Tourismus auf Madagaskar noch in den Kinderschuhen steckte, begleitete ich ein amerikanisches Ehepaar von Fort Dauphin nach Berenty. Als wir an einer der armseligen Ansammlungen von Hütten vorbeikamen, die ein Antanosy-Dorf bildeten, sahen wir, daß etwas Wichtiges vor sich ging: Trommeln waren zu hören, und es wurde getanzt.

Auf unsere Bitte stieg der Fahrer aus, um zu fragen, was sich da ereignete. Wir erfuhren, daß eine Frau aus dem Dorf von einem bösen Geist besessen war und daß der Tanz das erste Stadium eines dreitägigen Exorzismus bildete, der schließlich im Opfer einer Ziege seinen Höhepunkt finden würde. Wir vereinbarten mit unserem Fahrer, Berenty rechtzeitig wieder zu verlassen, so daß wir das Ende der Zeremonie miterleben konnten.

Zwei Tage später war aus dem Tanzen ein Schlurfen geworden, aber auch dieses Schlurfen war noch immer bemerkenswert energisch. Wir baten um Erlaubnis, bleiben zu dürfen, was man uns großzügig gestattete - wir durften sogar fotografieren. Man betrachtete uns mit leichter Neugier, aber die Beobachter der Zeremonie waren so beschäftigt mit den Ereignissen, die sich vor den Häusern abspielten, daß sie uns nicht viel Aufmerksamkeit schenkten.

Nach einer Stunde wurden die Touristen unruhig. Es war sehr heiß, und eine Zeitlang war nichts Bemerkenswertes passiert, keine Opferung, kein Entschwinden des bösen Geistes, nur das monotone Schlurfen der Tanzenden war zu vernehmen.

Plötzlich hörte ich das Schreien aufgeregter Kinder. Die Amerikanerin hatte Luftballons herausgeholt und war jetzt damit beschäftigt, die Ballons aufzublasen und an die Kinder zu verteilen. "Kinder mögen solche Sachen immer," amüsierte sie sich. Sie mochten sie tatsächlich. Bald waren wir von zunächst bittenden, dann erbosten Gruppen von Müttern umgeben und von schreienden Kindern, die entweder keinen Ballon abbekommen hatten oder deren empfindliches neues Spielzeug bereits zerplatzt war. Die Zeremonie wurde immer noch fortgesetzt, aber die meisten Zuschauer hatten ihre Aufmerksamkeit jetzt uns zugewandt.

Die Stimmung war zerstört, ein privater und feierlicher Anlaß war zu einem öffentlichen, allgemeinen Gezänk geworden, den wir durch unsere Luftballons verursacht hatten.

Bedo

Jeder, der sich für die madagassische Natur interessierte und in den 80er Jahren Périnet besuchte, kannte Bedo. Er war 12 Jahre alt, als ich ihm zum ersten Mal begegnete, der Sohn eines Parkaufsehers, der in der Gegend um Périnet lebte. Ein zu klein gebliebenes, spindeldürres Kind, das um Jahre jünger aussah, als es seinem tatsächlichen Alter entsprach, das sich aber sehr für die Tiere seines Waldes begeisterte.

Statt sie der einen oder anderen Form experimenteller Folter zu unterwerfen, wie andere Jungen es getan hätten, beobachtete Bedo und lernte - ein madagassischer Gerald Durrell, der ein Uroplatus-Chamäleon entdecken konnte, das sich fast unsichtbar gegen die Borke eines Baumes preßte, der wußte, wo die Indri rufen würden und sie ohne Zögern fand und der die Vögel lediglich an ihrem Lied erkannte.

In jenen Jahren waren die meisten Besucher Périnets Naturschützer, Fotografen oder Filmemacher. Sie begannen, Bedo die wissenschaftlichen Namen der Tiere beizubringen, und nach Wochen des Filmens und Studierens gaben sie ihm natürlich ein Trinkgeld. Bedos außergewöhnliche Intelligenz und Auffassungsgabe machten ihn zu einem schnellen Lerner, und im Laufe der Jahre erweiterte er nicht nur sein Wissen um die madagassische Naturgeschichte, sondern er lernte auch genug Französisch, Englisch und Deutsch, um der gefragteste Führer Madagaskars zu werden.

Die Trinkgelder wurden größer, und Bedo entschloß sich dazu, Rechnungen für seine Führungen auszustellen, um sicher zu gehen, daß das so blieb.

Als er 19 Jahre alt war, war Bedo, für madagassische Verhältnisse, ein reicher junger Mann. Trotzdem lebte er immer noch in einem kleinen Dorf, wo er sein Geld lediglich für Alkohol ausgeben konnte. Naturschützer, die ihn seit Jahren kannten, beklagten sich, er würde unzuverlässig. Zudem wurde dieses große Kind immer unbeliebter bei seinen Altersgenossen, da er, bedingt durch seine neue Lebensweise, sie kaum beachtete.

Im Juli 1989 geriet er in einen Kampf mit zwei anderen Jugendlichen. Manche sagen, er gewann und ging an den Fluß hinunter, um sich zu waschen, andere sagen, er wurde zum Fluß hinunter gejagt. Die beiden Jugendlichen warfen vom Flußufer einen Stein auf Bedo, der ihn am Kopf traf. Er fiel in den Fluß und ertrank.

mit Dutzenden von freundlichen Madagassen in einen Wagen geklemmt zu sein. Die Fenster in der ersten Klasse sind höher eingesetzt als in den meisten Zügen. Kleine Reisende sollten daher etwas zum Unterlegen mitnehmen, damit auch sie die Aussicht genießen können.

Die anderen Bahnstrecken sind die von **Moramanga** nach **Ambatondrazaka**, von **Antananarivo** nach **Antsirabe** und von **Fianarantsoa** nach **Manakara**.

Ein ganz besonderer Luxus, der nur für Gruppen zur Verfügung steht, ist die *Micheline*, ein hübscher weißer Zug, der 19 Passagiere befördern kann und auf Gummirädern dahinrollt. Die sanfte Fahrt paßt zur luxuriösen Innenausstattung, die auch eine Bar umfaßt.

Wenn Sie die *Micheline* buchen wollen, wenden Sie sich schriftlich und 20 Tage im voraus an Monsieur le Directeur Général de **Réseau National des Chemins de Fer Malgaches**, BP 259, 101 Antananarivo, ☏ 205 21. Ihr Antrag sollte das genaue Datum der Abfahrt und die Abfahrtszeit enthalten, den Ort der Abfahrt, das Ziel und die Zeit der Rückkunft. Die Mindestmietdauer beträgt 5 Tage. Fahrpreise (nur Devisen - Feb 1990): FF 8,28 pro Kilometer (DM 2,30) einfache Fahrt und FF 14,54 (DM 4) hin und zurück. Service an Bord nach Wunsch.

 Öffentliche Verkehrsmittel auf Madagaskar können alles sein, was Räder hat, sogar Zebu-Karren und Rikschas.

Taxi-Brousse, **Car-Brousse** und **Taxi-Be** sind allesamt Varianten des "Busch-Taxis", die zwischen den größeren Städten verkehren. Ich glaube kaum, daß es irgendein Land auf der Welt gibt, wo die öffentlichen Verkehrsmittel noch stärker überfüllt sind.

Wenn Sie meinen, daß Sie ein mit allen Wassern gewaschener Globetrotter sind, den nichts mehr erschüttern kann, sollten Sie einmal nach Madagaskar fahren! Taxi-Brousse sind in der Regel Minibusse oder Renault-Busse mit zwei einander gegenüberliegenden Sitzbänken. Man hat also keinen guten Blick aus dem Fenster. (Ein *baché* ist ein kleiner Bus mit einer Plane als Dach.) Bequemer sind die Peugeots 404 oder 504, bekannt als Taxi-Be. Sie sollen eigentlich 9 Personen befördern, sind aber häufig mit 14 Reisenden vollgestopft.

Ein Car-Brousse ist eine beliebige Art von Fahrzeug. Hauptsache es ist stabil genug, um auf den schlechten Straßen durchzukommen. Da es derb gebaut ist, ist es in der Regel gleichzeitig extrem unbequem. Madagaskar hat Probleme mit dem öffentlichen Verkehrsnetz, weil es nur wenige Devisen gibt, mit denen man die notwendigen Ersatzteile sowie die Instandsetzungsarbeiten bezahlen könnte. Und die schlechten Straßen ruinieren ohnehin bald wieder alles.

Verkehrsmittel fahren von einem *gare routière* auf der Seite der Stadt ab, die ihrem Zielort am nächsten liegt. Sie sollten versuchen, schon ein oder zwei Tage vor der geplanten Abfahrt dorthinzugelangen und eine Fahrkarte im voraus zu kaufen (es gibt immer irgendeine Art von Kiosk, an dem man Karten bekommt). Es empfiehlt sich ebenfalls, am Tag der Abfahrt rechtzeitig dort zu sein, weil die Sitzplätze nach dem Prinzip "wer zuerst kommt, malt zuerst" vergeben werden. Richten Sie sich darauf ein, daß die Fahrt erst Stunden nach der festgelegten Abfahrtszeit beginnt. Bei kurzen Strecken fahren die Verkehrsmittel einfach ab, sobald sie voll sind.

Ein Fahrpreis pro Kilometer ist nicht festgelegt. Die Preise richten sich nach dem Zustand der Strecke und der Dauer, die für die Fahrt veranschlagt wird. Ein Beispiel für **Taxi-Be** (Bus), die Fahrpreise stammen vom Februar 1990: von Tana nach Tuléar - FMG 22.000 (rund DM 24), von Tana nach Fort Dauphin - FMG 32.000, von Tana nach Majunga - FMG 13.000.

Die Fahrer halten in der Regel an, um zu essen und zu schlafen, aber es kann auch einmal sein, daß sie die ganze Nacht durchfahren. Bei Fahrtunterbrechungen während der Nacht bleiben die meisten Passagiere im Fahrzeug, oder sie schlafen am Straßenrand. Oft gibt es aber auch eine Art von Hotel in der Nähe, wo Sie übernachten können.

Es gibt einiges, was der begeisterte Überlandreisende tun kann, um die Reise im Taxi-Brousse erträglicher zu machen (☞ *Ausrüstung*). Außer einer Grundausrüstung fürs Camping sollten Sie ein gutes Buch, Spielkarten, Scrabble etc. mitnehmen, zudem Knabberkram und Getränke, um die Zeit während der unvermeidlichen Pannen und Verspätungen sinnvoll zu vertreiben.

Wenn Sie sich von vornherein auf die unvermeidlichen Pausen einstellen, kann eine Reise über Land sehr angenehm sein (ein Reisender erzählte mir, daß die Fahrt nach Fort Dauphin eine seiner besten Erinnerungen an Madagaskar sei), und Sie erhalten so eine einmalige Chance, die Madagassen kennenzulernen. Lesen Sie jedoch auf jeden Fall die Reisebeschreibungen von Robert Stewart und Tim Cross (☞ *Das Hochland*), bevor Sie sich auf diese Art von Fortbewegung einlassen.

Leihwagen

Da die öffentlichen Verkehrsverbindungen so unzuverlässig sind, gehen mehr und mehr Besucher dazu über, einen Leihwagen zu mieten. Sie müßten ein fähiger Mechaniker sein, um auf Madagaskar einen Wagen zu mieten und selbst zu fahren, doch die meisten Agenturen stellen auch einen Fahrer zur Verfügung. Versuchen Sie es bei **Madagascar Airtours**, **Aventour** und **Société Auto Express**, Route Circulaire Ampahibe, ☎ 210 60.

Eine empfehlenswerte Gesellschaft ist **Rahariseta**, B.P. 3779, Antananarivo (am Behoririka-See); ☎ 257 70, Telex 225 17 MG, Fax 261 2 224 47. Ihre Preise lagen im Februar 1990 pro Tag und Kilometer bei FMG 10.000/280 für einen R4 bzw. bei FMG 27.000/680 für einen Toyota 4x4 (7 Sitzplätze) oder einem Merc. Minibus (12 Sitzplätze). Der Steuersatz beträgt 15%. Ein Fahrer kostet FMG 2.500 am Tag und die Versicherung FMG 3.500, ebenfalls pro Tag.

Mountain-Bike

Letztes Jahr traf ich ein holländisches Pärchen, die ihre Mountain-Bikes mit nach Madagaskar gebracht hatten. Sie hatten keine Schwierigkeiten beim Transport mit dem Flugzeug und genossen den Urlaub sehr. (Sie radelten von Tana nach Tamatave und flogen dann nach Ste. Marie.) Dies scheint eine ideale Fortbewegungsmöglichkeit angesichts der madagassischen Straßenverhältnisse zu sein - und wie könnte man die Menschen besser kennenlernen?

Verkehrsmittel in den Städten

In allen Städten gibt es Taxis. Die Fahrpreise sind angemessen - meist ist für das Stadtzentrum ein bestimmter Preis festgelegt. Die Fahrer nehmen auch weitere Fahrgäste mit. Taxameter gibt es nicht; Sie sollten auf jeden Fall den Preis aushandeln, bevor Sie einsteigen. Auf Madagaskar ist es nicht üblich, daß Taxifahrer Touristen übers Ohr hauen wollen, daher wird auch nur selten um den Preis gefeilscht. In manchen größeren Städten sind gute neue Busse vorhanden.

Rikschas, auch bekannt als **Pousse-Pousse** (soviel wie "schiebschieb", was noch aus der Zeit stammen soll, als es sie auch in der Hauptstadt gab und man einen Mann brauchte, der an den steilen Hängen von hinten schob), sind eine madagassische Besonderheit und dienen in Antsirabe, Majunga und Tamatave als Transportmittel. Gelegentlich kann man sie auch in Antananarivo sehen, aber dort werden sie meist zum Transport von Waren verwendet.

Viele westliche Besucher schrecken davor zurück, bequem in den Polstern zu sitzen, während sich vor ihnen ein rennender, zerlumpter, barfüßiger Man abquält, um das Gefährt vorwärts zu bringen, und niemand kann wohl umhin, die Pousse-Pousse-Fahrer zu bemitleiden. Doch dies ist ein weiterer Fall, wo wir unsere eigenen, kulturell bedingten Vorstellungen überwinden müssen. Diese Männer wollen arbeiten. Die meisten Rikschas gehören Indern, denen die "Fahrer" eine tägliche Gebühr zahlen müssen. Wenn Sie keine Fahrgäste haben, sind ihre Taschen leer - und selten genug ist überhaupt etwas darin.

Ich beruhige mein Gewissen, indem ich eine Pousse-Pousse nehme, wann immer das möglich ist. Den Fahrer handle ich auf die normalen FMG 500 (DM 0,55) herunter und gebe ihm dann am Ende ein gutes - und unerwartetes - Trinkgeld. Aber handeln Sie hartnäckig, bevor Sie einsteigen. Pousse-Pousse-Fahrer sind in letzter Zeit sehr geschickt geworden in ihren Verhandlungen mit Touristen.

 Air Madagascar hieß 1962, nach Gründung der Gesellschaft, zunächst Madair (auch lesbar als "die verrückte Airline"), aber dieser Name wurde schon bald abgeändert. Heute fliegt Air Madagascar 59 Orte an und ist damit das beste Verkehrsmittel - für manche Leute das einzige - um das Land zu sehen. Ausländer müssen ihren Fahrpreis in Devisen bezahlen. Hier sind einige Preisbeispiele ab Antananarivo: Tamatave FF 350 (DM 98), Nosy Be FF 885 (DM 247), Diego Suarez FF 995 (DM 278); weitere Preise finden Sie in den jeweiligen Einzelkapiteln.

 Der Air Tourist Pass, mit dem man einen Monat lang unbegrenzt im Land fliegen konnte, wurde 1990 eingestellt.

Durch den zunehmenden Tourismus auf Madagaskar sind in letzter Zeit mehr Passagiere ins Land gekommen, als Air Mad bedienen kann, besonders im Juli und August. Erst kürzlich erhielt ich einen traurigen Brief von jemandem, der den größten Teil seines zweiwöchigen Aufenthalts auf dem Flughafen von Antananarivo verbrachte, bei dem Versuch, einen Flug zu bekommen - irgendeinen Flug, egal wohin. Wenn Sie buchen, sobald Sie angekommen sind, vermeiden Sie das Gedränge am besten, indem Sie gleich um 8.00 Uhr morgens, direkt nach der Eröffnung, ein Air Mad Büro aufsuchen. Häufig sind bei Flügen, die nach Auskunft in Tana voll ausgebucht sein müßten, doch noch einige Plätze frei, wenn Sie sich noch einmal direkt an den Abflughafen wenden. Auf jeden Fall sollten Sie Ihren nächsten Flug bestätigen lassen, sobald Sie in einem Zielort ankommen (im Air Mad Büro in der Stadt). Sehr oft kann man auch noch in ausgebuchten Flügen einen Platz finden, wenn man Standby fliegt.

➡ Auf Inlandsflügen gibt es keine numerierten Sitzplätze und keine Erfrischungen.

➡ Es ist hilfreich, wenn man weiß, daß *Enregistrement Bagages* der Schalter zum Einchecken ist und *Livraison Bagages* die Gepäckausgabe.

➡ Die Fahrpläne werden jedes Jahr gegen Ende März überarbeitet, können aber auch jederzeit und ohne Vorwarnung abgeändert werden.

Air Madagascar verfügt über folgende Flugzeugtypen: Boeing 747 (Jumbo) auf der Route von Paris nach Tana, Boeing 737 (mit der die größeren Städte und Nosy Be angeflogen werden), die kleinere Hawker Siddeley 748 und die ganz kleinen Twin Otter und Piper, die die kleineren Städte anfliegen.

Bei einem Mangel an Flugzeugen und Piloten haben die Flüge häufig Verspätung oder werden sogar ganz abgesagt, aber Air Mad ist im großen und ganzen sicher und vertrauenswürdig.

Private Charterflüge
Für eine kleine Gruppe von Reisenden ist dies eine brauchbare Alternative und nicht so teuer, wie Sie vielleicht denken. **TAM** (Travaux Aériens de Madagascar) haben folgende Flugzeuge und Preise: Cessna 402 8 (große Kabine) 6 Sitzplätze; Preis pro Tag DM 248 plus DM 330 pro Flugstunde, Piper PA 23 250 (5-Sitzer) zu einem ähnlichen Preis und die dreisitzige Piper PA 28 180 für ca. DM 54 am Tag und DM 120 pro Flugstunde. Außerdem werden noch DM 30 für verschiedene Ausgaben aufgeschlagen, und die Kosten für die Übernachtung und Verpflegung des Piloten sind ebenfalls zu zahlen. Die Vorteile sind offensichtlich - Sie können dorthin gelangen, wohin Sie möchten, und das auch noch, wann immer Sie wollen.

✉ **TAM**, Avenue de l'Indépendance 31, Antananarivo, ☏ 222 22. Es gibt auch ein Büro im Hilton Hotel, ☏ 296 91.

Das Hochland

Das Königreich **Imerina** wurde im Hochland gegründet. Die überlieferte Geschichte der Imerina (auch **Hova** genannt) - charakteristisch sind ihr indonesisches Aussehen und ihre Exhumierungsriten (*famadihana*) - beginnt im 14. Jh. mit einem Häuptling namens **Andriandraviravina**. Er gilt allgemein als Begründer der Dynastie, die die mächtigste auf Madagaskar wurde und schließlich über einen Großteil des Landes herrschte.

Zu den wichtigen Königen der Merina gehört **Andrianjaka**, der die Vazimba-Stadt Analamanga eroberte. Sie lag auf einem großen Felsen, der sich weit über den Ebenen erhob. Andrianjaka gab der Stadt den neuen Namen **Antananarivo** und verfügte, daß man seinen Palast am höchsten Punkt der Stadt erbauen solle. Die Marschwiesen in der Umgebung stellten ideale Reisanbauflächen dar, und wegen der Sicherheit, die die hohe Lage mit sich brachte, war dies der ideale Ort für die Hauptstadt der Merina.

Im 18. Jh. gab es zwei Zentren des Merina-Reiches, **Antananarivo** und **Ambohimanga**. Die letztgenannte Stadt wurde immer wichtiger, und um 1787 wurde Ramboasalama zum König von Ambohimanga ausgerufen und nahm den Namen **Andrianampoinimerina** an. Dieser Name bedeutet soviel wie "Prinz in den Herzen der Imerina" und ist mehr als eine eitle Übertreibung: Dieser König war das madagassische Gegenstück zu dem großen peruanischen Inka Tupac Yupanqui. Er verstand es, sein Reich sowohl durch geschickte Organisation wie durch Gewaltanwendung auszudehnen und das, ohne über eine Schriftsprache zu verfügen. (Die Geschichte scheint zu belegen, daß Befehle in dreifacher Ausfertigung nicht entscheidend für effektives Handeln sind.)

Als Andrianampoinimerina 1810 starb, befand sich das zentrale Hochland sicher in der Hand der Merina und wurde geschickt verwaltet durch eine Mischung von alten und neuen Bräuchen. Jedes neu eroberte Territorium wurde von örtlichen Prinzen regiert, die dem König treu untergeben waren, und ein System von *fokonolona* (Dorfgemeinschaften) wurde eingerichtet. Auf dieser soliden Basis war es dem neuen König, Radama I., möglich, fast den gesamten Rest der Insel zu erobern.

Die Merina sind immer noch das einflußreichste Volk der Madagassen (obwohl Präsident Ratsiraka ein Betsimisaraka ist) und dominieren in der Hauptstadt. Weiter im Süden leben im Hochland die **Betsileo**, die stark von den Merina beeinflußt wurden und ebenfalls *famadihana* praktizieren. Seit der Mitte des 19. Jh. wurden die Häuser der Merina aus Ziegeln oder rotem Lehm gebaut, häufig mit Dächern, die auf schlanken Säulen ruhen. Diese Häuser sind sowohl für Antananarivo als auch für die Umgebung der Stadt charakteristisch. Und natürlich sind diese Konstruktionen nicht so robust wie die Betongräber, die man am Rand der Stadt finden kann: Die Toten sind wichtiger als die Lebenden.

Die Landschaft der *Hauts Plateaux* kann sehr beeindruckend sein. Die Route Nationale (Nationalstraße) Nr. 7, die nach Tuléar führt, verläuft durch eine grasbewachsene Hügellandschaft an eindrucksvollen Granitkuppeln vorbei, und das Mosaik der Reisfelder macht die Reise über Land farbenprächtig und abwechslungsreich. Die Muster der Felder erkennt man am besten aus der Luft, von wo aus auch die alten Verteidigungsgräben, *tamboho*, kreisförmig um Dörfer oder Landsitze angelegt, zu sehen sind. Ich werde nie müde hinunterzublicken, während das Flugzeug spiralförmig nach unten gleitet, bevor es auf dem Flughafen Ivato landet. Der Anblick aus der Luft ist so exotisch und andersartig wie Madagaskar insgesamt.

Antananarivo

Geschichte
Die Stadt, die Andrianjaka gründete, wurde Antananarivo genannt, **Stadt der Tausend**, wohl weil sie von eintausend Kämpfern beschützt wurde. Am Ende des 18. Jh. hatte Andrianampoinimerina seinen rebellischen Verwandten aus Antananarivo vertrieben und verlegte seinen Königssitz von Ambohimanga dorthin. Von jenem Zeitpunkt an bis zur Eroberung durch die Franzosen im Jahre 1895 konzentrierte sich Madagaskars Geschichte auf den Königspalast oder *Rova*, dessen schlichten Häuser, die für Andrianjaka und Andrianampoinimerina gebaut wurden, später durch den großartigen Palast, den Königin Ranavalona sich von **Jean Laborde** und **James Cameron** entwerfen ließ, ersetzt wurden. Die Felsklippen in der Nähe des Palastes wurden bekannt als **Ampamarinana**, der Ort, an dem auf Befehl der Königin christliche Märtyrer hingerichtet wurden.

Für die Franzosen gab es keinen Grund, die Hauptstadt an einen anderen Ort zu verlegen. Das angenehme Klima machte Antananarivo zu einem angenehmen Aufenthalt, und viel französisches Geld und französischer Planungsaufwand wurden in die Stadt investiert, so wie wir sie heute vor Augen haben.

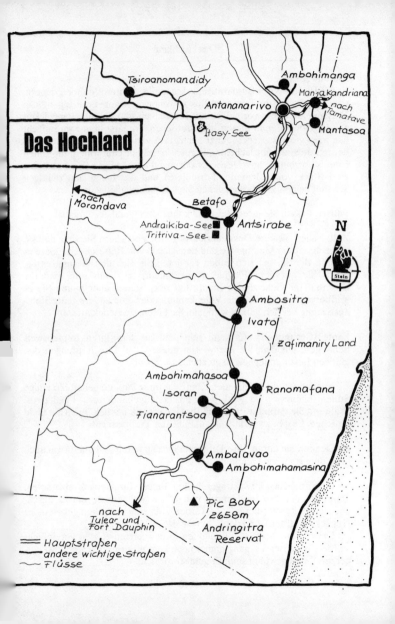

An- und Abreise
In der Blütezeit des Bürokratismus konnte es mehrere Stunden dauern, vom Flugzeug zum Taxi oder Bus zu gelangen - wobei der eigentliche Vorgang allerdings vorbildlich mit Höflichkeit und Geduld abgewickelt wurde. Obwohl man diesen bürokratischen Vorgang heute vereinfacht hat, irren viele Besucher immer noch etwas verwirrt im Ankunftsbereich herum, doch es gibt lächelnde Frauen in grünen Uniformen, die Ihnen Einreiseformulare und Devisenerklärungen aushändigen (Sie benötigen zwei Stück von jedem der Formulare) und die Ihnen den richtigen Schalter zeigen. Am besten gehen Sie folgendermaßen vor:

Polizei: Lassen Sie Ihren Reisepaß kontrollieren und abstempeln.

Zoll: Füllen Sie Ihre Devisenerklärung aus. Versichern Sie sich, daß sie wirklich mit der Geldmenge und der Anzahl von Reiseschecks übereinstimmt, die Sie bei sich haben (notieren Sie sich den Gesamtbetrag, bevor Sie auf dem Flughafen ankommen); es kann sein, daß die Beamten Ihr Geld zählen (heute nur noch selten, aber halten Sie es griffbereit). Wenn Sie eine Videokamera oder eine andere teure Fotoausrüstung bei sich haben, wird man Sie bitten, sie zu deklarieren.

Santé (Gesundheit): Es kann sein, daß Sie hier Ihren Impfausweis benötigen, mit dem Sie nachweisen müssen, daß Ihre Impfungen den gültigen Bestimmungen entsprechen.

Nach einer abschließenden Kontrolle Ihrer Papiere gehen Sie einige Stufen hinunter und sind jetzt im Hauptgebäude des Flughafens. Während Sie darauf warten, daß Ihr Gepäck ankommt, können Sie Geld tauschen. Es gibt zwei Banken am Fuße der Treppe rechts.

▶▶ Denken Sie daran, Ihre Devisenerklärung bereit zu halten (wie auch bei jedem späteren Geldumtausch).

Uniformierte Gepäckträger helfen Ihnen, Ihr Gepäck abzuholen. Dann nehmen Sie Ihr Gepäck mit in den Zollbereich, um es durchchecken zu lassen (dieser Tage werden Touristen nur selten gebeten, ihr Gepäck zu öffnen), und dann sind Sie da.
Obwohl die Ausreiseformalitäten in den letzten Jahren vereinfacht wurden, ist dieser Vorgang immer noch komplizierter und zeitaufwendiger, als Sie es gewohnt sind. Er geht so vor sich:

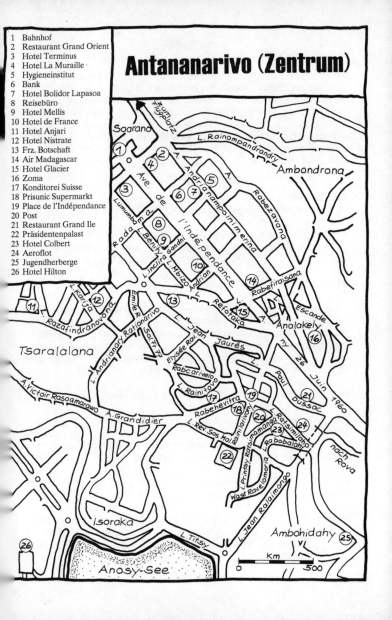

Das Hochland

▶▶ Stellen Sie sich an. Sie sollten drei Stunden vor Abflug am Flughafen sein und mit Ihrem Gepäck nach und nach zum Eingang des Zollbereichs vorrücken. Halten Sie Ausschau nach einem Beamten, der Ausreiseformulare verteilt; wenn Sie schon jetzt ein Formular ergattern können, sparen Sie später Zeit. Wenn Sie die Tür zum Zoll durchschritten haben, dürfen Sie nicht mehr in den Hauptbereich des Flughafens zurückkehren. Madagassische Währung kann jetzt nicht mehr verwendet werden, außer zum Bezahlen der Ausreisesteuer (zur Zeit FMG 1.500).

Zoll: Es kann sein, daß Ihr Gepäck geöffnet wird, um zu kontrollieren, ob Sie irgendwelche illegalen Gegenstände exportieren wollen.

Einchecken: Lassen Sie niemanden vordrängeln. Stellen Sie sich darauf ein, Ihr Flugticket und den Reisepaß vorzuzeigen. Verwirrenderweise haben Aeroflot und Air France/Madagascar den gleichen Schalter.

▶▶ Bezahlen Sie die Ausreisesteuer.

Sitzplatz: Zur Zeit (Mitte 1990) gibt es noch keinen Computer und daher ein totales Chaos. Wieder sollten Sie versuchen, sich nicht abdrängen zu lassen, und geben Sie alle Hoffnung auf, den Sitzplatz zu bekommen, den Sie gern hätten (obwohl das Chaos sich gelegentlich auch zu den eigenen Gunsten auswirkt: Dieses Jahr erhielten alle Mitglieder meiner Reisegruppe Plätze in der Business Class).

▶▶ Nehmen Sie ein Ausreiseformular, und füllen Sie es aus.

▶▶ Geben Sie das Formular zusammen mit Ihrer Devisenerklärung ab. Stellen Sie sich darauf ein, Ihr Geld vorzuzeigen, um nachzuweisen, daß es mit dem Betrag übereinstimmt, den Sie bei der Anreise angaben (abzüglich dem Betrag, den Sie getauscht haben).

Sie sind durch! Natürlich kann sich der Vorgang der Ein- und Ausreise jederzeit ändern - so hält man die Touristen auf Trab!

 Ivaty hat ein sehr gutes Restaurant (lediglich die Bedienung ist etwas langsam). Es lohnt sich, im voraus einen Tisch zu reservieren, wenn Sie damit rechnen, sich länger am Flughafen aufzuhalten.

Palast der Königin ☞

Das Hochland

Transport ins Stadtzentrum (12 km)
Es gibt eine gute Busverbindung zum Flughafen, Air Routes Service, für FMG 1.500. Sie können auch ein Taxi nehmen oder den regulären Bus (obwohl der neuentdeckte kapitalistische Geist der Gepäckträger es einem fast unmöglich machen kann, hier wirklich frei zu wählen).

Schnieke Taxifahrer holen Sie im Flughafengebäude ab und bringen Sie und Ihr Gepäck zum Fahrzeug vor der Halle. Der Fahrpreis beträgt ungefähr FMG 12.000.

Wenn Sie über die Straße zum Parkplatz gehen, finden Sie dort die preiswerten, weniger edlen Taxis (die verständlicherweise bei schicken Leuten nicht besonders beliebt sind). Die Fahrer können bis auf rund FMG 7.000 heruntergehandelt werden.

Wer kein Geld für ein Transportmittel erübrigen möchte, kann in die nahegelegene Stadt Ivato laufen - oder zur Straßenabzweigung (0,5 km entfernt) und den regulären Bus oder ein Taxi-Brousse für FMG 250 nehmen.

Antananarivo heute
Antananarivo, allgemein bekannt als Tana und eine der attraktivsten Hauptstädte der Welt, hat eine Ausstrahlung, als sei es einem Bilderbuch für Kinder entsprungen. Leuchtend bunte Häuser reihen sich die Hänge hinauf aneinander, und es gibt nur sehr wenige der modernen Hochhäuser, die heute die meisten Hauptstädte entstellen. Reisfelder reichen bis unmittelbar an die Stadt heran, Kleider sind am Flußufer zum Trocknen ausgebreitet, und Ochsenkarren rumpeln über die Straßen am Rande der Stadt. Alles ist angenehm fremdartig und wird den Besucher, der zum ersten Mal vom Flughafen nach Antananarivo hineinfährt, sicherlich beeindrucken. Der gute Eindruck wird noch unterstützt durch das Klima - in der Trockenzeit scheint die Sonne heiß, aber die Luft ist doch angenehm kühl (die Höhenlage schwankt zwischen 1.245 m und 1.469 m).

Die Stadt ist auf zwei Bergrücken erbaut, die zu einem V zusammenlaufen. Zum Haupttal hinunter verläuft ein breiter Boulevard, die **Avenue de l'Indépendance** (ihr madagassischer Name ist Fahaleovantena). Sie endet am Bahnhof. Am anderen Ende wird sie schmaler und heißt dann **Avenue du 26 Juin**. Schließlich taucht sie hinunter in einen Tunnel und kommt am Anosy-See und Hilton Hotel heraus. Die beiden Avenuen (l'Indépendance und 26 Juin) bilden den Mittelpunkt der **Unteren Stadt**; sie sind gesäumt mit Läden, Büros, Hotels und vollgestopft mit Marktständen und dem Treiben der einfachen Leute. Doch als "Zentrum der Stadt" kann ebensogut die **Obere Stadt** gelten, wo sich der Präsidentenpalast (jetzt ein Museum), das Hotel Colbert, die Hauptpost und verschiedene andere Büros befinden. Hier sind die teuersten Boutiquen und die besten Juweliere.

Alles ist sehr verwirrend und wird noch dadurch schlimmer, daß die Straßen nicht benannt sind bzw. ihren Namen alle 100 m immer wieder ändern oder sogar zwei verschiedene Namen haben. (Wenn Sie Straßenschilder lesen, ist es hilfreich zu wissen, daß *Lalana* Straße heißt und *Arabe* Avenue.) Glücklicherweise können Sie sich nie wirklich verlaufen, weil diese Stadt für Leute gemacht ist, die einfach herumwandern wollen - Sie lernen einfach eine neue Gegend kennen. Als groben Anhaltspunkt würde ich Ihnen jedoch empfehlen, viel Zeit in der Oberen Stadt und auf der gegenüberliegenden Seite (Markt) zu verbringen, aber gehen Sie nicht über den Bahnhof hinaus. Dort werden die Entfernungen lang und die Straßen trist und langweilig.

Sehenswürdigkeiten
Als sei es ein Versuch, die Andersartigkeit der Stadt zu betonen, hat Tana nur sehr wenige konventionelle **Sehenswürdigkeiten**. Es gibt nicht einmal eine Touristeninformation. Lediglich die **Tourismusbehörde** befindet sich in **Tsimbazaza** - wenn Sie den Berg hinunter zum Park gehen, liegt das Gebäude auf der linken Seite.

Ehem. Präsidentenpalast und Ausstellung "Insel der Vorfahren": Beides sollten Sie sich unbedingt ansehen. Das Gebäude selbst - früher die Residenz des französischen Gouverneurs, bevor es 1972 zum Präsidentenpalast umfunktioniert wurde - ist großartig. Die Ausstellung wurde ursprünglich im Londoner *Museum of Mankind* und im *Natural History Museum* von New York gezeigt. Die bemerkenswerte Sammlung vermittelt einen Überblick über die madagassische Kultur und die gesamte Insel. Sie wird möglicherweise nicht immer zu sehen sein, aber auch das Gebäude allein lohnt schon einen Besuch.

▶▶ Der Palast ist täglich außer montags, donnerstags und sonntags geöffnet, und zwar von 8.30-11.30 Uhr und von 14.30-17.30 Uhr.

Der Palast der Königin (Rova): Hoch über der Stadt gelegen, beherrscht diese Ansammlung von Mausoleen und Palästen die Skyline (besonders, wenn man die Stadt vom Anosy-See oder vom Hilton Hotel aus betrachtet).

Wer sich gern bewegt, kann dorthin laufen - eine atemberaubende Erfahrung im doppelten Wortsinn. Der Anstieg dauert vom Colbert aus etwa eine halbe Stunde, aber er lohnt sich sehr, weil man unterwegs einen schönen Ausblick hat. Der Eingang zum *Rova* ist gekrönt von einem Adler, der westliche Stilmerkmale aufweist; König Radama I. hatte hier seine Festung, bewacht von Elitetruppen, die als "die Adler" bekannt waren.

Der Palast der Königin, ursprünglich von Jean Laborde auf Wunsch der Königin Ranavalona I. aus Holz erbaut, ist von einer Steinstruktur umgeben, die von James Cameron 1873 zur Regierungszeit Königin Ranavalonas II. entworfen wurde. Labordes Gebäude paßt sehr gut zum Baustil Madagaskars, Camerons dagegen würde eher nach Edinburgh gehören. Der Hauptpalast, *manjakamiadana* ("wo es sich angenehm regiert"), war jahrelang wegen Renovierungsarbeiten geschlossen, aber seit einiger Zeit ist das Erdgeschoß für Besucher geöffnet. Sie können also die 39 m hohe Rosenholzsäule bewundern, die von zehntausend Sklaven aus dem Wäldern im Osten herbeigeschafft worden sein soll, und auch den Thron selbst. Weitere Räume sollen ebenfalls in Kürze geöffnet werden.

Wenn Sie die Anlage betreten, sehen Sie auf der linken Seite etwas, das an zwei hübsche Almhütten erinnert. Dies sind *tranomanara*, heilige Häuser, über dem Grab der Königinnen. Dort sind die Überreste von vier Herrscherinnen beerdigt, und im Königsgrab hat man drei Könige zur letzten Ruhe gebettet. Ihre Körper liegen 7 m unter der Erdoberfläche.

Ein anderes Gebäude enthält Gemälde von den Monarchen und von James Hastie, dem Berater Radamas I., sowie von Sir Robert Farquhar, dem Gouverneur von Mauritius, und ein faszinierendes altes Foto von Jean Laborde.

Die Rekonstruktion von Andrianampoinimerinas kleinem, palmengedecktem Haus ist sehr interessant. Das Bett des Königs befindet sich hoch auf einer Plattform in der Nordostecke, gegenüber eines sehr viel breiteren Absatzes, wo elf der zwölf Frauen des Königs schliefen. Die glückliche zwölfte Frau verbrachte jeweils eine Woche im königlichen Bett, ein Aufenthalt, der zweifellos der Fortpflanzung des königlichen Geschlechts diente. Eine hohe Säule erhebt sich am Bett des Königs bis zum Dach. Man erzählt sich, daß seine Hoheit diese Säule hinaufkletterte (sie hat kleine Handgriffe), wenn sich ein Gast ankündigte. Wenn der Besucher willkommen war, würde er diejenige Frau, die gerade für die Zubereitung der Mahlzeiten zuständig war, davon in

Kenntnis setzen, indem er ihr einen Kieselstein auf den Kopf warf. So, zumindest, erzählt man sich.

Andrianampoinimerinas Sänfte, die von acht Männern getragen wurde, befindet sich hier, auch eine dazugehörige Trage für sein Gepäck. Er reiste viel in seinem Königreich herum und ermunterte die Bauern zu größerer Anstrengung, indem er ihre abgenutzten Werkzeuge durch neue ersetzte.

Die *Besankana* enthält die Bahren, auf denen die Leichname von Ranavalona I. und II. zu Grabe getragen wurden. Die königlichen Initialen RM stehen für Ranavalona Manjaka (entspricht in etwa dem lateinischen *Regina*).

Zur Palastanlage gehört weiterhin eine Kirche, erbaut aus Stein für Ranavalona II. von dem britischen Missionar und Architekten William Poole. Andere Kirchen, die von britischen Missionaren an Stätten errichtet wurden, wo christliche Märtyrer ums Leben kamen, sind ebenfalls einen Besuch wert, besonders **Ampamarinana**, die sich nur wenig unterhalb des Palastes befindet und **Ambohipotsy** am südlichen Ende des Bergrückens mit einem spektakulären Ausblick auf die Ankaratra-Berge im Südwesten.

▶▶ Der *Rova* ist an Wochentagen von 10-12 Uhr und von 13-17.30 Uhr geöffnet, sonnabends von 14-17 Uhr und sonntags von 9-12 Uhr sowie von 14-17 Uhr. In der Palastanlage selbst dürfen Sie keine Fotos machen (Fotoapparate sind am Eingang abzugeben). Sie können sich jedoch um eine Sondergenehmigung zum Fotografieren bemühen (das dauert 24 Stunden) und am nächsten Tag mit Ihrer Kamera wiederkommen.

Tsimbazaza: Ein recht gutes **Museum** (Naturgeschichte und Ethnologie) mit **botanischem Garten** und **Zoo**. Der Park ist donnerstags, sonnabends, sonntags und an Feiertagen von 8-11 Uhr und von 14-17 Uhr geöffnet. An anderen Tagen steht er für die Öffentlichkeit nicht zur Verfügung, Touristen werden jedoch in der Regel auf besonderen Wunsch eingelassen (wenn möglich sollten Sie sich vorher darum kümmern).

Internationale Naturschutzbemühungen haben dazu beigetragen, den Zoo attraktiver zu machen und Bildungsprogramme einzurichten. Je mehr Geld vorhanden ist, desto stärker wird sich dieser Trend sicherlich ausprägen. Es gibt eine gute Sammlung von Lemuren, darunter der kürzlich entdeckte **Goldene Bambuslemur**, sowie eine Insel voll fröhlicher Kattas und ein See mit Hunderten von weißen Reihern,

die in den Bäumen brüten. Das ausgezeichnete Terrarium ist nur am Nachmittag geöffnet, aber die hilfreichen Angestellten führen Sie mit etwas Glück auch am Morgen hindurch. Hier finden Sie eine gut präsentierte Sammlung von Reptilien und kleinen Säugern. Das wertvollste Tier des Zoos ist ein **Aye-Aye**. Da es jedoch ausschließlich nachts aktiv ist, werden Sie es wahrscheinlich nicht zu sehen bekommen. Zukünftige Pläne für den Zoo schließen auch ein besonderes Tierhaus für nachtaktive Arten ein.

Der **botanische Garten** ist großzügig gestaltet und sehr gut angelegt. Hier sind auch einige Nachbildungen von **Sakalava-Gräbern** zu sehen. Ganz besonders interessant ist jedoch das Museum, und zwar aufgrund seiner Skelettsammlung von Tieren, die heute ausgestorben sind, darunter verschiedene Arten von Riesenlemuren und der berühmte "Elefantenvogel" oder **Aepyornis**, der vermutlich erst nach Ankunft der ersten Europäer ausstarb. Er ist neben dem Skelett eines Straußen ausgestellt, damit man seine riesige Größe würdigen kann. In einem anderen Raum finden Sie ausgestopfte Tiere, jedoch ähneln diese eher Fantasietieren als den tatsächlichen Vorbildern. Es lohnt sich dennoch, das Aye-Aye näher zu betrachten, um seine bemerkenswerten Hände zu sehen. (Ich bin in dieses Tier wirklich vernarrt - bei meinem ersten Besuch im Jahre 1976 habe ich es gesehen, als es noch lebte; der Tierpfleger weckte es für uns auf. Es reagierte, wie Sie es tun würden, wenn man Ihnen um drei Uhr nachts die Bettdecke wegzöge.)

Das Museum hat außerdem eine gute ethnologische Abteilung.

Tsimbazaza liegt ungefähr 4 km vom Stadtzentrum entfernt. Busse fahren ab Avenue de l'Indépendance (Nr. 15), aber es ist einfacher, mit dem Taxi dorthin zu gelangen und mit dem Bus oder einem Taxi-Be zurückzukehren.

Zoma: Niemand sollte Tana besuchen, ohne den Markt zu sehen. *Zoma* bedeutet Freitag, und dies ist der Tag, an dem die gesamte Avenue de l'Indépendance sich in ein Meer von weißen Sonnenschirmen verwandelt. Der Markt nimmt die gesamte Länge der Straße ein, reicht noch die Hänge hinauf und füllt jeden nur verfügbaren Platz mit einer erstaunlichen Vielfalt von Waren. Es gibt Stände, an denen ausschließlich Flaschen, Ersatzteile oder uralte, französische Zeitschriften verkauft werden. Man kann Männer beobachten, die Uhren, Schirme und Fahrräder reparieren oder Sie lassen sich von der Fülle an Blumen, Obst und Tieren (darunter Katzen), Heilkräutern und Zaubermitteln faszinieren. Die verschiedensten Handarbeiten von hübschen Stickereien bis zu

Holzschnitzereien sind zu sehen, Halbedelsteine, Gegenstände aus Bast und vieles, vieles mehr. Einige Handarbeiten werden neuerdings jedoch in einem anderen Teil der Stadt angeboten. Wenn Sie also nicht finden, was Sie suchen, gucken Sie im **Marché d'Andravoangy** (fahren Sie mit dem Taxi dorthin).

 Nehmen Sie viel Kleingeld mit und nichts weiter - der *Zoma* ist bekannt für Taschendiebe. Tragen Sie größere Summen Bargeld unbedingt in einem Geldgürtel.

Die beste Zeit für einen Besuch ist zwischen 12 und 14 Uhr, wenn die meisten Leute zu Mittag essen.

Obwohl der eigentliche *Zoma* am Freitag stattfindet, ist doch immer Markt in Tana - mit den gegenüber der Treppen, die in die Obere Stadt führen, befindlichen weißen Sonnenschirmen, die den Früchten und dem Gemüse Schatten spenden. Dazu gehören auch einige Handarbeitsstände auf beiden Seiten der Avenue in Richtung Bahnhof. Es ist interessant, am Donnerstagabend spazierenzugehen und zuzusehen, wie im flackernden Licht der Petroleumlampen die Stände aufgebaut und die Waren ausgepackt werden. Dies ist ein hektischer Abend: Normalerweise ist es in Tana nach dem Dunkelwerden sehr ruhig.

Bei einer Umfrage unter Touristen, die 1989 Madagaskar verließen, wurde als eindringlichste Erinnerung an die Insel am häufigsten die Freundlichkeit der Menschen genannt. Die faszinierende Natur kam erst an zweiter Stelle.

Übernachtung/Hotels
Kategorie A: Hilton Hotel beim Anosy-See, ☏ 260 60; einer von Tanas Wolkenkratzern (wie nicht anders zu erwarten), sehr bequem mit gutem Essen. Ein Vorzug dieses Hotels ist, daß **Madagascar Airtours** ein Büro im gleichen Gebäude unterhält. (Außerdem gibt es viele andere nützliche Büros und Geschäfte.) Ein Swimming-Pool ist ebenfalls vorhanden. In der angenehm heißen Sonne während der Trockenzeit ist das ein wirklicher Vorteil. Ein Nachteil ist dagegen, daß das Hilton nicht direkt im Stadtzentrum liegt (doch der Fußweg dorthin ist angenehm). Preise 1990: FF 851 (DM 240) für ein Doppelzimmer, FF 782 (DM 220) für ein EZ.
Hotel Colbert, Lalana Printsy Ratsimamanga, ☏ 202 02. Sehr französisch, in der Regel belegt. Meine Wahl unter den eleganten Hotels in Tana, wegen seiner guten Lage in der Oberen Stadt, dem

gutem Essen und der lebhaften Atmosphäre. Preise 1990: DM 118 pro Zimmer (EZ oder DZ).
Hotel de France, das einzige First Class Hotel an der Avenue de l'Indépendance. DM 98. Fragen Sie nach einem nach innen gelegenen Zimmer (z.B. Zimmer Nr. 59, 60, 61). Praktisch für diejenigen, die nicht lange in Tana bleiben wollen. Es wird zur Zeit renoviert und erweitert. Sehr gute Küche und superleckere Backwaren, z.B. *pain au chocolat* (lecker zum Frühstück, wenn Sie es eilig haben); sehr praktisch für Zoma-Zombies; alleinstehende Männer seien jedoch gewarnt - die Mädchen an der Bar werden Ihnen nachstellen!
Solimotel, in der Nähe des Anosy-Sees, ☏ 250 40. Soll sehr gut sein. Mit Swimmingpool. DM 50.

Kategorie B: Hotel Castello, in der Nähe des Flughafens gelegen, mit einer großartigen Aussicht auf Tana. Neu, ruhig.
Hotel Central, 7 Rue Rajohnson (Verlängerung der Ave. I. Gandhi), ☏ 227 94. An einer ruhigen Straße in der Nähe des Stadtzentrums. Neu, sauber, großzügig. FMG 22.500 ohne Bad, FMG 35.000 mit Bad.
Le Relais des Pistards, Bungalows an der L. Fernand Kasanga (die gleiche Straße wie Tsimbazaza), etwa 1 km hinter dem Zoo. Gehört Florent und Jocelyne Colney, die für ihre Gäste auch Ausflüge organisieren. Mittlere Preisklasse. Zu empfehlen.
Hotel L'Etape, 5 Minuten zu Fuß von Tsimbazaza. Kürzlich eröffnet, sauber; man spricht Englisch.
Hotel Mellis, Rue Indira Gandhi (zweigt von der Avenue de l'Indépendance ab), ☏ 234 25. Beliebt, aber die Preise sind 1990 stark gestiegen, und es gibt kein Restaurant. FMG 14.000.
Muraille de Chine, Avenue de l'Indépendance, in der Nähe des Bahnhofs. Günstig gelegen; wird von vielen für das beste Hotel in der Kategorie B gehalten. FMG 20.000.
Hotel Select, Avenue de l'Indépendance. Schmuddelig, keine gute Wahl.
Hotel Terminus, Avenue de l'Indépendance (in der Nähe des Bahnhofs), ☏ 203 76. Ein beliebtes Hotel bei *vazahas*, aber die Gegend wird häufig von Dieben frequentiert. Sein Geld wert bei Preisen zwischen FMG 11.000-14.000.
Auberge du Cheval Blanc, nahe Ivato. Sehr günstig gelegen, wenn Sie spät ankommen und am nächsten Morgen früh wieder weiterreisen wollen. Gut organisiert mit ausgezeichneter Küche. FMG 14.000 für ein EZ, FMG 17.000 für ein DZ; Frühstück FMG 2.000, andere Mahlzeiten FMG 4.500-5.500.

Kategorie C: Hotel Glacier, Avenue de l'Indépendance. Zimmer um FMG 9.000. Früher beliebt bei *vazahas* und günstig im Zentrum gelegen, aber es wird immer ungepflegter. Lohnt sich vielleicht nur, wenn Sie Zimmer 9 oder 10 bekommen, die auf die Straße hinausgehen: Großartiger Ausblick auf den *Zoma*.
Hotel Lapasoa du Bolidor, Ave. Andrianampoinimerina, in der Nähe des Bahnhofs. Freundlich. Widersprüchliche Berichte über die Sauberkeit; mit Sicherheit nicht langweilig. Tim Cross schreibt: "Ich konnte in jener Nacht kaum schlafen wegen des Quietschens des Bettgestells und des Stöhnens und Flüsterns im Nebenzimmer - ein erstaunliches Beispiel von nicht nachlassendem Liebesfeuer." FMG 10.000 für ein DZ.
Hotel Anjary, Lalana Razafimahandry und Dr. Ranaivo. Sauber, groß, sicher. Heißes Wasser. Freundlich und hilfsbereit. FMG 10.000 (im Nebengebäude) -14.000. Zu empfehlen.
Hotel Indira, in der gleichen Gegend; sauber und freundlich. FMG 8.000. Nebenan befindet sich das Hotel Nishate, FMG 9.000.
Hotel Le Lac, Behoririka, in der Nähe des Bahnhofs. Sauber und nicht teuer. EZ für FMG 9.000, DZ für FMG 15.000. Möglicherweise die beste Wahl in dieser Kategorie.

 Eine **Jugendherberge** (Auberge de Jeunesse) befindet sich in der Rue Ratsimilaho 76, Ambatonakanga, am Aeroflot-Büro in der Oberen Stadt vorbei, in der Nähe des Hotel Colbert.
Sehr sauber und vernünftig im Preis, aber meist belegt. Mahlzeiten werden angeboten; Mitgliedschaft im Jugendherbergsverband ist nicht erforderlich.

Essengehen/Restaurants
In allen großen Hotels (Colbert, Hilton, France) wird gutes Essen serviert. Das "Soviel-Sie-schaffen-können"-Buffet am Sonntag im Colbert kostet rund FMG 10.000 und lohnt sich durchaus, wenn Sie hungrig sind. Ein festes Menü kostet FMG 14.500. Bringen Sie Ihr Französisch-Lexikon mit, die Speisekarten sind hier nur selten übersetzt. Das Hilton bietet eine ganze Reihe von Buffets an. Zu jedem Mittagessen gibt es ein **Buffet für Geschäftsleute** für FMG 11.800 und sonntags ein **Gourmet-Buffet**. Abends wären das chinesische Buffet (sonntags, FMG 15.580) oder das madagassische Buffet (donnerstags, FMG 12.800) sehr zu empfehlen.

Die beiden besten unabhängigen Restaurants unterstehen dem gleichen Management: **L'Aquarium** (Meeresfrüchte, ☏ 222 66) in

Mahavoky, Besarety (nehmen Sie ein Taxi) und **La Rotonde** (Französisch, alles außer Meeresfrüchten), Rue Besarety Nr. 19, ☏ 207 88.

Weitere Restaurants sind:
Villa Mahatehotia, Ambohidraserika/Mahazoarivo, ☏ 203 59. Menü FMG 9.000. Besondere madagassische Gerichte (und Musiker) auf Anfrage für 4-12 Personen. Für An- und Abfahrt wird gesorgt.
Restaurant Grand Orient (☏ 202 88), in der Nähe des Bahnhofs. Eines der ältesten Restaurants in Tana. Hier werden Meeresfrüchte auf chinesische Art und Fondue à la Hong Kong serviert. "Nette Atmosphäre und ein Pianist, der den ganzen Abend spielte und gern auf Wünsche der Gäste einging." (Ceinwen Sinclair)
Restaurant de la Grande Ile, hinter dem Markt (vom Bahnhof weg) ein wenig die Rue Paul-Dussac hinauf nach rechts. Sehr gute chinesische Küche, aber in letzter Zeit nicht mehr so beliebt.
Restaurant Fiadanana, Ave. Andrianampoinimerina 12. Möglicherweise die beste Adresse für madagassische Küche. Günstig im Preis aber winzige Portionen. Bestellen Sie also gleich das Doppelte!
Restaurant Rivière Parfums, in der gleichen Straße, gute madagassische Küche.
Le Pavé, Route de Hydrocarbures, Ankorondrano, ☏ 330 82. Ein herausragendes neues Restaurant, spezialisiert auf italienische Küche, Steaks und Meeresfrüchte. Beliebt bei einheimischen Geschäftsleuten, daher ist in der Regel eine Reservierung erforderlich. Man spricht Englisch.
Au Bol Pekinois, "ein ausgezeichnetes chinesisches Restaurant, fünf Minuten mit dem Taxi vom Bahnhof - der Fahrer weiß, wo es liegt." (Ceinwen Sinclair)

Drei nette Snack Bars an der Avenue de l'Indépendance: **Blanche Neige** (gute Milkshakes und leckeres Eis), **Honey** (sehr gut zum Frühstücken und leckeres Eis; auf der rechten Seite in Richtung Bahnhof) und **Bouffe Rapide**. Auf der linken Seite, wenn man auf den Bahnhof zugeht, befindet sich ein kleines Café namens **Friendship Garden**, wo ausgezeichnete Waffeln serviert werden.

 Wenn Sie billig essen wollen, können Sie es in einem der kleineren Restaurants (*hotely gasy*) an der Ave. Andrianampoinimerina versuchen. Zum Essen gehört in der Regel eine chinesische Suppe.

Am billigsten von allen und sehr nett ist ein Frühstück an der Avenue de l'Indépendance. Vom frühen Morgen an gibt es Stände, die Brot und Joghurt verkaufen. Letzterer scheint ungefährlich zu sein, vorausgesetzt, Sie bringen Ihren eigenen Löffel mit. Lassen Sie sich kein Eis geben. An vielen Ständen können Sie Obst kaufen.

Unterhaltung
Wenn Sie die übliche Abendunterhaltung suchen, erkundigen Sie sich am besten im Hilton Hotel nach Filmen und Volkstanzvorführungen (obwohl es viel mehr Spaß macht, zusammen mit einem madagassischen Publikum im Kino zu sitzen) oder wünschen Sie sich alte Lieblingsschlager vom Pianisten im Grand Orient.

Wenn Sie aber eine echt madagassische Erfahrung suchen, folgen Sie der Empfehlung von Erik Kon aus Amsterdam: "An einem Sonntag verlief ich mich in den Slums von Tana und stieß dabei auf ein Gebäude, das einer Arena ähnelte und in dem rund 7.000 Madagassen (und vier Ausländer) den ganzen Nachmittag lang Tänze, Lieder und (politische) Aufrufe von den verschiedensten Personen und Gruppen von Tänzern und Sängern zu sehen und zu hören bekamen. Dieses Erlebnis war die Hauptattraktion meines gesamten Aufenthalts, und ich habe mich selten so gut amüsiert." Die Arena befindet sich in **Kianja**, Isotry, in der Nähe des Stadttheaters. (Erik schickte mir ein Foto von dem blauen Schild über dem Eingang und der entsprechend schmuddeligen Umgebung.) Vorführungen finden jeweils am Sonntag statt, aber nicht im August.

Transportmittel
Züge fahren in Richtung Osten nach Tamatave und in Richtung Süden nach Antsirabe vom Bahnhof am Ende der Avenue de l'Indépendance. Regionale **Busse** sind immer überfüllt, und es setzt schon einige Kenntnis voraus, mit ihnen zu fahren, weil es eine verwirrende Vielzahl von Distriktnamen gibt. Doch theoretisch können Sie auf alle Fälle eine Bus-Strecken-Karte von FTM (s.u.) kaufen, die Ihnen sicherlich weiterhelfen würde. **Taxis** sind reichlich vorhanden und nicht zu teuer. Taxameter gibt es nicht, daher sollten Sie sich über den Preis einigen, bevor Sie einsteigen. Taxis, die vor den großen Hotels stehen, sind teurer und verkehren nach einem "festgesetzten" Preis. Handeln Sie hartnäckig!

Stände für **Taxi-Brousse** und **Taxi-Be** befinden sich am Stadtrand an der jeweiligen Straßenabzweigung: Gare de l'Ouest, Anosibe (Lalana Pastora Rahajason am anderen Ufer des Anosy-Sees) für den Süden und den Westen; Gare du Nord in der Lalana Doktor Raphael Raboto im Nordosten der Stadt für den Norden und Osten. Die Taxifahrer wissen, wo diese Haltestellen sind.

Nützliche Anschriften und Hinweise
Karten: Eine große Auswahl von Karten erhalten Sie im **Institut National de Géodésie et Cartographie** (der lange madagassische Name wird FTM abgekürzt), Lalana Dama-Ntsoha RJB, Ambanidia (☏ 229-35). Geöffnet 8.30-12 Uhr und 14-18 Uhr. Von diesem Institut wird eine Serie von 12 Karten im Maßstab 1:500.000 herausgegeben, die ganz Madagaskar abdecken. Diese Karten sind sehr verlockend, aber leider nicht mehr ganz exakt, besonders hinsichtlich der Kennzeichnung eines Dorfes: Manchmal handelt es sich lediglich um eine einzelne Hütte, die schon vor zehn Jahren in sich zusammengefallen ist. Ausgezeichnete Karten von Nosy Be und Ste. Marie sind ebenfalls erhältlich. Wie immer sind die Angestellten ausgesprochen freundlich und hilfsbereit. Die üblicheren Karten kann man oft auch an einem FTM-Wagen kaufen, der oben an der Treppe steht, die von der Unteren in die Obere Stadt führt (Place de l'Indépendance). Außerdem sind sie in Buchläden erhältlich.

Buchläden: Der beste Buchladen ist die *Librairie de Madagascar* in der Nähe des Hotel de France an der Avenue de l'Indépendance. Eine andere Buchhandlung, *Tout pour l'Ecole*, auf der linken Seite der L. Indira Gandhi hat eine gute Auswahl von Karten und Stadtplänen. In der Oberen Stadt verkauft der lutherische Buchladen (Trano Printy Loterana) gegenüber vom Solimal-Gebäude ein englisch-madagassisches Wörterbuch, falls Sie es in den anderen Läden nicht finden können.

Département des Eaux et Forêts (Amt für Wasser- und Forstwirtschaft): Nanisana, geöffnet 8-12 Uhr, 14-18 Uhr. Beantragen Sie hier Ihre *Autorisation d'Accès* für die Nationalparks und Reservate.

Bank: Den günstigsten Wechselkurs und den besten Service findet man in der Bank beim Ny Havana (Roxy) Kino, auf halbem Weg die Treppe in die Obere Stadt hinauf. Öffnungszeiten: 8-11 Uhr, 14-16.30 Uhr.

Supermarkt: Obwohl er für unsere Verhältnisse nur spärlich ausgestattet ist, bietet der Supermarkt an der Ave. 26 Juin doch eine nützliche Reise/Picknickausstattung: Trockenobst, Honig etc. Ein besseres Warenangebot hat der Prisunic am Place de l'Indépendance in der Nähe des Hotels Colbert.

Friseur: An der Avenue de l'Indépendance auf der linken Seite nahe beim Bahnhof. Ausgezeichnet.

Deutsche Botschaft: 101, Rue du Pasteur, Rabeony Haus, B.P. 516, Antananarivo, ☏ 23803. Öffnungszeiten: Montag - Freitag 9-12 Uhr.

Krankenhaus (privat): MM 24 X 24, Mpitsabo Mikambana, Route de l'Université, ☏ 235 55. Eröffnet im Februar 1990. Preise für Behandlung (Stand 1990): Allgemeiner Arzt - FMG 5.000. Spezialist - FMG 8.000. Nachtaufschlag FMG 1.000. Krankenhauskosten: FMG 25.000 pro Tag (ohne Medikamente). Bei Einweisung ist eine Kaution von FMG 300.000 zu hinterlegen.

Gottesdienste: Anglikanisch (erkundigen Sie sich unter ☏ 262 68): Kathedrale St. Laurent, Ambohimanoro, 9 Uhr jeden Sonntag. Römisch-katholisch (☏ 278 30): In drei Kirchen findet der Gottesdienst auf Malagasy statt, in drei weiteren auf Französisch. Genauere Angaben unter der oben angegebenen Rufnummer.

Zwei Männer machen Industrielle Revolution

Moderne Technologien wurden auf Madagaskar von zwei bemerkenswerten Europäern eingeführt: **James Cameron**, einem Schotten, und **Jean Laborde**, einem Franzosen.

James Cameron kam 1826 nach Madagaskar, während der "britischen" Phase des Landes, als die LMS (London Missionary Society) versuchte, einheimische Handwerker zur Herstellung von Holz- und Metallprodukte sowie Leder- und Baumwollwaren anzuleiten. Cameron war erst 26 Jahre alt, als er nach Madagaskar kam. Zu diesem Zeitpunkt war er bereits ein geschickter Tischler und Weber mit einem breiten Wissen auf anderen Sachgebieten, das er später in seiner Wahlheimat nutzbringend anwenden sollte: Physik, Chemie, Mathematik, Architektur und Astronomie. Zu seinen Errungenschaften zählen u.a. die Einrichtung und der erfolgreiche Betrieb von Madagaskars erster Druckerpresse (durch gründliches Studieren der Anleitung - der Drucker, der mit der Presse herübergekommen war, war kurze Zeit später verstorben), ein Wasserspeicherbecken (heute Anosy-See) und ein Aquädukt sowie die Herstellung von Ziegeln. Camerons Erfolg, aus einheimischen Materialien Seife herzustellen, sicherte ihm die königliche Gnade, als König Radama starb und die ausländerfeindliche Königin Ranavalona die Macht übernahm. Doch als 1835 der christliche Glaube in seiner Ausübung und Lehre verboten wurde, verließ Cameron zusammen mit den anderen Missionaren das Land und ging nach Südafrika, um dort zu arbeiten.

1863, als die Missionare auf Madagaskar wieder willkommen waren, kehrte er zurück, um die Errichtung von Steinkirchen, einem Krankenhaus und der steinernen Außenseite des Rova oder Palastes der Königin in Antananarivo zu beaufsichtigen.

Jean Laborde war noch mehr als James Cameron ein "Renaissance-Mensch". Der Sohn eines Schmiedes erlitt 1831 vor der madagassischen Küste Schiffbruch. Königin Ranavalona, die froh war, einen weniger gläubigen Europäer gefunden zu haben, bat ihn, Gewehre und Schießpulver herzustellen, und schon bald konnte er die Lücke, die Cameron und die anderen handwerklich geschickten Missionare hinterlassen hatten, schließen. Labordes Initiative und sein Erfindungsreichtum waren erstaunlich: Auf einem riesigen Industriegelände, erbaut von Zwangsarbeitern, erzeugte er Munition, Waffen, Ziegel, Kacheln, Tonwaren, Glas und Porzellan, Seide, Seife, Kerzen, Zement, Färbemittel, Zucker, Rum ... praktisch alles, was ein blühendes Land im 19. Jh. benötigte. Er leitete eine Farm, auf der mit geeigneten Getreidesorten und Tieren experimentiert wurde, und einen Landsitz für die Merina-Könige und die Aristokratie, wo man sich mit solchen Neuigkeiten wie Feuerwerksvorführungen unterhielt. Zudem baute er 1839 den Palast der Königin (aus Holz), der später von Cameron mit Stein verkleidet wurde.

Laborde war so erfolgreich darin, Madagaskar unabhängig von Importen zu machen, daß der Außenhandel praktisch aufgegeben werden konnte und Ausländer - mit Ausnahme von Laborde - des Landes verwiesen wurden. Er erhielt sich die Gunst der Königin bis 1857, wo er aufgrund seiner Teilnahme an einem Komplott gegen die Königin (man wollte sie stürzen und durch ihren Sohn ersetzen) Madagaskar verlassen mußte. Die 1.200 Arbeiter, die ohne Lohn in den Gießereien von Mantasoa gearbeitet hatten, rebellierten und zerstörten alles - Werkzeuge, Maschinen und Gebäude. Die Fabriken wurden nie wieder neu aufgebaut, und die industrielle Revolution auf Madagaskar kam zu einem abrupten Ende.

1861 kehrte Laborde zurück und wurde französischer Konsul. 1878 starb er. Der Streit um seine Erbschaft war einer der Vorwände, mit dem die Franzosen den Krieg von 1883-85 rechtfertigen wollten.

Eingang zum Palast der Königin ☞

Das Hochland

Ausflüge von Antananarivo

Ambohimanga

Ambohimanga (wörtlich: "blauer Hügel"), 21 km von Antananarivo entfernt, war ehemals eine für Europäer verbotene Stadt. Von hier stammten zahlreiche Könige und Königinnen, die Madagaskar lange Zeit zentral regierten, und hierher kehrten sie zurück, um sich auszuruhen und zu entspannen, zwischen den baumbedeckten Hängen dieses Dorfes auf einem Hügel.

Ambohimanga hat **sieben Tore**, von denen mehrere aber mittlerweile vom Dickicht der Vegetation überwuchert sind. Eins der schönsten Tore, durch das Sie das Dorf betreten, besitzt eine riesige Steinscheibe, die früher jede Nacht vor das Tor gerollt wurde. Über dem Durchgang befindet sich ein strohgedeckter Wachtposten. Im Dorf selbst ist das zentrale Gebäude das Holzhaus des großen Königs Andrianampoinimerina (1787-1810).

Sein einfaches Haus, das aus nur einem Raum besteht, ist interessant, weil es einen Einblick in das damalige (königliche) Alltagsleben gibt. Küchengeräte sind ausgestellt (und die Steine, die die Feuerstelle

zum Kochen umgaben), außerdem Waffen und die beiden Betten (wie im *Rova* in Tana ist das obere für den König gedacht, das untere für seine Frauen). Das Dach wird von einer 10 m hohen Rosenholzsäule gestützt.

Dem Sohn Andrianampoinimerinas, Radama, gelang es mit britischer Hilfe, dem ehrgeizigen Ziel seines Vaters, sein Königreich bis ans Meer auszudehnen, ein ganzes Stück näherzukommen. Nach Radama folgten eine Reihe von Königinnen. Sie bauten sich neben Andrianampoinimerinas einfachem Königshaus elegante Sommerhäuser, die zum größten Teil Einflüsse des englischen Baustils des 19. Jh. aufweisen. Außerdem können Sie eine Reihe von Geschenken bewundern, die Königin Viktoria den Königinnen überreichen ließ.

Ambohimanga ist ein schöner, friedlicher Ort. Bevor Sie ihn wieder verlassen, können Sie in der Bar auf dem Gelände des Königspalastes etwas trinken. Von dort hat man einen großartigen Blick auf Antananarivo. An den Wochenenden werden mitunter traditionelle Tänze vorgeführt.

Ambohimanga erreicht man über eine gute Straße mit einem privaten Taxi (lassen Sie den Fahrer warten - das kostet rund FMG 20.000) oder mit dem Taxi-Brousse vom Gare du Nord. Angeblich soll es auch Busse geben.

Der See von Mantasoa
60 km östlich von Antananarivo liegt Mantasoa, wo im 19. Jh. die Industrialisierung Madagaskars begann. Heute behaupten Historiker sogar, daß die industrielle Produktion damals größer gewesen sei als während der Kolonialzeit. Madagaskar verdankt es Jean Laborde, daß eine ganze Reihe von Industrien gegründet wurden, darunter eine Eisengießerei, die es dem Lande ermöglichte, sich mit Schwertern, Gewehren und Schießpulver praktisch selbst zu versorgen. Dadurch wurde die Macht der Zentralregierung gestärkt. Jean Laborde war schon bald sehr einflußreich am Hof, und er baute einen Landsitz für die Königin in Mantasoa. Leider sind die meisten Überreste der Gebäude nicht mehr erhalten - heute liegen sie unter dem Wasserspiegel eines Reservoirs. Die Landschaft ist großartig, und in den Kiefernwäldern darf gezeltet werden.

Eins der exklusivsten madagassischen Hotels befindet sich hier, das **L'Ermitage** (B.P. 16, Manjakandriana, ☎ 05). 1989 begann man damit, täglich Ausflüge von Tana nach Mantasoa zu veranstalten. Der Preis von FMG 40.000 umfaßt den Transport, einen Willkommenstrunk, eine

Bootsfahrt auf dem Speicherbecken, das Mittagessen und einen Besuch zu der Fabrikruine von Jean Laborde. Wenn Ihr Französisch gut genug ist, könnte dies ein lohnender Ausflug sein. Der Bus fährt von den Hotels Hilton, France und Auberge Cheval Blanc ab.

Das **Chalet**, das von einer schweizerischen Familie betreut wird (☏ 20) ist als alternative Unterkunft zu empfehlen.

Mantasoa können Sie mit dem Zug nach Manjakandriana erreichen. Von dort aus sollten Sie dann mit einem Taxi-Brousse die letzten 15 km zurücklegen, oder Sie nehmen das Taxi für den ganzen Weg von Tana.

Itasy-See
Dieser See an der Straße nach Tsiroanomandidy ist besonders hübsch. Ein Taxi-Brousse kann Sie hierher bringen. Das nahegelegene Dorf Ampefy hat ein einfaches Hotel.

Tsiroanomandidy
Dieser Ort liegt etwa 200 km westlich von Tana, zu erreichen über eine gute (asphaltierte) Straße (4 Std. mit dem Taxi-Be). Ein Besuch dorthin lohnt sich wegen des riesigen **Viehmarktes**, der jeweils mittwochs und donnerstags stattfindet. Es gibt ein recht gutes Hotel ("sauber, Essen OK und manchmal sogar heißes Wasser in dem - einzigen - Badezimmer"). Tsiroanomandidy ist per Twin Otter mit Maintirano, Majunga und auch mit Morondava (☞ *Der Westen*) verbunden.

Antsirabe

Antsirabe liegt 169 km südlich von Antananarivo auf einer Höhe von 1.500 m. Es wurde 1872 von norwegischen Missionaren, die aufgrund des kühlen Klimas und der Heilkräfte der Thermalquellen dorthin kamen, gegründet. Der Name bedeutet "Ort mit viel Salz", und die heißen Quellen sind immer noch eine der Hauptattraktionen der Stadt.

Damien Tunnacliffe, der einige Jahre in Antsirabe lebte, beschreibt es folgendermaßen: "Dies ist auch eine der wenigen eleganten Städte Madagaskars. Eine breite Avenue führt vom Bahnhof zum berühmten **Hotel des Thermes**. Ein Monolith, auf dem Madagaskars 18 Stämme dargestellt sind, ist am Weg besonders interessant. Die Stadt ist in zwei Stadtteile gegliedert: Rechts vom Bahnhof liegt das ehemalige europäische Viertel mit seinen gittergesäumten Straßen, den Gärten und einer Atmosphäre sanften Verfalls. Es gibt immer noch Norweger in der

Das Hochland

Stadt, die an Hilfsprogrammen oder missionarischen Aufgaben beteiligt sind. Links vom Bahnhof liegt die madagassische Stadt; allerdings kommen Sie zunächst an einer Reihe von Banken und Läden und an der katholischen Kirche vorbei.

Auf einem Felsvorsprung mit Blick über die Bäder oder *Thermes*, wie die Franzosen sie nennen, steht das Hotel des Thermes: ein faszinierendes Gebäude sowohl in seiner Größe als in seinem Baustil. Es würde ebensogut an die französische Riviera passen und ist nach dem Raffles Hotel in Singapur eines der beeindruckensten Hotels im Kolonialstil.

Der Sonnabend ist die beste Zeit in Antsirabe, weil dann Hauptmarkttag ist. Fragen Sie nach dem **Asabotsy-Markt** auf der anderen Seite des Sees, der fast in der Mitte der Stadt liegt. Der Markt ist eine Miniaturausführung des *Zoma* in Antananarivo, die Vielfältigkeit der Aktivitäten ist sogar noch größer (jedoch gibt es keine Handarbeitsstände).

Antsirabe liegt im Herzen einer der produktiveren Regionen Madagaskars. Hier werden eine große Auswahl europäischer und tropischer Produkte verkauft. Die Atmosphäre der Stadt hat eine entspannende Wirkung auf ihre Besucher. Nichts von der Unruhe, die man mitunter in der Hauptstadt zu spüren bekommt. Die Menschen sind aus tiefstem Herzen freundlich. Es gibt nur wenige Bettler, aber nicht die gleiche traurige Armut wie in Antananarivo.

Neben seiner landwirtschaftlichen Bedeutung hat Antsirabe auch einen gewissen Rang als Industriezentrum (Lebensmittelherstellung, Flugzeuge). Hier wird ein Großteil der **Baumwollartikel** produziert, die auf der Insel verkauft werden. Vor allem aber ist Antsirabe die Heimat des ausgezeichneten **Three Horses Beer** (Drei-Pferde-Bier).

Wenn Sie in der Zeit von Mai bis September reisen, werden Sie nachts einen Pullover oder eine Strickjacke brauchen. Es wird mitunter wirklich recht kalt. Ein Spaziergang bei Nacht wird belohnt durch den Anblick der Pousse-Pousse, die sich wie Leuchtkäfer geräuschlos vorwärtsbewegen, jede mit einer brennenden Kerze auf dem Rücken. Anders als die Pousse-Pousse in Antananarivo und an der Küste sind die in Antsirabe gut gepflegt, was man allgemein mit Stolz betrachtet."

Antsirabe ist einer der besten Orte, um **Halbedelsteine** zu kaufen. Es gibt eine Reihe von kleinen Läden, wo die Steine geschliffen und verkauft werden. Das beste Geschäft soll ein rotgestrichenes, restauriertes Haus im Kolonialstil an der Straße südlich der Rue de la Myre de Villers (☞ Karte) sein. Der französische Besitzer des Hotel Trianon hat ebenfalls einen Laden im Hotel.

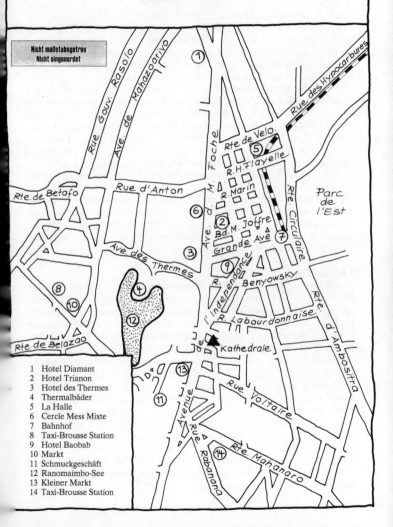

Das Hochland

Anreise
Am interessantesten ist die Anreise mit dem **Zug** von Antananarivo. Die Fahrt dauert 4 Stunden, und an Wochentagen verkehren pro Tag jeweils zwei Züge: um 5.20 Uhr und 13.30 Uhr. An Wochenenden können Sie zwischen drei Abfahrtszeiten wählen: 5.20, 11.30 und 17.15 Uhr. Der Fahrpreis beträgt FMG 5.000 (erste Klasse) oder FMG 3.000 (zweite Klasse). Außerdem gibt es **Busse** und **Taxi-Brousse**.

Wenn Sie in Antsirabe ankommen, werden Sie von einem Heer von **Pousse-Pousse-Fahrern** empfangen, die voller Enthusiasmus versuchen werden, Sie zu einer Fahrt mit diesem Gefährt zu überreden. Dieser Ort ist wahrhaftig die Pousse-Pousse-Hauptstadt von Madagaskar, und manche Reisenden sind schon durch die Hintertür ihres Hotels geflohen, um den freundlichen Angeboten der Fahrer zu entkommen. Alles in Antsirabe läßt sich leicht zu Fuß erreichen.

Wenn Sie den **Ranomaimbo-See** besuchen wollen, denken Sie an Angela Newports Beobachtung: "Der Name des Sees wurde für mich als "Wasser des unangenehmen Geruchs" übersetzt, weil hier die Abwässer der Stadt eingeleitet werden. Es ist ein hübscher Anblick, die Männer im Morgenlicht zu beobachten, wie sie mit ihren Netzen in das hüfthohe Wasser hinauswaten, aber ihre Ausbeute kann für den menschlichen Verzehr wohl kaum empfohlen werden.

Übernachtung
David Bonderman berichtet über eine seiner besten Entdeckungen auf Madagaskar: "Die **Villa Nirina** gehört einer Frau namens Zanoa Rasanjison. Sie verfügt über vier sehr moderne Schlafzimmer mit separatem Bad, und ihre Küche ist sehr gut. Das Haus liegt direkt auf der anderen Seite der Straße vom Diamant Restaurant, gegenüber der Clinique Ave. Maria. Frau Rasanjison spricht fließend Englisch, außerdem Französisch und Deutsch. Sie und ihr Ehemann verleihen auch Wagen mit Fahrer." Preise von FMG 14.500-18.000 (für ein Dreibettzimmer). Wenn Sie buchen wollen, schreiben Sie an B.P. 245, 110 Antsirabe, ☏ 485 97/486 69. Zudem befinden sich in Antsirabe folgende Hotels:
Hotel des Thermes, ☏ 487 61. Hat zwar eine nette Atmosphäre, ist aber nicht eigentlich luxuriös, nicht einmal geschmackvoll ("schreckliche Inneneinrichtung, in den siebziger Jahren ruiniert"). Die meisten Leute meinen, ein Aufenthalt in diesem Hotel sei sein Geld wert, und es ist nie belegt. Zimmerpreise (1990): 1-2 Personen - DM 56, 3 Personen - DM 70 und 4 Personen - DM 84. Abgesehen von den heißen Bädern, können Sie sich hier auch massieren lassen.

Hotel Baobab, sauber und freundlich mit heißem Wasser in manchen Zimmer. Zimmer mit Dusche FMG 10.000, ohne Dusche FMG 7.000.
Hotel Trianon, ☏ 488 81. Dieses Hotel ist bei *vazahas* besonders beliebt. Die Preise sind günstig, die Räumlichkeiten großzügig, sauber und bequem. Die Zimmer haben warmes Wasser (FMG 7.500).
Hotel Sofiatel, Avenue de l'Indépendance, FMG 12.000.

Eine weitere Möglichkeit ist das **Hotel Diamant** (mittlere Preisklasse und chinesische Küche). Lassen Sie sich nicht dazu verführen, im **Cercle Mixte** zu übernachten, einer alten Offiziersmesse gegenüber vom Trianon. Sheila Tunstall, eine wirklich nachsichtige Reisende, schreibt: "Das Zimmer war schmutzig, das Bett seit seiner letzten Benutzung noch nicht gemacht, und auf dem Boden lagen benutzte Damenbinden ... "

Sheila entdeckte mehrere gute Supermärkte mit einer großen Auswahl an Käse und Salami fürs Picknick, außerdem "einen kleinen Laden an der Taxi-Brousse-Haltestelle, der großartigen Joghurt verkaufte - den besten, den wir überhaupt hatten!"

Ein empfehlenswertes Restaurant ist **La Halte** im europäischen (nördlichen) Teil der Stadt.

Pferde
Raniero Leto, der gern auf dem Pferderücken reist, berichtet, daß recht ordentliche Pferde in der Nähe des Hotel des Thermes zu mieten sind. Der Stall befindet sich in der Nähe des Parc de l'Est. Die beliebtesten Ausflüge führen zu den Seen (s.u.) Wenn Sie ernsthaft reiten wollen, wenden Sie sich an Jean-Michel Rakotondrafara, Parzelle 23 A 38 Est de la Gare.

Ausflüge von Antsirabe (von Damien Tunnacliffe)

Adraikiba-See
Etwa 5 km von Antsirabe entfernt können Sie einen von mehreren Seen vulkanischen Ursprungs besuchen. In der französischen Kolonialzeit war Andraikiba ein beliebter Ort zum Wasserskilaufen und für andere Wassersportarten, aber heute ist hier nicht mehr viel los. Wie viele dieser Seen, hat auch Andraikiba seine Legenden. Die berühmteste ist die Geschichte von einem Prinzen, der sich nicht entscheiden konnte, welche der zwei hübschen jungen Frauen er heiraten sollte. Daher beschloß er, diejenige, die zuerst quer über den See schwimmen würde, zu

heiraten. Eine der jungen Frau war jedoch schwanger mit einem Kind von ihm und ertrank bei dem Versuch, über den See zu schwimmen. Die Einheimischen sagen, daß an jedem Neujahrstag früh im Morgengrauen eine schöne junge Frau aus dem Wasser steigt und sich auf einem Felsen ausruht. Sobald sich jemand nähert, verschwindet sie.

Tritriva-See
Wenn Sie am Andraikiba-See vorbei auf einem Sandweg noch ungefähr 12 km weiter fahren, kommen Sie an einen anderen vulkanischen See, der recht beeindruckend aussieht. Tiefes (80 m) grünes Wasser ist in einem perfekten Vulkankegel eingefangen, gesäumt von Bäumen.

 Vom Rande des Kegels haben Sie eine Aussicht über viele Kilometer bis nach Antsirabe in der Ferne.

Es ist möglich, zum See hinunterzuklettern, um zu schwimmen, aber das Wasser ist oft sehr kalt.

Tritriva hat ebenfalls seine Legenden, besonders diejenige von einem jungen Paar, dessen Eltern die Einwilligung zur Heirat nicht geben wollten. Die jungen Leute stürzten sich daraufhin in den See. Sie wurden in zwei Bäume verwandelt, deren ineinander verwobene Zweige auf einem Felsen am Rande des Sees zu sehen sind.

 Dies ist ein ausgezeichneter Ort für Ornithologen und Botaniker. Fledermäuse leben in den Höhlen der Klippen. Ein Ausflug, der wirklich sehr zu empfehlen ist.

Betafo
Etwa 20 km westlich von Antsirabe an einer geteerten Straße, die bis nach Morondava führt, liegt Betafo. Es ist ein gutes Beispiel für eine Stadt im Hochland mit roten Ziegelkirchen und -häusern. Verstreut zwischen den Häusern sind *vatolahy*, stehende Steine, die errichtet wurden, um an Kriegerhäuptlinge zu erinnern. Inschriften verzieren diese aufrechten Steine.

An einem Ende der Stadt befindet sich ein weiterer Vulkansee, der Tatamarina-See, gesäumt mit Trauerweiden und mit fast ebenso buckligen und stillen Anglern. Von dort ist es ein 2,5 km langer Spaziergang zu den Antafofo-Wasserfällen inmitten einer schönen Aussicht über Reisfelder und Vulkanhügel.

tip Fragen Sie nach den heißen Quellen vor der Stadt. Sie sind von der Hauptstraße aus überhaupt nicht ausgeschildert, aber man kann sie am Ende eines Weges einen kleinen ang hinauf als zwei Reihen von grauen Gebäuden erkennen. Fünf von uns teilten sich ein heißes Fußbad für FMG 100. (Angela Newport)

Ambositra

Wenn Sie von Antsirabe aus auf der Route Nationale Nr.7 100 km weit nach Süden fahren, erreichen Sie **Betsileo-Land** und schließlich die kleine Stadt Ambositra, wunderschön gelegen in einer hügeligen Umgebung. Ambositra ist das Zentrum der madagassischen **Holzschnitzerei**, und sogar einige der Häuser haben reich verzierte hölzerne Balkone und Fensterläden.

Der Grund dafür, daß hier das Schnitzhandwerk dominiert, liegt zum einen darin, daß der kleine, noch erhaltene Rest von Urwald mit seinen seltenen Hölzern nicht weit entfernt ist und zum anderen, weil im Osten von Ambositra die Zafimaniry leben. Sie sind es vor allem, die die echte madagassische Holzschnitztradition noch aufrecht erhalten. Ein Leser fragte mich, ob wir nicht durch den Kauf von Kunsthandwerksartikeln aus Holz zur weiteren Zerstörung des Urwaldes beitragen. Ein wichtiger Gedanke, aber ich glaube, daß die verwendeten Mengen relativ klein sind, besonders wenn man dagegen hält, daß dies die Haupteinkommensquelle für die Dörfer ist. Ich würde mir nur wünschen, daß weniger minderwertige Schnitzarbeiten hergestellt würden.

In Ambositra haben Sie eine große Auswahl, aber vieles ist geschmacklos und hat keine Tradition: geschnitzte Elefanten und andere afrikanische Tiere sowie das endlos wiederkehrende Motiv eines Kriegers mit seinem Speer. Einer der Schnitzer fällt als wirklicher Künstler aus dem Rahmen: Er unterzeichnet mit **Jean** auf der Unterseite seiner Arbeiten, bei denen es sich um exquisite Porträts von madagassischen Dorfbewohnern handelt, die bei der Ausübung traditioneller Tätigkeiten dargestellt sind. Seine Werkstatt befindet sich in Ambohibary, am Rand von Ambositra, und ist mit einem Wegweiser (**Société Jean et Frère**) ausgeschildert.

Eine andere gute Einkaufsmöglichkeit für Schnitzereien ist **Arts Zafimaniry**, eine Kooperative, die einer französischen katholischen Missionsstation untersteht und in deren Kloster untergebracht ist. Ein Besuch dorthin lohnt sich schon allein wegen der Lage und der Aussicht.

Sie erreichen den Gebäudekomplex vom südlichen Rand der Stadt aus den Hügel hinauf. Die Anschrift ist ECAR, Boulevard Circulaire. Im Kloster selbst ist der Laden nicht eben leicht zu finden - Sie werden einen der Mönche fragen müssen. Der Laden ist von 7.30-11.15 Uhr und von 14.15-17.30 Uhr geöffnet. Angesichts all der Holzschnitzereien würde man meinen, der Name der Stadt habe irgendeinen Bezug zu diesem Handwerk. Tatsächlich bedeutet er "Stadt des kastrierten Viehs", weil ein früherer Landbesitzer hier kräftige Stiere zog!

Übernachtung/Essen
Das einzig gute Hotel in Ambositra ist das **Grand Hotel**, das zwar nicht sehr "grand" ist, aber für eine Übernachtung ausreicht. FMG 13.000.

Angela Newport schlägt eine preiswertere Alternative vor: "Fragen Sie im **Centre d'Hébergement du MPJS** (Ministre de la Population de la Jeunesse et des Sports). Das ist ein einstöckiges, weißes Gebäude mit roten Fensterläden auf der gegenüberliegenden Straßenseite vom Grand Hotel. Es gibt ca. 9 Betten, manche mit Matratze, andere mit den üblichen madagassischen Holzstäben - Bettzeug wird nicht gestellt. Essen gibt es auch nicht." Der Preis, den Sie nannte, war FMG 1.000 (was sich mit Sicherheit schnell ändern wird, sobald jemand merkt, daß eine Nachfrage besteht). Das **Restaurant Violette** an der Hauptstraße ist zu empfehlen, wenn Sie preisgünstig madagassisch essen möchten.

Eine Fahrt mit dem Taxi-Brousse (von Robert Stewart)
Ich dachte wirklich, ich hätte Glück, als ich an der Taxi-Brousse-Haltestelle in Ambositra ankam und ein Fahrzeug vorfand, das schon halb voll war und nach Tana fahren sollte. Das war um 9 Uhr. Wir warteten 3 Std., ehe der Motor angelassen wurde und alle sich ihre Plätze suchten. Doch der Fahrer machte nur eine Rundfahrt durch die Stadt, und eine halbe Stunde später waren wir wieder dort, wo wir kurz zuvor abgefahren waren. Dann war es Zeit zum Mittagessen, also ging jedermann ins nächstgelegene *hotely*.

Nach dem Essen waren zwei der Passagiere verschwunden, und wir mußten auf sie warten. Dann beschlossen zwei andere, daß sie doch nicht mitfahren wollten, also mußte ihr Gepäck wieder vom Dach heruntergeholt werden. Um 14 Uhr brachen wir erneut auf. Diesmal gelangten wir bis zur Tankstelle, doch leider gab es dort kein Benzin mehr, so mußten wir mit ca. 2 km/h quer durch die Stadt zu einer anderen fahren.

Das Hochland

Endlich waren wir unterwegs. Es befand sich etwa 15 cm Beinplatz zwischen den Sitzreihen, daher waren meine Knie fest gegen die Eisenstange auf der Rückseite des vorderen Sitzes gepreßt. Dort saß ein sehr dicker Soldat, der fast die gesamte Fahrt damit verbrachte, mit dem Kopf aus dem Fenster zu hängen und eklig grüne Galle auf Vorübergehende zu spucken, ganz wie eine Figur aus einem Horrorfilm.

Rechts von mir saßen zwei Menschen, die offensichtlich sehr ineinander verliebt waren, obwohl schwer festzustellen war, worin wohl die Anziehungskraft des einen für den anderen bestanden haben mochte. Er war vollkommen betrunken und gestikulierte wild herum, ohne dabei seine Muskeln zu beherrschen, und sie stank wie ein Iltis. Die übrigen Passagiere waren reizend.

Nach etwa 20 Minuten mußten wir an einem Stand am Straßenrand anhalten, um Mangos zu kaufen. Da ich jetzt auf der sonnenbeschienenen Seite des Fahrzeugs saß, erhitzte sich mein Hemd auf eine Temperatur, die, wäre es aus Polyester gewesen, wohl dem Schmelzpunkt gleichgekommen wäre. Unser nächster Halt war in Antsirabe, wo wir von rund 50 Apfelverkäufern eingekreist wurden. Ich hatte nicht mehr so viele Äpfel gesehen seit ... ja, seit wir Ambositra verlassen hatten, was, so dachte ich, wohl die Apfel-Hauptstadt von Madagaskar sein mußte. Schließlich fuhren wir weiter, und die linke Hälfte meines Körpers glühte wieder wie eine Supernova. Gegen 17 Uhr wurde das Radio eingeschaltet, so daß wir zuhören konnten, wie zwei Männer sich gegenseitig anschrien, und das mit einer Lautstärke, die selbst im Wembley Stadion Trommelfelle zum Platzen gebracht hätte. Als ein Passagier sich beschwerte, gelang es unserem Fahrer, dem Gerät noch einige Dezibel mehr zu entlocken.

Gegen 18 Uhr erlebten wir einen großartigen Sonnenuntergang, aber kurz danach begann es doch deutlich kühler zu werden. Da der leidende Bundi vor mir keinerlei Anzeichen erkennen ließ, daß er sich mittlerweile von seinen toxischen Enzymen befreit hätte, mußte ich jetzt einen eisigen Windhauch auf meinem Gesicht ertragen. Unser nächster Halt diente dem Einkauf von Weintrauben. Wir hatten jetzt genug Obst an Bord, um einen Öko-Laden in Covent Garden aufzumachen, und ich wurde so langsam etwas unruhig. Als wir nach Tana hineinfuhren, gerieten wir in einen Stau, und so war es 20.30 Uhr, als ich schließlich ausstieg. Großartige Erfahrung - hätte ich um nichts in der Welt missen mögen.

Zafimaniry-Dörfer

Die meisten der Zafimaniry-Dörfer kann man nur zu Fuß erreichen. Der Ausgangspunkt für einen Ausflug dorthin liegt 10 km südlich von Ambositra im Dorf **Ivato**. Von dort führt eine gute Straße in das Dorf **Antoetra**, hoch gelegen am Berghang auf etwa 1.874 m. Die reich dekorierten Holzhäuser tragen geometrische und figürliche Holzschnitzereien. **Ifasina** ist zwei Stunden zu Fuß entfernt, und es gibt andere Dörfer in der Gegend (☞ Karte), von denen jedes besondere Schnitzarbeiten aufweist. Das Gelände, zwischen 1.500 und 1.800 m hoch gelegen, ist stark zerklüftet und Sie müssen komplett ausgerüstet und darauf eingestellt sein, zu zelten. Die FTM-Karte Nr. 8 ist bei einem Ausflug sehr hilfreich.

 Madagascar Airtours bietet eine viertägige Wanderung durch das Zafimaniry-Land an: eine ausgezeichnete und sichere Möglichkeit, die entlegeneren Dörfer zu sehen.

Interessanterweise sind die **Zafimaniry** die einzigen Kunsthandwerker auf Madagaskar, die eine besondere Art des **Webens** entwickelten. Ihre Methode, die Kettfäden zu straffen, ist in Afrika nicht bekannt, in Asien jedoch weit verbreitet. Ihre traditionelle Spezialität ist **gewobene Borke**, deren Fasern voneinander gelöst werden, nachdem man sie in Wasser eingeweicht hat. Der Stoff, der daraus hergestellt wird, findet bei Begräbnissen Verwendung.

 In jüngerer Zeit häufen sich Berichte, denen zufolge die Zafimaniry sich immer mehr an die Besucher gewöhnt haben und zu sehr hartnäckigen Bettlern geworden sind.

Wenn Sie weiter nach Süden die R.N. 7 hinunterfahren, wird die Landschaft immer spektakulärer. Kurz vor **Ambositra** werden die grasbewachsenen Hügel vom westlichen Rand des Regenwaldes abgelöst, und die Straße verläuft steil hinauf. Der steilste Anstieg kommt nach etwa zwei Stunden, wenn sich das Auto eine scheinbar endlose, kurvige Straße hinaufquält, durch dichten Wald aus eingeführten Kiefern und Überresten von einheimischem Urwald, und schließlich den höchsten Punkt erreicht, wo Orangenverkäufer eine willkommene Erfrischung anbieten. Dann geht es wieder hinunter durch noch mehr Wald nach **Ambohimahasoa**. 7 km von hier entfernt, in **Ilanjana**, sind die Überreste des Herrschersitzes eines Betsileo-Königs zu sehen. In **Sahamhasoa** gibt es Teeplantagen.

Wenn Sie Ambohimahasoa verlassen, kommen Sie durch offeneres Gelände mit Reisfeldern und Häusern, während Sie sich Fianarantsoa nähern.

Fianarantsoa

Der Name bedeutet **Ort des guten Lernens**. Fianarantsoa (kurz Fianar genannt) wurde 1830 als Verwaltungshauptstadt von Betsileo gegründet und zählt zu den attraktivsten madagassischen Städten. Erbaut auf einem Hügel, erscheint Fianar wie eine Miniaturausgabe von Antananarivo.

Zusätzlich zu der Möglichkeit, Fianarantsoa über die Straße zu erreichen, gibt es auch viermal in der Woche eine **Flugverbindung** von Tana (DM 135). Das heutige Fianar ist vor allem wegen seiner großen Zahl von Kirchen (sowohl katholischer wie protestantischer Konfession) und der verwirrenden Stadtanlage, die sich auf drei verschiedenen Ebenen erstreckt, bemerkenswert. Auf Reisende, die sich hier nur kurz aufhalten, wirkt diese Anordnung entmutigend. Der untere Teil der Stadt, beherrscht von einem riesigen Stadion aus Beton, ist entschieden trist, abgesehen vom Bahnhof selbst, einem ausgesprochen eleganten Bauwerk französischer Kolonialarchitektur, das ganz und gar nicht in seine Umgebung passen will.

Ein Besuch lohnt sich auch in der Oberen Stadt, mit ihren schmalen, gewundenen Gassen und der Vielzahl von Kirchen. Der Weg ist recht weit - nehmen Sie ein Taxi hinauf und gehen Sie zu Fuß zurück.

Übernachtung
Kategorie A: Hotel Soafia, ☏ 503 53, B.P. 1022. Ein großes Gebäude, versteckt hinter einer hohen Mauer auf der rechten Seite der Straße von Tana aus, wenn Sie in die Stadt hineinkommen. Unter chinesischer Leitung und ausgezeichnet, mit guter Küche. FMG 12.000-14.000.
Hotel Moderne (über dem Restaurant Papillon), befindet sich in der Nähe des Bahnhofs. Bequem. Nur eine begrenzte Anzahl von Zimmern. FMG 28.000.

Kategorie B: Hotel Relais du Betsileo, in der Oberen Stadt. Verfallen, aber interessant. Rund FMG 12.000.
Hotel Cotsoyannis, freundlich, günstig im Preis (FMG 7.800-9.000) und mit sehr heißem Wasser. Leckere heiße Schokolade zum Frühstück.

Kategorie C: Hotel Escale, FMG 3.500.
Hotel Central, in der Nähe des Stadions. FMG 6.000.

Restaurants
Chez Papillon: Manche Leute haben den Eindruck, daß sein Ruf, das beste Restaurant Madagaskars zu sein, etwas übertrieben ist. Aber die Mehrheit der Reisenden lobt doch die Qualität und die große Auswahl an Gerichten ohne Vorbehalte. (Ich erhielt eine Reihe von Briefe voller Detailbeschreibungen, bei denen einem das Wasser im Munde zusammenläuft.) Nicht billig, aber sein Geld wert.
Restaurant Maharajah, am unteren Ende der Rue Pasteur.
Restaurant Canonnaise (in der Nähe von Cotsoyannis).
Resto Rak, am nördlichen Ende der Stadt auf der rechten Seite (von Tana kommend). Zuerst kommen Sie links an drei Tankstellen vorbei.
Panda, in der Nähe des Stadions. Freundlich. Beliebt bei Reisenden.

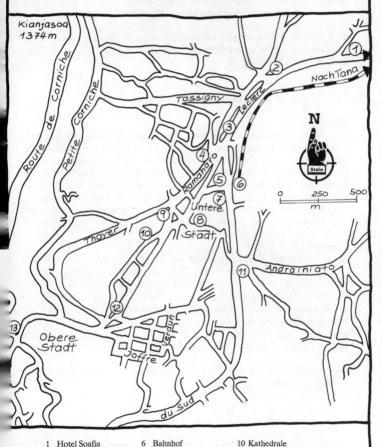

Das Hochland

 Frisches Brot können Sie in der Bäckerei links vom Hotel Soafia kaufen. Gehen Sie früh morgens durch die Tür in der linken Ecke des großen grauen Gebäudes. (Alison Newport)

▶▶ Es gibt eine Touristeninformation (Syndicat d'Initiative) in der Nähe des Bahnhofs, geleitet von Stella Ravelomanantsoa. Er (!) spricht Englisch und ist sehr hilfsbereit.

Ausflüge von Fianarantsoa

Weingüter
Der Landsitz **Isandra** (Domaine Côtes d'Isandra) und der Landsitz **Famoriana** (Domaine Côtes de Fomriana) sind zwei der größten und bekanntesten Weingüter Madagaskars. Beide Weingüter sind für Besucher geöffnet. Isandra liegt ca. 30 km nordwestlich von Fianarantosa und Famoriana noch etwas weiter entfernt hinter der kleinen Stadt Isorana. Die Besitzer der Güter sind häufig in der Bar des **Papillon** zu finden; möglicherweise können Sie dort mit ihnen ins Gespräch kommen, um einen Besuch zu vereinbaren.

Teeplantage
Die Teeplantage **Sahambavy** liegt auf einer Seite des sehr hübschen Tales neben dem Sahambavy-See, 25 km per Straße von Fianar entfernt, oder auch mit dem Zug zu erreichen (Bahnhof Sahambavy an der Strecke nach Manankara). Obwohl der Teeanbau in vorkolonialer Zeit auf Madagaskar bereits gefördert wurde, ist dies eine recht junge Plantage, die heute von der britischen Gesellschaft Tate und Lyle verwaltet wird. Mehr als 80% des Tees, der hier produziert wird, ist für den Export bestimmt und von hoher Qualität.

▶▶ Besucher sind auf dem Gelände willkommen, das sich sehr gut für ein Picknick eignet.

Ranomafana

Eine hübsche kleine Stadt, nordöstlich von Fianar, bekannt für ihre **heißen Quellen** und die neuentdeckten **Lemurenarten** im nahegelegenen Regenwald. Zu erreichen mit dem Taxi-Brousse über eine einst gute, jetzt schreckliche Straße. ("Schlamm, glorreicher Schlamm hielt uns davon ab, Ranomafana zu erreichen. Wir kehrten schließlich um, als wir auf einen Lastwagen trafen, der in den letzten drei Tagen 13 km zurückgelegt hatte und es sich zur Zeit gerade in der Vegetation am Wegesrand gemütlich machte ... " Angela Newport)

Die Straße, die zur Stadt hinunterführt, folgt dem Verlauf eines beeindruckenden Flusses (mit Wasserfällen). Es gibt, natürlich, einen Swimmingpool mit heißem Wasser, für den man ein geringes Eintrittsgeld entrichten muß (wenn er geöffnet ist), oder Sie nehmen ein separates Bad. Offiziell geöffnet ab ca. 7 Uhr, mittags und am Abend geschlossen.

Der Goldene Bambuslemur und andere Halbmakis

Die Geschichte des **Goldenen Bambuslemurs** (*Hapalemur aureus*) reicht zurück bis 1972, als ein anderer, ähnlicher Halbmaki, *Hapalemur simus*, der bereits als ausgestorben galt, von André Peyrieras im Südosten wiederentdeckt wurde.

1986 kamen zwei Wissenschaftler nach Madagaskar, um diesen neuen Lemuren im Wald in der Nähe von Ranomafana zu studieren, wo er von Corinne Dague, einer französischen Lehrerin und Lemurenliebhaberin, gesehen worden war. Patricia Wright von der Duke University, North Carolina, verfaßte einige Studien über ein Tier, das sie für den *Hapalemur simus* hielt, gefolgt von Bernard Meier aus Deutschland. Beide nahmen zunächst an, daß sie eine andere Form des Lemurs beobachteten, den Peyrieras beschrieben hatte. Erst als Miss Wright zwei Gruppen von Lemuren beobachtete, die das gleiche Habitat bewohnten, sich aber von verschiedenen Pflanzen ernährten, kam sie auf den Gedanken, daß es sich möglicherweise um zwei grundverschiedene Arten handeln könne.

Hapalemur aureus ist kleiner und brauner als *Hapalemur simus*. Später stellte sich heraus, daß es noch weitere Unterscheidungsmerkmale gibt, die diesen Lemur eindeutig als Vertreter einer neuen Art kennzeichneten. So befindet sich beispielsweise die Armduftdrüse an anderer Stelle und auch die Chromosomenanzahl ist unterschiedlich.

Zu der Gattung der Halbmakis gehören demnach: *H. griseus*, Grauer Halbmaki oder Kleiner Halbmaki; *H. simus*, Breitschnauzen-Halbmaki oder Großer Halbmaki und *H. aureus*, Goldener Bambuslemur.

Übernachtung
Hotel Thermal de Ranomafana (B.P. 13, ☏ 1). Zimmer für FMG 9.000. Ein bißchen feucht, aber sonst ganz in Ordnung. Gute Gemeinschaftswaschräume, doch ironischerweise kein heißes Wasser, obwohl die Stadt "Rano-mafana" - "heißes Wasser" heißt. Gute Küche.
Monsieur Bobo's, leicht zu finden durch das Micky Maus-Schild davor. Freundlich und preiswert (FMG 2.500). "Er hat eine Übernachtungsmöglichkeit - ein Gebäude mit zwei Zimmern, einem Blechdach, aber ohne Elektrizität; ein Plumpsklo befindet sich irgendwo hinter den Schweineställen!" Sheila Tunstall.

Der Wald von Ranomafana
Dieser Restbestand eines Bergwaldes wurde überraschend berühmt, als 1986 hier der **Goldene Bambuslemur** entdeckt wurde.

Das Fehlen bequemer Unterkünfte und die schlechte Straßenverbindung bringen es mit sich, daß Ranomafana in absehbarer Zukunft kein Hauptreiseziel für Touristen sein wird, doch jeder, der sich ernsthaft für die madagassische Fauna interessiert, ist gut beraten, dem Waldgebiet einen Besuch abzustatten (die Gegend eignet sich ausgezeichnet zur Vogelbeobachtung).

Sie erreichen den Wald, indem Sie (bergauf) die Straße zurück nach Fianar etwa 6 km (manche sagen auch 10 km) weit gehen. Auf dem Weg kommen Sie durch das Dorf **Ambotilahy**. Dort können Sie einen Führer anheuern. Sheila Tunstall und Martin Kitzen ließen sich von Monsieur Bobo einen Führer vermitteln. Er schien am Anfang recht kompetent, zeigte ihnen zwei verschiedene Lemurenarten, doch problematisch wurde es, als er sich entschloß, den Hauptweg zu verlassen, um nach selteneren Arten zu suchen. *"Der Wald wurde dichter und dichter, bis schließlich kein Pfad mehr zu erkennen war, und dann ging es bergab auf einen Fluß zu, den wir überqueren sollten.*

Wir sprangen von Fels zu Fels, dann wollte unser Führer zu einem breiteren Überweg hinüberwechseln, fiel dabei ins Wasser und wäre möglicherweise von der Strömung fortgespült worden, hätte Martin nicht sofort einen Zweig ins Wasser gehalten, an dem er sich festhalten konnte. Danach lehnte er es ab, die Überquerung an dieser Stelle noch einmal zu versuchen, und führte uns stattdessen über unendlich viele, oft fast senkrecht ansteigende Hügelwände - morsche Zweige, Dornengebüsch - der Wald schien immer dichter zu werden.

Dann entdeckten wir, wie eklig Blutegel sein können. Egal wie oft wir sie ablösten, es gab immer wieder neue, die unsere wunden Hautpartien fanden und sich festsaugten. Sie kletterten über unsere Schuhe, in die Socken und ließen sich dann durch die Löcher für die Schnürsenkel wieder herausfallen, fett und vollgesogen."

Sheila und Martin gelang es schließlich, kurz vor dem Dunkelwerden die Stadt zu erreichen, ziemlich mitgenommen von diesem Erlebnis.

Die Erfahrung, die die beiden mit ihrem Führer machten, ist keine Seltenheit auf Madagaskar. Fast alle Führer sind sehr enthusiastisch und kennen meistens auch die Gebiete der Lemuren. Es kann jedoch sein, daß sie so fest entschlossen sind, dem Besucher die Erlebnisse zu vermitteln, derentwegen er gekommen ist, daß die üblichen Sicherheitsüberlegungen einfach vergessen werden. Wenn Sie einen Führer finden können, der bereits von anderen empfohlen wurde (☞ *Wanderführer*), werden Sie sich sicherer fühlen.

1990 wurde Ramofana offiziell zu einem Naturreservat erklärt. Jetzt benötigen Sie eine Genehmigung und müssen die üblichen Gebühren für einen Besuch im Reservat zahlen.

Ambalavao

56 km südwestlich von Fianarantsoa liegt eine Stadt, die vor allem wegen ihrer schönen Umgebung, ihrer Kulturgeschichte und des modernen Kunsthandwerks interessant ist. "Nirgendwo auf Madagaskar habe ich eine Stadt gesehen, die so sehr an ein mittelalterliches europäisches Dorf erinnert wie diese. Zwar ist die Hauptstraße nicht besonders schmal, doch die hölzernen Balkone mit ihren hübsch verzierten Geländern neigen sich so weit über die Straße, daß sie aussehen, wie aus einem Märchenbuch entnommen. Die Dächer sind mit Ziegeln gedeckt, doch was die Szenerie zu guter Letzt realistisch wirken ließ, war die Tatsache, daß Kübel voll Wasser über diejenigen Leute geleert wurden, die zu nah am Rinnstein entlanggingen." (Tim Cross)

Ambalavao ist der Ort, wo das berühmte madagassische **Antaimoro-Papier** hergestellt wird. Dieses papyrusähnliche Papier, verziert mit getrockneten Blumen, wird als Wandschmuck oder als Material für Lampenschirme verkauft, und der *Zoma* in Tana ist voll mit schönen Exemplaren. Die Leute in dieser Gegend sind **Betsileo**, aber die Papierherstellung ist angelehnt an die Antaimoro-Tradition der Küste, die wiederum zurückgeht auf späte muslimische Einwanderer, die Prophezeiungen oder Verse aus dem Koran auf dieses Papier schrieben. Die arabische Schrift war die einzige Schriftart, die auf Madagaskar bekannt war, bevor die LMS (London Missionary Society) fast 500 Jahre später eine madagassische Schriftsprache entwickelte, die auf dem römischen Alphabet basiert.

Antaimoro-Papier wird traditionell aus der Borke des *Avoha*-Baumes hergestellt, der in den Wäldern im Osten wächst. Heute findet häufig auch Sisalpaste Verwendung. Nachdem die Borke weichgeklopft und in Wasser eingeweicht wurde, werden trockene Blumen in sie hineingepreßt, bevor das ganze schließlich trocknet. Die Manufaktur, die dieses Papier herstellt, befindet sich hinter der Kirche in Ambalavao. Im Laden können Sie zusehen, wie das Papier entsteht und Sie haben dort auch die Gelegenheit, einige Muster kaufen. Ein interessanter Besuch!

➼ Am Mittwoch findet hier ein guter Markt statt; donnerstags ist Viehmarkt.

Obwohl Ambalavao an der R.N. 7 liegt, ist Reisenden in Richtung Süden zu empfehlen, von Fianarantsoa aus einen Ausflug hierher zu unternehmen, weil Fahrzeuge, die nach Ihosy oder noch weiter wollen, sich in Fianar mit Fahrgästen füllen. In Ambalavao müßten Sie lange warten.

Übernachtung
Tsi Kivy Hotel: "Seinen Preis von FMG 3.000 wert; die Toilette war eine widerliche dunkle Grube mit einigen Planken darüber - ich schlich mich im Dunkeln hinaus und suchte mir einen Busch." (Eleanor Clarke)

Ausflüge von Ambalavao

Die Gegend um Ambalavao und weiter südlich in Richtung Ihosy hat wohl die schönste Bergwelt auf Madagaskar überhaupt zu bieten. Wenn man von Fianar kommt, ist die Umgebung eine hübsche Mischung aus Weingärten und terrassenförmigen Reisfeldern (die Betsileo sind die anerkannten Meister des Reisanbaus). Dann, nach 20 km, scheint eine riesige Felsformation die Straße fest in ihrem Griff zu halten. Ihr Name ist *Tanan' Andriamanitra* oder "Hand Gottes".

Wenn Sie hinter Ambalavao die Straße weiter in Richtung Südwesten fahren, beherrschen riesige Granitfelsen die grasbewachsene Ebene. Der auffälligste von ihnen, mit einer doppelten Felsspitze, heißt *Varavarana Ny Atsimo*, das "Tor zum Süden". Nach ihm wurde auch der dort vorhandene Paß benannt. Dahinter liegen *Bonnet de l'Évêque*

(Bischofshut).und ein riesiger Granitblock, geformt wie ein kopfüber gedrehtes Boot, dessen Seite zu einem Amphitheater ausgehöhlt ist; Ströme fließen hinunter in die üppige Vegetation zu seinem Fuß. Dann kommen das flache Horombe-Plateau und der Süden.

Pic Boby
Südlich von Ambalavao liegt das **Andringitra-Massiv**, gekrönt von Madagaskars zweithöchstem Berg, dem Pic Boby (2.658 m). Die Gegend ist als Naturschutzgebiet deklariert (*Réserve Naturelle Intégrale de l'Andringitra*), was sie einer ehemals besonderen Aufmerksamkeit des WWF und der staatlichen Naturschutzstellen verdankt.

Eine Besuchsgenehmigung erhalten Sie in Tana. Führer können im Dorf Antanifotsy angeheuert werden, das 50 km von Ambalavao entfernt an einer sehr schlechten Straße liegt. Es gibt Fußwege in das Reservat, darunter einen, der über 25 km vom Dorf zum Pic Boby führt. Seien Sie auf extreme Witterungsbedingungen eingestellt: Im Juni 1980 wurde eine Rekordtemperatur von -8Grad C gemessen (fast am Gipfel des Pic Boby), und gelegentlich liegt Schnee.

Es ist vorgesehen, daß das an endemischer Flora und Fauna reiche Reservat nach und nach für Touristen geöffnet werden soll. Eine große Vielfalt von Vegetationstypen ist zu sehen, je nach Höhenlage, von Aloe und *Pachypodium* (Hundsgiftgewächs) in tieferen, felsigen Gegenden bis hin zum Nebelwald. Eine entsprechend große Zahl von Tierarten lebt hier ebenfalls, besonders Amphibien.

Eine andere, leichter zugängliche Stadt für Ausflüge in die Berge ist **Ambohimahamasina**. Hier brauchen Sie keine Genehmigung.

Ifandana
Dieser historisch bedeutsame Ort in der Andringitra-Region (ca. 18 km von Ambalavao entfernt), bezeichnet die Stelle, wo die Betsileo ihren letzten verzweifelten Widerstand gegen König Radama I. leisteten. Dank britischer Gewehre und einer guten Militärausbildung brachte Radama zwei Drittel der Insel und alle Hauptbevölkerungszentren unter seine Kontrolle.

Die **Ifandana-Klippe** ist ein konischer Fels, von dem die belagerten Betsileo Massenselbstmord begangen haben sollen, um nicht unter der Herrschaft der Merina leben zu müssen. Vermutlich sind unterhalb der Klippe immer noch menschliche Gebeine zu finden, und die Gegend ist, verständlicherweise, heilig. Es ist gilt schon als *fady*, überhaupt nur auf den Gipfel zu zeigen.

Einige madagassische Sprichwörter
Tantely tapa-bata ka ny foko no entiko mameno azy.
Dies ist nur ein halber Topf Honig, aber mein Herz füllt die andere Hälfte auf (zu verwenden, wenn man glaubt, daß ein Geschenk nicht angemessen ist).

Aza manontany basy amin'ny Angilisy.
Sprich nicht mit den Engländern über Gewehre. (Trag keine Eulen nach Athen.)

Mahavoa roa toy ny dakam-boriky.
Zwei Dinge auf einmal treffen, wie der Tritt eines Esels. (Mehrere Fliegen mit einer Klappe schlagen.)

Hazo tokana tsy mba ala.
Ein Baum macht noch keinen Wald.

Mividy omby anaty ambiaty.
Kauf einen Ochsen im Busch. (Die Katze im Sack kaufen.)

Tsy midera vady tsy herintaona.
Lob deine Frau nicht, ehe ein Jahr vergangen ist. (Du sollst den Tag nicht vor dem Abend loben.)

Ny omby singorana amin' ny tzandrony, ary ny olona kosa amin'ny vavany.
Ochsen werden an ihren Hörnern ergriffen, Männer (verraten sich) durch ihre Worte.

Lavitry ny maso lavitry ny fo.
Aus den Augen, aus dem Sinn.

Tondro tokana tsy mahazo hao.
Du kannst eine Laus nicht mit einem Finger fangen (d.h. arbeitet zusammen!)

Ny alina mitondra fisainana.
Die Nacht bringt Weisheit. (Laßt uns drüber schlafen.)

Der Süden

Dies ist der exotischste und berühmteste Teil Madagaskars, die Region des "Dornenwaldes", wo seltsame, kakteenähnliche Bäume ihre stacheligen Finger zum Himmel erheben, wo noch Teile von Elefantenvogeleiern zu finden sind, und wo die Mahafaly ihre faszinierenden und oft unterhaltsamen *Aloalo*-Stelen auf den Gräbern errichten.

In dieser Gegend liegt auch Madagaskars bekanntestes Naturreservat (Berenty), und, so wird behauptet, der schönste Strand des Landes (Fort Dauphin). Kaum ein Besucher wird daher den Süden bei seiner Reiseplanung auslassen.

Europäer kommen bereits seit langer Zeit hierher. Vermutlich waren schiffbrüchige, portugiesische Seefahrer unter den ersten Kolonisatoren. Sechshundert Mann wurden 1527 an der Küste im Südwesten an Land gespült; einige von ihnen sollen im Isalo-Massiv Zuflucht gefunden haben, in einer Höhle, die heute *Grotte des Portugais* heißt. (Allerdings kam ein Forschungsteam in den 60er Jahren zu dem Ergebnis, daß die Bewohner der Grotte wohl arabischen Ursprungs waren und die gefundenen Spuren schon aus dem 11. Jh. datieren.) Später, als Seefahrer gezielt auf Madagaskar landeten, weil man sich im 16. und 17. Jh. zunehmend für Gewürze zu interessieren begann, wurde die **St. Augustines-Bucht**, südlich der modernen Stadt Tuléar, ein bevorzugter Landeplatz. Holländer und Briten kamen, um neue Vorräte aufzunehmen, um Silber und Perlen gegen Fleisch und Obst einzutauschen.

Ein Engländer namens Richard Boothby war so begeistert von den Annehmlichkeiten Madagaskars und von den Einheimischen, "den glücklichsten Menschen der Welt", daß er, angestachelt von seiner Begeisterung, versuchte in der St. AugustinesBucht eine Kolonie zu gründen. Das Unternehmen war jedoch erfolglos. Die ursprünglich 140 Siedler schrumpften bald durch Krankheiten und Morde auf 60 zusammen. Als die einheimischen Stammesangehörigen feststellen mußten, daß sie ihre Lieblingsperlen nicht mehr eintauschen konnten und daß diese *vazahas* keine Anstalten machten, wieder abzureisen, waren sie sehr unglücklich darüber. Die Kolonisatoren verließen die Insel schließlich im Jahre 1646.

Fünfzig Jahre später war St. Augustine ein Zufluchtsort für Piraten, und 1754, als ein britisches Segelschiff zu dieser Bucht gelangte, trugen viele Angehörige der Sakalava-Aristrokratie bereits englische Namen.

Die wichtigsten Stämme im Süden sind die **Mahafaly**, die **Antanosy** und die **Antandroy**, die an der Küste und im Hinterland leben, sowie die

Bara im Zentrum. Diese Südmadagassen sind zähe, dunkelhäutige Menschen mit afrikanischen Gesichtszügen, gewöhnt an die Härten des Lebens in einer Region, wo nur selten Regen fällt und wo es eine ständige Herausforderung ist, Wasser und Weideland für die großen Zebuherden zu finden.

Im Unterschied zu den Bewohnern des Hochlandes, die zweite Bestattungen durchführen und deren Gräber die Gemeinschaftshäuser ihrer Ahnen sind, erinnern sich die Menschen im Süden sehr oft an ihre in jüngerer Zeit verstorbenen Angehörigen. Hier besteht eher die Möglichkeit, auch als Individuum in Erinnerung zu bleiben, und ein Mahafaly-Mann, dessen Leben ereignisreich war und der reich gestorben ist, wird die Höhepunkte seines Lebens in Form von Holzschnitzereien (*aloalo*) oder bunten Bildern auf seinem Grab verewigen lassen.

Früher hatten die *aloalo* eine stärker spirituelle Bedeutung, aber wie auch wir in unserer Kultur dazu tendieren, ein Element des Humors und des Realismus in unsere Religion hineinzutragen, ist dies ebenfalls auf Madagaskar üblich. Wie John Mack in *Island of Ancestors* sagt: "Die *aloalo* sind zu Nachruf-Anzeigen geworden, während sie früher Ankündigungen der Wiedergeburt waren."

Die **Gräber der Antandroy** können ebenso farbenprächtig sein, sind meist jedoch weniger unterhaltsam: groß und rechteckig (je wichtiger der verstorbene Mensch, desto größer das Grab) und wie bei den Mahafaly gekrönt mit Zebu-Schädeln, die vom Begräbnisfest übriggeblieben sind. Ein sehr reicher Mann kann mehr als 100 Zebu-Schädel auf seinem Grab haben. In der Regel stehen auf beiden Seiten der Gräber "männliche" und "weibliche" Steinstelen (oder bei modernen Gräbern Betontürme). Moderne Gräber sind mitunter leuchtend bunt angestrichen und tragen seitlich geometrische Muster.

Die **Antanosy** haben aufrechte Steine, Obelisken aus Zement oder mit schönen Schnitzereien verzierte hölzerne Erinnerungsmale. Sie befinden sich jedoch nicht über den Gräbern, sondern verborgen an einem heiligen Platz.

Reisen im Süden

Im Süden auf den Straßen zu reisen, ist eine Herausforderung, aber die Straßen werden immer besser, und die R.N. 7 nach Tuléar ist mittlerweile fast auf ihrer gesamten Länge geteert! (Jeder, der auf dieser Straße unterwegs war, bevor sie geteert wurde, wird dieses Ausrufezeichen verstehen.)

Der Süden

Abgesehen von dieser neuen Straße und der Straße zwischen Fort Dauphin und Ambovombe ("die beste auf Madagaskar") sind die Wege, die andere wichtige Städte miteinander verbinden, abgründig schlecht, daher werden die meisten Leute es vorziehen, zu fliegen. Air Madagascar hat 1990, zusätzlich zu den Flügen in die größeren Städte Fort Dauphin und Tuléar, ganz optimistisch einen Piper-Flug nach Ampanihy, Bekily und Betioky (jeweils am Donnerstag) in den Flugplan aufgenommen. Auch Ihosy soll zweimal in der Woche angeflogen werden. Sollte es tatsächlich gelingen, diese Flugverbindungen aufrechtzuerhalten, wäre das eine großartige Möglichkeit, diese kleinen Städte zu erreichen.

Ihosy

Diese Stadt, deren Name "Ii-uusch" ausgesprochen wird, ist die Hauptstadt der kämpferischen **Bara**, die den Merina erfolgreich Widerstand geleistet haben und nie ganz unterworfen wurden, bis die Franzosen kamen. Viehdiebstahl ist in dieser Region ein alter Brauch. Ihosy liegt an der Straßengabelung auf dem Weg nach Tuléar oder Fort Dauphin. Die Straße nach Tuléar ist gut, diejenige nach Fort Dauphin einfach schrecklich. Ihosy ist etwa 5 Std. mit dem Taxi-Brousse von Fianarantsoa entfernt und liegt in eindrucksvoller Landschaft.

Hier gibt es das **Zaha Motel** (bequeme Bungalows, kein heißes Wasser, FMG 15.000), außerdem das **Hotel Relais-Bara**: "Ziemlich schrecklich; FMG 5.000. Toiletten minus 10 auf einer Skala von 1-10. Das schlechteste Essen und die übelste Unterkunft auf der gesamten Reise. Zimmer wie Ställe, hintereinander in einer Reihe gebaut. Keine Fenster, aber Türen mit Oberlicht. Da es mir nicht gelang, meine Tür abzuschließen, mußte ein Mitreisender mich einschließen und mir den Schlüssel durch das Oberlicht reichen!" (Liz Roberts).

Wenn Sie Ihosy verlassen, fahren Sie während der ersten zwei Stunden über das monotone **Horombe Plateau**, eine Savannenlandschaft mit Medemia-Palmen, bevor Sie die Sandsteinfelsen des Isalo-Nationalparks am Horizont erblicken.

Isalo-Nationalpark

Die Kombination aus Sandsteinfelsen (zerschnitten durch tiefe Schluchten und in seltsame Formen erodiert), seltenen endemischen Pflanzen und trockenem Wetter machen einen Besuch in diesem Park besonders lohnend.

➼ Von Juni bis August regnet es praktisch nie, aber denken Sie daran, daß der November der feuchteste Monat ist.

Für Botaniker gibt es *Pachypodium rosulatum* oder Elefantenfuß, eine knollige Pflanze, die an den Felsen rankt, und eine einheimische Aloe-Art, *Aloe isaloensis*, und für Lemurenfreunde Sifakas, Braune Makis und Kattas. 55 Vogelarten sind hier beobachtet worden.

Eine **Genehmigung** zum Besuch des Parks holen Sie sich am besten im voraus in Tana, aber sie ist auch erhältlich beim Département des Eaux et Forêts in der benachbarten Stadt Ranohira, 97 km südlich von Ihosy. Der Leiter des Parks, Monsieur Ferdinand Kasambo, der bereits seit 1969 hier zuständig ist, kennt sich sehr gut aus. Sie können sich einen Führer mieten, der Ihnen den Park zeigt, einschließlich einer dreitägigen Wanderung zur *Grotte des Portugais*.

Es lohnt sich, einen Führer zu nehmen (Kosten 1990: FMG 4.000 pro Tag), damit Sie nicht ziellos herumwandern müssen. Eine beliebte Wanderung (sie dauert etwa zwei Stunden in jede Richtung und kann sehr heiß sein) führt zu einer Reihe von Becken, tief genug, daß man darin schwimmen kann.

Für ausgedehntere Ausflüge in den Park müssen Sie Wanderstiefel haben. Hier schneidet sogar das Gras wie ein Messer, und die Steine ruinieren einfache Straßenschuhe im Handumdrehen.

 Wenn Sie sich ohne einen Führer auf den Weg machen, ist ein Kompaß unbedingt erforderlich.

Das Isalo-Gebiet ist eines von nur zwei Nationalparks auf Madagaskar (die anderen Naturschutzgebiete sind Reservate), der Park wird jedoch nur selten besucht. Dennoch bringt der Tourismus einiges Geld ein und - ebenso wichtig - er hilft, Wilderer und Pflanzensammler fernzuhalten. Nur wenige, die dorthin fahren, sind enttäuscht. Sheila Tunstall schreibt: "Vier von uns verbrachten drei Tage mit Wanderungen im Park - die Landschaft ist atemberaubend, und dieser Besuch war einer der Höhepunkte unserer Reise."

In **Ranohira** gibt es ein einfaches Hotel. "Es war so voll, daß sie uns für FMG 500 pro Person im Hof zelten ließen. Das Ehepaar, das das Hotel leitet, war ausgesprochen nett - charmant, hilfsbereit, nichts war zu viel verlangt, und das Essen war ausgezeichnet."

Hinweis: Es ist sehr schwierig, von Ranohira nach Tuléar zu gelangen. Ein Taxi-Brousse fährt alle drei Tage. Stellen Sie sich auf eine lange Wartezeit ein.

Robert Drury

Faszinierende Einsichten in das Madagaskar des 18. Jahrhunderts vermittelte Robert Drury, der 1701 vor der Insel Schiffbruch erlitt. Er verbrachte mehr als 16 Jahre dort, einen Großteil davon als Sklave der Antandroy- oder Sakalava-Häuptlinge.

Drury war erst 15 Jahre alt, als sein Boot vor der Südspitze Madagaskars auf Grund lief (sein Vater hatte ihm gestattet, zusammen mit einigen Waren nach Indien zu reisen). Die Überlebenden des Unglücks wurden vom regionalen König gut behandelt, aber aus Statusgründen gefangengehalten. Nach einigen Tagen riskierten sie es, sich aus der Gefangenschaft zu befreien, indem sie den König als Geisel nahmen und nach Osten marschierten - gefolgt von Hunderten von Kriegern, die auf das geringste Nachlassen ihrer Wachsamkeit warteten.

Drei Tage lang ohne Wasser durchquerten sie eine sengend heiße Wüste. Doch gerade als sie den Fluß Mandrare vor sich erblickten (nachdem sie ihre Geiseln freigelassen hatten), wurden sie angegriffen und mit Speeren getötet.

Zehn Jahre lang war Drury der Sklave der königlichen Antandroy-Familie. Er hütete das Vieh und wurde schließlich zum königlichen Schlachter ernannt. Die Aufgabe, eine Kuh für rituelle Zwecke zu schlachten, fiel üblicherweise einem Menschen königlichen Geschlechts und mit heller Hautfarbe zu. Drury war ein nützlicher Ersatz. Er nahm sich auch eine Frau.

Kriege mit den benachbarten Mahafaly gaben ihm die Gelegenheit, nach Norden durch die Wüste zur St. Augustines-Bucht zu entkommen, immerhin 380 km entfernt gelegen. Dort hoffte er, ein Schiff zu finden, das ihn nach England bringen würde. Aber sein Glück verließ ihn, und er wurde wieder zum Sklaven, diesmal bei den Sakalava. Als schließlich ein Schiff landete, lehnte sein Herr es ab, ihn an den Kapitän zu verkaufen. Drurys verzweifelte Bemühungen, mit dem Schiff durch eine Nachricht, geschrieben auf einem Blatt, Kontakt aufzunehmen, wurden vereitelt, als der Bote das Blatt verlor und es durch ein anderes, weniger bedeutungsvolles ersetzte.

Zwei weitere Jahre relativer Freiheit folgten, und 1717 gelang es ihm schließlich zu fliehen - fast 17 Jahre nach dem Schiffbruch.

Ausgesprochen findig darin, erlittene Erfahrungen nutzbringend umzusetzen, kehrte er später nach Madagaskar zurück - als Sklavenhändler!

Tuléar (Toliara)

Anreise

Nach dem Ausbau der Route Nationale Nr. 7 ist die Anreise mit dem Taxi-Brousse oder Taxi-Be jetzt wesentlich einfacher (1990 lag der Preis für ein Taxi-Be bei FMG 22.000).
Ein Tourist, der mit dem Bus fuhr, berichtete, daß die Reise recht bequem war, aber es dauerte 22 Stunden, die 560 km zwischen Fianar und Tuléar zurückzulegen.

Hinter Ranohira werden die zerklüfteten Berge von Wiesen mit abgeflachten Bergen, die mit Wald bedeckt sind, abgelöst (in Amerika würde man sie *Mesas* nennen). Diese Gegend ist das Hauptanbaugebiet für **Baumwolle** auf Madagaskar, und Sie werden die typischen Symbole des Südens sehen, **Baobabs** und **Mahafaly-Gräber**.

Flüge gibt es an vier Tagen in der Woche (DM 248), zur Zeit (1990) am Dienstag, Mittwoch, Donnerstag und Sonnabend, außerdem besteht eine Verbindung per Twin Otter.
Aber seien Sie gewarnt: Die Flüge sind häufig ausgebucht, und in der Hochsaison ist das Air Mad Büro in Tuléar voller verzweifelter *vazahas*, die versuchen, nach Tana zurückzugelangen.

Tuléar heute

Im Mittelpunkt von Tuléars Geschichte steht die **St. Augustines-Bucht**, wie am Anfang dieses Kapitels beschrieben. Der Name der Stadt (Toliara oder Toliary) soll allerdings von einer Begegnung mit einem jener frühen Seefahrer stammen, der einen Einheimischen fragte, wo er sein Boot festmachen könne. Der Madagasse antwortete: *Toly eroa* ("Mach es da unten fest").

Die Stadt selbst ist recht modern (1895). Sie wurde von einem wenig begnadeten, französischen Architekten entworfen. Seine Baumanpflanzungen waren ästhetisch erfolgreicher, und Tuléars schattige Tamrinden-Bäume, *kily*, bieten noch heute willkommenen Schutz vor der brennenden Sonne.

Es gibt zwei gute Gründe, Tuléar zu besuchen: die reiche Unterwasserwelt sowie die ausgezeichneten Schnorchel- und Tauchmöglichkeiten an der Küste und die Mahafaly-Gräber. Das einzig Interessante in der Stadt selbst ist das kleine **Museum** über die Sakalava- und Mahafaly-Kultur am Bd. Philbert Tsiranana. Das Museum befindet sich im

Obergeschoß des Gebäudes, und die ausgestellten Gegenstände sind in englischer und französischer Sprache beschriftet. Hier sind auch einige erotische Sakalava-Grabskulpturen zu sehen.

Die Strände nördlich und südlich von Tuléar haben feinen weißen Sand und sind durch ein ausgedehntes Korallenriff geschützt. Es befindet sich leider zu weit von der Küste entfernt, um hinauszuschwimmen. Sie benötigen hierfür eine *pirogue* (in den Strandhotels zu mieten). Tuléar selbst hat leider keinen Strand, nur Mangrovensümpfe und Schlick.

Taxis innerhalb der Stadt: FMG 500; **zum Flughafen**: FMG 2.000.

Unterkünfte in der Stadt
Kategorie A: Hotel Plazza, B.P. 362, ☏ 427-66. Im Juni 1989 lagen die Preise zwischen FMG 20.000 und FMG 35.000, aber jetzt muß in Devisen bezahlt werden. Zentral gelegen mit Blick aufs Meer (oder - um genauer zu sein - auf den Schlick). Heißes Wasser, Klimaanlage. Gutes Essen. Zu empfehlen. Die französischen Manager, M. und Mme. Rivert, sind sehr freundlich und hilfsbereit. Sie planen einen Anbau mit weiteren 35 Zimmern, Swimmingpool, Tennisplätzen ...
Hotel Capricorne, B.P. 158, ☏ 414-95. FF 106. Etwa 2 km vom Stadtzentrum entfernt an der R. N. 7, aber weniger Moskitos und freundliche Atmosphäre. (Man spricht Englisch.) Klimaanlage, sehr gutes Essen. Die meisten halten es für das beste Hotel in der Stadt (es gehört M. de Heaulme, der auch den größten Teil von Fort Dauphin besitzt).

Kategorie B: Chez Alain, neue Bungalows, gut geführt von Alain, der sehr hilfsbereit ist. FMG 14.000 für die Hälfte eines Doppelbungalows, FMG 18.000 für einen alleinstehenden Bungalow. Kein heißes Wasser.
Hotel Central, im Stadtzentrum, FMG 13.000.
Le Corail (Restaurant und Bungalows), gut gelegen am Wasser die Straße vom Plazza hinunter, aber in der Nacht von Sonnabend auf Sonntag sehr laut (Disco).

Kategorie C: La Pirogue, FMG 13.000. Nette Bungalows in der Nähe des Hotel Plazza. Gute Küche und freundliche Atmosphäre.
Hotel Voamio, gleicher Preis. Sehr einfache Bungalows und laut (dies ist einer von Tuléars größten Nachtclubs), aber freundlich.
Hotel Soava Dia, an der Hauptstraße in die Stadt, nahe der Bushaltestelle. FMG 4.000, sauber und bequem.

Tuléar (Toliara)

1. Taxi-Brousse (Nord)
2. Hotel le Capricorne
3. Restaurant Golden City
4. Hotel Central
5. Air Madagascar
6. Marktplatz
7. Markt
8. Hotel Voamio
9. Museum
10. Restaurant L'Etoile du Mer
11. Postsamt
12. Hotel Plaza
13. Hotel La Pirogue
14. Taxi-Brousse (Süd)
15. Restaurant/Hotel Chez Alain

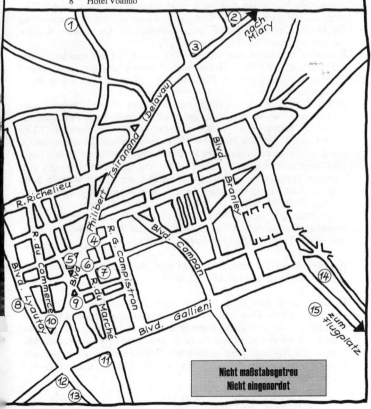

▶▶ In der kühleren Jahreszeit (von Mai bis Oktober) sind die Nächte in Tuléar sehr kalt. In den preiswerteren Hotels stehen meist nicht genug Decken zur Verfügung.

Unterkünfte am Strand außerhalb der Stadt
Mora Mora, Ifaty (26 km nördlich von Tuléar), B.P. 41, ☎ 410-71. Bequeme Strandbungalows, gutes Essen und Ausrüstung zum Schnorcheln, Flaschentauchen oder Hochseeangeln (aber der Strand ist nicht so schön - bedeckt mit getrocknetem Seetang). Kein heißes Wasser. Zu empfehlen. Nur wenig entfernt vom Hotel liegt eine Gegend mit Dornenwald. "Was für ein Ort - Küche erste Klasse und ein Trio von höchst amüsanten Kattas, die darauf spezialisiert sind, Zucker zu essen und die Blumenvasen umzustoßen." (Keith Hern)
Bamboo Club, Strandbungalows (FMG 10.000), wenige hundert Meter nördlich von Mora Mora. Gutes Essen, Wassersport-Ausrüstung, Transport ab Tuléar wird gestellt (FMG 10.000). Erkundigen Sie sich im Bambus-Laden in der Stadt gegenüber vom Hotel Central.
Safari Vezo, unter der Leitung von Jean-Louis Prévot. Die schlichten Strandbungalows in der Nähe eines unberührten Vezo-Fischerdorfes (Anakao) kosten FMG 28.000 pro Person mit Vollpension (FMG 36.000, wenn Sie den Bungalow allein bewohnen). Die zweistündige *pirogue*-Fahrt dorthin wird von M. Prévot organisiert und kostet FMG 25.000 hin und zurück. Die Boote fahren um 7 Uhr und nach dem Mittagessen. Buchen Sie im voraus! "Die Fahrt am frühen Morgen kann sehr kalt und windig sein, aber Anakao ist eine großartige Erfahrung - frischer Fisch, Hummer, Garnelen, leckere *hors d'oeuvre* ... das beste Essen, das ich je gegessen habe, einschließlich Frankreich!" (Liz Roberts). Die Unterkunft ist einfach, und das Wasser wird rationiert, weil es von Tuléar hierhergebracht werden muß.

 Nutzen Sie ihren Aufenthalt dazu, mit einer *pirogue* nach Nosy Ve überzusetzen (☞ *Ausflüge*).

Hinweis: Safari Vezo bietet auch drei Abenteuerausflüge an, eine Fahrt auf dem **Onilahy-Fluß** und auf dem **Tsimanampetsotsa-See** (ein See, der berühmt ist für seine wildlebenden Vögel und sehr schwierig auf eigene Faust zu erreichen) oder eine **Meeres-Safari** ab Tuléar bis Morombe. Die Ausflüge werden mit einer Teilnehmerzahl von mindestens vier Personen durchgeführt. Buchungen über Safari Vezo, B.P. 427, Tuléar (☎ 413 81).

Restaurants
Eins der besten Restaurants (Meeresfrüchte) in der Stadt ist ein schlichtes hölzernes Gebäude am Meer, das **Etoile de Mer,** zwischen dem Plazza Hotel und dem Voamio. Ganz in der Nähe befinden sich der **Club Zaza** und das **Corail**, beide zu empfehlen. Französische Einwanderer meinen, das beste Essen in der Stadt bekäme man bei **Chez Alain** an der Straße zum Flugplatz.

Ein kleiner, strohgedeckter Kiosk an der Gabelung von der Straße am Meer und dem Hauptboulevard bietet gute Pommes Frites und Sandwiches an.

Ausflüge von Tuléar

Madagascar Airtours hat ein Büro auf dem Gelände des Plazza Hotels und organisiert einige sehr gute Ausflüge. Angesichts der Schwierigkeiten, mit öffentlichen Verkehrsmitteln herumzukommen, lohnt es sich, über das Tourenangebot nachzudenken. Zu den Ausflugszielen gehören St. Augustine und Ankilibe (Fischerdorf) sowie Betioky.

St. Augustine und Nosy Ve
Zu erreichen mit der *vedette* oder *pirogue*, ist dieser historisch bedeutsame Ort auch ein sehr angenehmer Strandurlaubsort. St. Augustine wurde früher von Piraten angelaufen und ist in Daniel Defoes *The King of Pirates* ("Der König der Piraten") erwähnt.

Vor der Küste liegt die Insel Nosy Ve. Als erster landete dort 1595 ein Holländer. 1888 wurde die Insel offiziell von den Franzosen übernommen, noch bevor sie die Hauptinsel besetzen konnten. Nosy Ve ist eine hübsche kleine Insel, die großartige Möglichkeiten zum Schnorcheln bietet und besonders für Ornithologen interessant ist, weil es dort eine Brutkolonie von rotschnäbligen Tropenvögeln gibt.

Betioky
Eine sehr staubige Fahrt über 138 km (vier Stunden in jede Richtung), die Sie im Taxi-Brousse zurücklegen können, oder Sie fahren mit Madagascar Airtours, was Ihnen die Möglichkeit gibt, die **Mahafaly-Gräber** zu sehen, für die diese Gegend berühmt ist.

Die Umgebung besteht aus einem trockenen und hügeligen Buschland. Die ersten Gräber, die Sie nach etwa einer Stunde erreichen, sind bemalt mit Szenen aus dem Leben des Verstorbenen. Auch sein häufig drastisches Ende (er wurde entweder erschossen oder von einem Lastwagen überfahren) ist dargestellt. Auf einem dieser Gräber sind die Kosten für den Bau des Grabes offen auf der Seitenwand aufgemalt: FMG 220.000. Man erzählte mir, dies seien **Bara-Gräber**, nicht Mahafaly. Die meisten Hütten neben der Straße bieten große Säcke mit Holzkohle zum Verkauf an: eine Verdienstmöglichkeit für die armen Leute, aber eine ernsthafte Gefahr für die kärglichen Restbestände an Wald. In dieser trockenen Gegend muß Wasser mitunter mit dem Lastwagen von Tuléar herbeitransportiert werden.

Hinter den einfachen rechteckigen Gräbern kommen klassische (aber nicht bemalte) *aloalos* oder Stelen, gekrönt mit Zebus, Ringern und einem Taxi-Brousse, zum Vorschein. Das eindrucksvollste Grab befindet sich am Rande eines Dorfes, das links ein wenig von der Straße entfernt liegt. Es lohnt sich sehr, dort hinunterzuklettern. Der Verstorbene war offensichtlich ein extrem reicher Mann. Viele leuchtend bunt bemalte *aloalos* stehen auf seinem Grab; alle möglichen Dinge sind darauf abgebildet: Soldaten, Vieh, Häuser, Autos, Pferd und Reiter, ein Flugzeug etc. Dieser Mann hat wirklich gelebt! Und er ist gestorben: Die Liste der Tiere, die für sein Begräbnis geschlachtet wurden, ist auf der Seite des Grabes aufgemalt: Sie beläuft sich auf 116 Stück Vieh.

Betioky hat, außer fröhlichen Leuten und einem kleinen *hotely*, nicht viel Besonderes zu bieten. Ausflüge führen Sie vor allem hierher, weil es im Ort ein Handarbeitszentrum gibt, das die Fremdenführer gern ein Museum nennen. Das ist es aber nicht. Vielmehr handelt es sich um einen Andenkenladen, und die Qualität der Souvenirs ist nicht einmal besonders gut. Es gibt ein einfaches Hotel in der Nähe der Tankstelle - preiswert, eigenwillig und mit guter Küche. Bitten Sie darum, daß man Sie zum **Grab des Richters Zama Joseph** führt, etwa eine Stunde zu Fuß von dort entfernt.

Eine Alternative, wenn man die Nacht nicht in Betioky verbringen will, besteht darin, die Straße nach Bezaha zu nehmen, am großen Fluß Onilahy entlang. Das Taheza Hotel ist sehr einfach: "Das Zimmer hatte ein Himmelbett - naja, ein Bett mit einem eisernen Rahmen. Es war dort so heiß, daß wir nicht einschliefen, sondern eher ohnmächtig wurden. Die Toilette bestand aus einem Loch im Boden. Wenn Sie ein Fenster öffneten, kam ein Schwarm von Moskitos hereingeflogen, auf der Suche nach schmackhaften Ausländern - ein Hotel für die Hartgesottenen. Das Essen war jedoch sehr gut; das gleiche galt für die benachbarte Bar. Jedermann war sehr freundlich, und es war sehr billig." (Harry Sutherland-Hawes)

Der Süden

Bezaha-Mahafaly Sonderreservat
David Bondermann empfiehlt Ihnen vor allem ein Besuch in diesem Reservat. "Das Reservat liegt auf der Südseite des **Onilahy**, nur wenige Kilometer Luftlinie von Bezaha entfernt, ist aber von jener Stadt aus nicht zu erreichen. Stattdessen fährt man von Betioky aus 30 km auf einem befahrbaren Weg.

Das Reservat gehört der Universität von Tana und wird vom WWF verwaltet. Es gibt mehrere Zimmer, wo Besucher übernachten können. Bettzeug ist vorhanden, aber Sie sollten sich selbst etwas zu essen mitbringen.

Dies war eine unserer besten Erfahrungen mit Lemuren im ganzen Land. Im Reservat leben viele Kattas und Sifakas, und hier gedeiht einer der schönsten **Dornenwälder**, die wir bisher gesehen haben. Von Tuléar aus ist es ein idealer Zweitagesausflug; die Fahrt dauert rund fünf Stunden. Wenn Sie etwa 25 km über Betioky hinausfahren, können Sie einige der interessanteren Gräber sehen."

▶▶ Eine Genehmigung beantragen Sie beim Département des Eaux et Forêts in Tana oder bei der Schule für Landwirtschaft an der Universität von Antananarivo.

Die Straße nach Fort Dauphin
Der Preis für ein Taxi-Brousse nach Fort Dauphin betrug 1989 FMG 15.000. "Wir starteten um ein Uhr nachts und fuhren 18 Stunden. In Beloha unterbrachen wir die Reise für die Nacht. Der Fahrer war großartig - er ließ uns vorne sitzen, so daß wir eine gute Aussicht und bequemere Sitzplätze hatten. Er brachte uns in das (einfache) Hotel in Beloha - FMG 3.000 einschließlich Frühstück - und kümmerte sich auch in Fort Dauphin um ein Hotel für uns." (Sheila Tunstall) 1990 kostete ein Taxi-Be FMG 32.000.

David Bondermann mietete sich einen Wagen mit Fahrer in Tuléar und schickte mir folgenden Bericht:

"Wir fuhren von Tuléar nach Fort Dauphin via Betioky, Ampanihy, Beloha und Ambovombe. Es war ein großartiges Erlebnis, denn die Vegetation und die Gräber waren einmalig.

Überall an der Straße zwischen Betioky und Ambovombe gibt es Gräber, aber die Höhepunkte befinden sich an folgenden Stellen: eine Strecke von etwa 15 km Länge ab km 70 vor **Ejeda**; die letzten 20 km vor **Ejeda**; die ersten 20 km hinter **Ampanihy**; und die ersten 15 km hinter **Beloha**. Die Fahrt von Tuléar nach Fort Dauphin in einem gemieteten Wagen dauert rund 20 Stunden, Zeit zur Besichtigung der Gräber etc. eingeschlossen."

Die Unterkünfte an der Route sind sehr einfach. In Ejeda kann man unter Umständen in der evangelisch-lutherischen Missionsstation übernachten; das gleiche gilt für die Pères Blancs in Beloha.

Ampanihy
Ampanihy war früher wegen seiner Mohair-Weberei berühmt. Doch dieser Wirtschaftszweig ist vor einigen Jahren eingegangen, und heute ist Ampanihy wieder einfach nur eine Stadt an der Straße nach Süden. Unterkünfte scheinen sich auf das zu beschränken, was man an Privatquartieren finden kann.

Hinter Ampanihy kommen Sie in das Land der **Antandroy**; bald werden Sie verstehen, warum dieser Stamm **Volk der Dornen** heißt. Wenn Sie auf der R.N. 10 weiterfahren, erreichen Sie Beloha, dann Tsihombe. Die Straße wird besser und in Ambovombe schließlich wirklich perfekt (für madagassische Verhältnisse) auf den letzten Kilometern nach Fort Dauphin.

Ambovombe
Hier treffen die R.N. 10 und die R.N. 13, die nach Ihosy führt und in einem noch schlechteren Zustand ist als die R.N. 10, aufeinander. Hier verkehren aber auch Taxi-Brousse. Es gibt eine Reihe von Hotels: Das Relais de Androy und das Hotel des Voyageurs liegen beide an der Hauptstraße; ein weiteres Hotel befindet sich gegenüber von der Taxi-Brousse-Haltestelle.

Cap Ste. Marie
Wenn Sie über ein Fahrzeug mit Allradantrieb verfügen, sollten Sie sich überlegen, einen Abstecher nach Westen zum südlichsten Punkt Madagaskars zu unternehmen. Cap Ste. Marie (*Tanjona Vohimena*) ist eine wirklich beeindruckende Region mit hohen Sandsteinklippen und Miniaturpflanzen, die an einen Steingarten erinnern.

 Steigen Sie niemals in ein Taxi-Brousse, ohne etwas Warmes überzuziehen; eine Tagestour kann sehr schnell zu einer Fahrt bei Nacht werden.

Fort Dauphin (Taolanaro)

Geschichte
Noch heute sind die Überreste von zwei Befestigungsanlagen in oder nahe der Stadt auf der äußersten Südostspitze Madagaskars zu sehen: **Fort Flacourt**, erbaut 1643, und das älteste Gebäude des Landes, das 1504 von schiffbrüchigen portugiesischen Seefahrern errichtet wurde. Diese Gruppe von 80 unglücklichen Kolonisten konnte dort etwa 15 Jahre lang ungestört leben, bis es zum Konflikt mit den Stämmen in der Umgebung kam. Die Überlebenden des Massakers flohen in die Wildnis, wo Krankheiten und feindliche Eingeborene ihnen bald ein Ende bereiteten.

1642 gelangte eine französische Expedition, organisiert von der *Société Française de l'Orient* und angeführt von Sieur Pronis, in dieses Gebiet, mit der Anweisung, "auf Madagaskar Kolonien und Handelsbeziehungen zu gründen und die Insel im Namen seiner Majestät in Besitz zu nehmen." Eine frühe Siedlung an der **Saint Luce Bucht** wurde bald zugunsten einer gesünderen Halbinsel im Süden aufgegeben, und 1643 errichtete man ein Fort und benannte es nach dem Dauphin (später Ludwig XIV.). Zunächst waren die Antanosy recht angetan von den neuen Handelsmöglichkeiten, doch weniger begeistert waren sie natürlich über den Verlust ihres Landes. Das schwer verteidigte Fort überstand nur unter Einsatz von Gewalt und mit hohen Verlusten auf beiden Seiten.

Die Franzosen verließen den Ort schließlich 1674, aber ihre 30jährige Besatzungszeit war doch einer der Hauptgründe für den später erhobenen Anspruch auf die Insel als französische Kolonie. Während jener Zeit wurde das erste veröffentlichte Werk über Madagaskar von Pronis Nachfolger, Etienne de Flacourt, geschrieben. Seine *Histoire de la Grande Isle de Madagascar* machte europäische Gelehrte auf die erstaunliche Flora und Fauna der Insel aufmerksam und dient noch heute als wertvolles, historisches Quellenmaterial.

Anreise
Die Reise über Land unternimmt man wohl am besten mit einer Gesellschaft namens **Sonatra**, deren Wagen von der Taxi-Brousse-Haltestelle am anderen Ende des Anosy-Sees in Tana abfahren. Die Strecke führt über Ihosy, Betroka und Ambovombe.

➨ Sie sollten Ihren Sitzplatz so lange wie möglich im voraus buchen.

Der Süden

Für weniger nervenstarke Reisende gibt es **Flüge** nach Fort Dauphin am Dienstag, Donnerstag, Freitag und Sonntag (Stand 1990, DM 248).

 Setzen Sie sich nach rechts. Von dort haben Sie den besten Ausblick auf Fort Dauphins Berge und Buchten.

Die Flüge sind in der Regel stark ausgebucht. Der Flughafen ist chaotisch. Er ist winzig und sieht aus, als sei er erst kürzlich ausgebombt worden (was nicht der Fall ist). Auf das Gepäck muß man immer besonders lange warten.

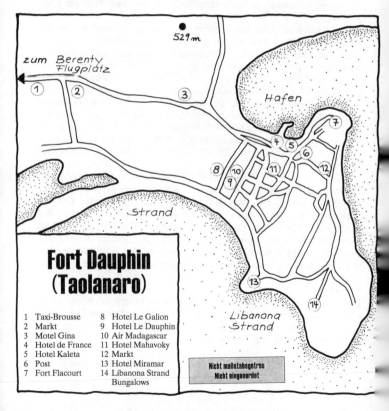

Fort Dauphin (Taolanaro)

1 Taxi-Brousse
2 Markt
3 Motel Gina
4 Hotel de France
5 Hotel Kaleta
6 Post
7 Fort Flacourt
8 Hotel Le Galion
9 Hotel Le Dauphin
10 Air Madagascar
11 Hotel Mahavoky
12 Markt
13 Hotel Miramar
14 Libanona Strand Bungalows

Nicht maßstabsgetreu
Nicht eingenordet

Fort Dauphin heute
Fort Dauphin ist die am schönsten gelegene Stadt auf Madagaskar überhaupt. Erbaut auf einer kleinen Halbinsel, ist sie auf drei Seiten von Stränden und dem heranbrandenden Meer gesäumt, und im Hintergrund ragen hohe grüne Berge auf, die im Westen in den charakteristischen Dornenwald auslaufen. Stärker auf den Tourismus eingestellt als jede andere Stadt auf der madagassischen Hauptinsel, bietet Fort Dauphin eine Vielfalt von ausgesprochen interessanten Ausflügen (**Berenty**, den **Dornenwald**, die **portugiesische Festung**, die **Bucht von Saint Luce**) und einen der schönsten Strände des Landes, **Libanona**. Wenn Sie nur eine Stadt auf Madagaskar besuchen wollen, sollte es diese sein.

Hinweis: Sie müssen damit rechnen, daß im September und auch im Oktober fast ununterbrochen ein starker Wind in Fort Dauphin weht.

Übernachtungen
Der Großteil der Hotels von Fort Dauphin gehört M. Jean de Heaulme, dem Besitzer des Berenty-Reservats, der viel für die Erhaltung und die wissenschaftliche Erfassung der Wildtiere Madagaskars getan hat. Seine Hotels sind das Dauphin, das Galion und das Miramar. Man erwartet von Ihnen, daß Sie in einem dieser Hotels übernachten, wenn Sie Berenty besuchen wollen, aber das ist kein eigentlicher Zwang.

Kategorie A: Das **Dauphin** und das **Galion**; das Dauphin ist das Haupthotel und das Galion sein Nebengebäude. Gegessen (ausgezeichnete Küche) wird im Dauphin, das einen hübschen Garten mit einem Krokodilteich hat. Preise von DM 35 (Einzelzimmer) bis DM 45 (DZ). Der Manager, Saymoi, ist sehr freundlich und hilfsbereit und spricht ein wenig Englisch.
Hotel Miramar, das am schönsten gelegene Hotel und beste Restaurant in Fort Dauphin. Auf einem Felsvorsprung mit Blick über den Libanona-Strand, der sich ausgezeichnet zum Schwimmen und Sonnenbaden eignet. Es steht eine begrenzte Zahl von Zimmern zum Preis von FMG 30.000 pro Doppelzimmer zur Verfügung. Buchungen über das Hotel Dauphin (B.P. 54, Taolanaro, ☎ 210-48). Ausgezeichnetes Restaurant (Austern, Hummer).
Libanona Beach, B.P. 70, Fort Dauphin ☎ 213 78, Telex 22439. Sehr gute Lage und neue Bungalows für FMG 20.000-30.000.

Hotel Kaleta (☏ 212 87/213 97), unter der gleichen Verwaltung wie das Libanona Beach, daher gleiches Postfach (B.P.) und gleicher Telexanschluß. Auch die Preise sind die gleichen. Ein brandneues Hotel mit 32 Zimmern im Zentrum der Stadt - eine gute Alternative für diejenigen, die Komfort und Lemuren suchen, aber die De Heaulme/Berenty-Preise nicht zahlen können. (☞ *Ausflüge*). Geleitet von einem Ehepaar namens Armand und Janette Rivert.

Kategorie B: Motel Gina, sechs hübsche, strohgedeckte Bungalows (ein neuer wird gerade gebaut) am Rande der Stadt. Gutes Restaurant. Hier werden einige interessante Ausflüge angeboten, darunter einer nach Lokaro mit einer Bootsfahrt, die auf dem Laniirano-See nur wenig nördlich von Fort Dauphin beginnt und sich über verschiedene Wasserstraßen forstsetzt. Der Höhepunkt ist eine eineinhalbstündige Wanderung zu einem Badeort.
Hotel Casino, ein wenig außerhalb gelegen und vergleichbar in der Qualität mit dem Gina.

Kategorie C: Hotel Mahavoky, Stadtzentrum, FMG 8.500. Befindet sich in einer alten Missionsschule, was besonders interessant ist, und wird von jedermann wegen seines hilfsbereiten, englischsprechenden Managers empfohlen. Gutes Restaurant.

Einige wenige preiswerte Zimmer stehen im **Maison Agedor** (M. Hasimbato) an der Hauptstraße zur Verfügung. Sie können auch privat bei Yves Laurent übernachten (☏ 211-78).

Restaurants
Abgesehen von den Restaurants, die zu den oben erwähnten Hotels gehören, gibt es das **Panorama** (madagassisch, mit einer recht guten Disco) und das **Chez Jacqueline** (chinesisch). **Gina's**, Bestandteil des Hotels gleichen Namens, soll die beste Küche in der Stadt haben. Alle diese Restaurants liegen an der Straße zum Flughafen.

"Etwa 200 m vom Hauptmarkt entfernt und fast direkt gegenüber vom großen Kaleta-Supermarkt gibt es drei kleine *hotelys*. Das mittlere wird von einer liebenswürdigen Dame geleitet, die ein gutes Französisch spricht und die besten Steaks serviert, die wir je irgendwo gegessen haben; außerdem Meeresfrüchtepizza mit großen Hummerstücken und Garnelen in Sauce, und ausgezeichnete Krabben etc. - und all das für FMG 1.500 pro Portion!" (Sheila Tunstall)

Ausflüge von Fort Dauphin

In Stadtnähe

Fort Dauphin besitzt eine Auswahl von Stränden und Bergen und einen besonders lebhaften und interessanten Markt (die Einheimischen sind daran gewöhnt, daß die *vazahas* Bananen für die Berenty-Lemuren kaufen und sind daher zugänglicher als in anderen Gegenden).

Der Strand namens **Libanona** bietet ausgezeichnete Möglichkeiten zum Schwimmen (ich habe allerdings nie wegen der Haie nachgefragt) und ein exzellentes Gezeitenschwimmbecken. Bewunderer der seltsamen und wundervollen Unterwasserwelt können viele Stunden damit verbringen, bei Niedrigwasser herumzusuchen. Die Becken rechts vom Stand scheinen am besten zu sein.

Pic Louis, der Berg, der die Stadt beherrscht, ist ein recht anstrengender, aber lohnender Anstieg (brechen Sie früh auf, um die Mittagshitze zu vermeiden). Es gibt zwei Ausgangspunkte: Am einfachsten nehmen Sie wohl ein Taxi zur röm.-kath. Mission in der Nähe des Flughafens und gehen von dort aus weiter auf dem Sandweg an der großen Statue der Jungfrau Maria vorbei. Eine Alternative ist der Weg, der gegenüber von SIFOR beginnt, der Sisalfabrik 2-3 km entfernt auf der Straße nach Laniranо.

▶▶ Planen Sie einen vollen Tag für den Ausflug ein. Wenn Sie nicht gern auf sich allein gestellt sein wollen, können Sie sich einem organisierten Ausflug vom Hotel Kaleta/Libanona Beach anschließen.

Ein weiterer Ableger des De Heaulme-Empires ist der **Botanische Garten**, der etwa 16 km vor der Stadt in Richtung St. Luce liegt.

Portugiesisches Fort (Ile aux Portugais)

Der Rundgang durch das alte Fort, erbaut 1504, schließt eine *pirogue*-Fahrt den Fluß Vinanibe hinauf ein, etwa 6 km entfernt von Fort Dauphin, und eine kurze Wanderung zu der solide aussehenden Festung (die Wänder sind einen Meter dick). Das Fort befindet sich in einer Parklandschaft, in der Zebus grasen. Der Ausflug wird vom Hotel Dauphin organisiert: FMG 95.000.

Sainte Luce Bucht

Etwa 65 km nordöstlich von Fort Dauphin liegt die wunderschöne und historisch interessante Bucht St. Luce, wo 1638 erstmalig französische

Kolonisatoren landeten. Ich bin nie dort gewesen, aber ich traf ein Ehepaar, die von dem Strand, dem Hummer und dem Schwimmen in einem Naturschwimmbecken schwärmten. Sie können die Bucht mit einer organisierten Tour erreichen (FMG 150.000 vom Hotel Dauphin) oder, wenn Sie ein Zelt haben, können Sie sich durchschlagen, wie Sie es eben schaffen.

Regenwald
Wenn Sie über ein eigenes Transportmittel verfügen, gibt es eine wundervolle Gegend mit echtem Regenwald, die eine eineinhalbstündige Fahrt die Küstenstraße hinauf nach Norden von Fort Dauphin aus an der Straße nach Ranomafana Sud (Managotry) entfernt liegt. Unerschrockene Rucksackwanderer können das Taxi-Brousse nach Ehazoambo (Ehoamba) nehmen und von dort aus noch 1-2 Stunden wandern.

Das Reservat von Berenty
Ich habe keinen Besucher Madagaskars kennengelernt - Individualreisender wie Pauschaltourist - der sich nicht in **Berenty** verliebt hätte (na gut, es gab vielleicht einen ...). Die Kombination aus halbzahmen Lemuren, der Ruhe der Waldpfade (die täglich gefegt werden!) und dem ausgezeichneten Essen machen den Besuch in diesem Reservat häufig zu der schönsten Madagaskar-Erinnerung für viele Reisende. Die Gefahr besteht nur darin, daß Berenty bereits überlaufen ist, mit Berichten von bis zu 50 Besuchern zur gleichen Zeit an diesem Ort. Glücklicherweise stehen Unterkünfte nur in begrenzter Zahl zur Verfügung, wenn es Ihnen also gelingt, hier ein oder zwei Nächte zu verbringen, haben Sie das Reservat in den magischen Stunden des Morgengrauens und der Abenddämmerung immer noch für sich.

Besuche im Reservat müssen über das **Hotel Dauphin** organisiert werden. 1989 waren die Preise hierfür : DM 220 pro Person (1-3 Personen), etwas weniger für größere Gruppen, plus FMG 33.000 (entsprechender Betrag in Devisen) für ein Doppelzimmer pro Nacht (FMG 25.000 für ein Einzelzimmer) in einfachen, aber sauberen Unterkünften.

Hinweis: Es gibt dort kein heißes Wasser, und wenn Sie ein Moskitonetz haben, sollten Sie es mitbringen.

Das Reservat liegt rund 80 km westlich von Fort Dauphin, mitten in einer riesigen Sisal-Plantage, und eine der aufregendsten Erfahrungen bei einem Besuch in Berenty ist die Fahrt dorthin. Während der ersten

Kraterseen auf Nosy Be *Cirque Rouge bei Majunga*

Fluß Bemarivo bei Sambava

Strand auf Ile Ste. Marie

Montagne des Français — *Im Montagne d'Ambre*

Sifaka

Lepilemur

Mohrenmaki

Brauner Maki

Chamäleon

Streifentanrek

Pflugschar-Schildkröte *Uroplatus*

Nephilia madagascariensis *Boa*

Holzkohleverkäufer

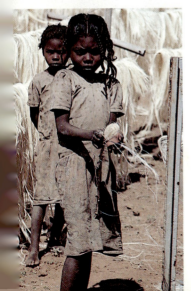

Sisaltrocknung/Dornenwald

halben Stunde der Fahrt besteht der Horizont aus zerklüfteten grünen Bergen, häufig mit drohenden grauen Wolken im Hintergrund oder versteckt hinter Regenschleiern. Haine von Bäumen des Reisenden (*Ravenala madagascariensis*) sind in der Landschaft verstreut, und in der Nähe von **Ranopiso** ist ein kleines Reservat, in dem eine sehr seltene Palme mit drei Ecken geschützt ist, *Neodypsis decary*.

Um ein Exemplar aus der Nähe zu betrachten, warten Sie am besten bis Berenty; dort steht eine Palme dieser Art in der Nähe des Eingangstores. Ihr Fahrer wird Ihnen einen Hain von Kannenpflanzen (*Nepenthes madagascariensis*) zeigen, deren nächste Verwandte in Asien leben. Die gelben, trichterförmigen "Blütenfallen" (modifizierte Blätter) locken Insekten in ihre klebrigen Tiefen, wo sie wegen ihres Stickstoffgehalts verdaut werden.

Kurz hinter Ranopiso verändert sich die Landschaft dramatisch. Innerhalb weniger Kilometer werden die Hügel flacher und verschwinden schließlich ganz, die Wolken lösen sich auf, und die bizarren Finger der *Didiereaceae* (Armleuchterbäume) erscheinen am Horizont, unterbrochen von den dicken Stämmen der Baobabs. Sie kommen jetzt in den Dornenwald und sind damit von der östlichen in die südliche Klimazone hinübergewechselt.

Es gibt vier Gattungen von *Didiereaceae*, aber Nicht-Botaniker interessieren sich vor allen Dingen für zwei davon: *Alluaudia* und *Didierea*. Eine einfache Regel kann Ihnen helfen, die beiden auseinanderzuhalten. Bei der Alluaudia sind die Dornen und Blätter spiralig angeordnet, bei der Didierea beliebig. Eine der am weitesten verbreiteten *Alluaudia* ist die fingerförmige *Alluaudia ascendens*; *Alluaudia procera* hat einen hohen, holzigen Stamm mit Büscheln von Blüten an der Spitze eines jeden Zweiges. *Didiera trolli* oder der Oktopus-Baum hat "Tentakeln", die sich horizontal auf dem Boden ausbreiten, so daß das Gehen dazwischen unmöglich wird.

Eine andere auffällige Familie sind die *Euphorbiaceae* (Wolfsmilchgewächse): *Euphorbia stenoclada* ist blattlos und an der Spitze flach. *Euphorbia oncoclada* hat Zweige, die wie aufgereihte grüne Würste aussehen. Halten Sie auch Ausschau nach dem "Geldbaum" (*Xerosicyos danguyi*) mit seinen münzenförmigen Blättern.

Obwohl sie oft fälschlich Kakteen genannt werden und mit jener Gruppe von Pflanzen viele Ähnlichkeiten haben, zeigt eine genauere Untersuchung, daß die *Euphorbiaceae* doch sehr ungewöhnlich aussehen. Außerdem sind sie größer als die meisten Kakteen - 15 m hoch oder sogar mehr. Kürzere, aber ebenso stachelige Pflanzen bedecken den Boden. Das Eigentümliche am Dornenwald ist der Mangel an großen, hier heimischen Tieren, die die Pflanzen abfressen könnten. Da stellt sich die Frage, wovor die *Didierea* sich eigentlich schützen? (Alison Jolly vermutet, daß der Dornenschutz sich entwickelte, als Riesenlemuren noch eine Gefahr waren, die es möglicherweise auf den Inhalt der wertvollen, wasserspeichernden Stämme abgesehen hatten.)

Bald hinter dem Anfang des Dornenwaldes wird man Ihnen ein **Antanosy-Grab** zeigen (tatsächlich sind die Toten an anderer Stelle bestattet). Es ist mit einigen schönen, geschnitzten Holzfiguren verziert. Das **Grab von Ramaria** (mit einer Bibel und einem Kreuz) ist zu sehen, außerdem jemand, der ein Bein - oder Schlimmeres - an ein Krokodil verliert. Das berühmteste Stück ist jedoch ein exakt gearbeitetes Boot voller Menschen. Angeblich soll damit die Seelenreise der Toten dargestellt sein, doch in Wirklichkeit dient es - sehr viel prosaischer - der Erinnerung an eine Gruppe von Menschen, die bei einem Bootsunglück ums Leben kam.

Bis vor kurzem gab es auch noch eine exquisite Gruppe von Zeburindern mit ihrem Hirten. Statt der üblichen stilisierten Tiere gehörte ein sehr schön beobachtetes Porträt einer Kuh, die sich nach hinten wendet, um ihr Kalb abzulecken, dazu. Anfang 1990 entfernte ein Tourist die Figur von ihrem Fuß, so daß heute lediglich eine Reihe frischer Zebu-Hörner zu sehen ist, beredtes Zeugnis für das kostspielige Opfer, das erforderlich war, um die Ahnen nach der Grabschändung wieder zu beschwichtigen.

Die Figuren wurden von dem berühmten Antanosy-Schnitzer **Fasira** hergestellt, der kurz nach dem Krieg eine Reihe von Erinnerungsskulpturen anfertigte.

In dieser Gegend stehen noch weitere Erinnerungsmale, jedoch ohne Schnitzereien. Die Ehrengrabmäler erinnern an diejenigen, die in einem Gemeinschaftsgrab bestattet wurden, oder deren Körper nicht gefunden werden konnten. Sie sehen wie im Dornenwald verborgene Ansammlungen von Raketen aus.

Amboasary ist die letzte Stadt vor der Brücke über den Fluß Mandrare und der Abzweigung nach Berenty. Die ausgefahrene rote Straße führt an großen Sisalfeldern vorbei, schön anzusehen im Abendlicht, bis zum Eingang des Reservats.

Berenty ist besonders berühmt wegen seiner Bewohner, der Kattas und Sifakas. Henri de Heaulme und sein Sohn Jean haben dieses Reservat zu den am besten geschützten und erforschten 100 ha Wald auf Madagaskar gemacht. Zwar liegt Berenty im trockenen Süden

Madagaskars, doch der Fluß Mandrare und die eingeführten schattigen Tamarinden-Bäume sichern den vielen hier lebenden Tierarten ein gut bewässertes Habitat (Galeriewald). Der Wald selbst ist durch das Wuchern eines kaktusähnlichen Weinrebengewächses, *Cissus quadrangularis* (auch "Klimme") bedroht. Wissenschaftler suchen nach Möglichkeiten, sein Wachstum einzudämmen.

Folgende Arten von **Lemuren** werden Sie mit Sicherheit zu sehen bekommen: **Braune Makis**, **Kattas** und **Sifakas**.

Die Lemuren hier sind an Menschen gewöhnt, und die Kattas, die von Jahr zu Jahr frecher werden, springen Ihnen auf die Schulter, um die angebotenen Bananen zu essen. Sie strahlen eine prahlerische Arroganz aus, fühlen sich auf dem Boden ebenso zu Hause wie in den Bäumen und sind mit ihrer schwarzweißen Zeichnung und ihren wehenden gestreiften Schwänzen sehr fotogen. Diese buschigen Schwänze spielen eine wichtige Rolle bei der Kommunikation und fungieren auch als gutmütige Waffe gegen benachbarte Gruppen, die etwa Anspruch auf das eigene Territorium erheben könnten.

Kattas tragen gern "Stink-Kämpfe" aus: Sie parfümieren ihre Schwänze mit dem Moschusduft aus Handgelenks- und Analdrüsen und wedeln damit ihren Gegnern durchs Gesicht. In der Regel reicht das aus, um einen möglichen Störenfried zum Rückzug zu bewegen. In Berenty gibt es knapp 160 Kattas, und die Population ist erstaunlich stabil geblieben, wenn man bedenkt, daß nur ein Viertel der Jungen das Erwachsenenalter erreichen. Die weiblichen Tiere, die bei den Kattas dominieren, sind nur etwa eine Woche in jedem Jahr paarungsbereit, und zwar im April/Mai, daher ist der Wettbewerb unter den Männchen um diesen Genuß sehr groß. Die Jungen werden im September geboren und halten sich zunächst am Bauch ihrer Mutter fest. Später klettern sie auf den Rücken des Muttertieres und reiten im Jockey-Stil.

So attraktiv die Kattas auch sein mögen - sie können hinsichtlich der Stofftier-Knuddeligkeit doch nicht mit den Sifakas mit ihrem cremeweißen Fell, der braunen Mütze und den schwarzen Gesichtern konkurrieren.

Die **Sifakas** gehören zu der gleichen Unterfamilie von Lemuren wie die Indri (zu sehen in Périnet). Anders als die Kattas kommen sie nur selten auf den Boden hinunter. Durch die Länge ihrer Beine, im

Gegensatz zu den kurzen Armen, entwickelten sie eine recht komische Art der Fortbewegung: Sie stehen aufrecht und springen mit geschlossenen Füßen vorwärts, ähnlich wie bei einem Sackhüpfen. Der beste Ort, an dem man sie dabei beobachten kann, ist auf dem Weg linker Hand des Flusses und auf der anderen Seite der Straße beim Flugzeughangar in der Nähe des Restaurants/Museums. Die Reviergrenzen verändern sich bei den Sifakas nicht, daher wird Ihr Führer wissen, wo er die Tiere finden kann. Die Jungen werden im Juli geboren.

Sifakas sonnen sich gern. Hoch oben in den Wipfeln der Bäume breiten sie die Arme aus, um die wärmenden Strahlen einzufangen. Sie ernähren sich vorwiegend von Blättern und sind daher nicht an den von den Touristen angebotenen Bananen interessiert, die die Kattas und die Braunen Makis so in Aufregung versetzen.

Die **Braunen Makis** von Berenty wurden aus Analabe in der Nähe von Morondava eingeführt und haben sich mittlerweile gut eingelebt. Sie sind so zahm wie die Kattas.

Es existieren nur wenige andere Lemuren in Berenty. Meist sind es nachtaktive Arten, die daher schwierig zu beobachten sind, wie z.B. der **Mausmaki** und die **Wieselmakis**. Letztere kann man sehen, wie sie während des Tages aus ihren hohlen Baumnestern herunterspähen.

Abgesehen von den Lemuren, ist ein anderes bemerkenswertes Säugetier im Reservat leicht zu entdecken - der **Flughund** oder **-fuchs**. Tausende von ihnen leben in lauten Gruppen auf "Flughundbäumen" in einem bestimmten Teil des Waldes; mit ihrer Spannweite von mehr als einem Meter sind sie ein beeindruckender Anblick.

Hinweis: 1989 wurde das Gebiet, in dem sie leben, für Touristen gesperrt, um die Tiere vor ständigen Störungen zu schützen. Zur Zeit (1990) kann man die Flughunde nur aus einer gewissen Entfernung betrachten.

Die Vogelbeobachtung lohnt sich in Berenty sehr; 56 Arten soll es hier geben. Sehr wahrscheinlich werden Sie eine Reihe von Familien sehen, die ausschließlich auf Madagaskar vorkommen, darunter der **Hakenvanga** und zwei hübsche Coua-Arten - der **Spitzschopf-Coua** und der **Riesencoua** mit seiner eindrucksvollen blauen Gesichtszeichnung. Letzterer nistet gern in den Wipfeln von Akazien. Der kuckucksähnliche

Spornkuckuck (Coucal, lat. *Centropodinae*) ist ebenso verbreitet wie die **Grauköpfchen** und der wunderschöne **Rotbrustparadiesschnäpper** mit seinen langen Schwanzfedern (eine Unterart der Gattung, die auch in Ostafrika beheimatet ist).

tip Halten Sie Ausschau nach seinem Nest, das sich meist etwa 1 m über dem Boden befindet. Es lohnt sich auch, Löcher in Bäumen nach den erschiedenen Vogelarten abzusuchen, die dort leben könnten: Turmfalken, Vasa-Papageien, Grauköpfchen und Zimtroller. Wenn Sie in der Zeit von Mitte Oktober bis Mai hier sind, werden Sie eine Reihe von Zugvögeln aus Südostafrika zu sehen bekommen, darunter besonders viele Watvögel (Sanderling, Grünschenkel, Strandläufer, Weißstirn-Regenpfeifer).

Vergnügen bereitet in Berenty die Auswahl an breiten Waldwegen, die es Ihnen ermöglichen, sicher auf eigene Faust herumzuwandern, ja sogar bei Nacht herumzustreifen (denken Sie daran, daß viele Tiere nur nachts aktiv sind; sie sind mit einer Taschenlampe leicht auszumachen); auch die Augen von Faltern und Spinnen leuchten rot, und alle Arten von Gliederfüßern und Reptilien sind leicht zu sehen. Wenn Sie im Morgengrauen aufstehen, sind die Bedingungen zur Vogelbeobachtung ideal. Sie können erkennen, wie die Sifakas ihre Arme der Sonne öffnen und können die Kühle des Waldes genießen, bevor Sie sich an den Frühstückstisch setzen. Allein dies zu schreiben, weckt solche starken Erinnerungen an den letzten Oktober, daß ich das Gefühl habe, zwei Tage in Berenty reichen kaum aus - bleiben Sie drei Tage, wenn Sie es irgend möglich machen können!

Zu den Ausflugszielen, die man von Berenty aus erreichen kann, gehören ein Stück **Dornenwald** (innerhalb des Reservats) und ein Besuch in der **Sisal-Fabrik**, was sich langweilig anhört, aber tatsächlich sehr interessant und unterhaltsam ist. Vergessen Sie auch nicht, einen Blick in das **Museum** zu werfen, das sich neben dem Speisesaal befindet.

Hinweis: So niedlich Lemuren auch sind - denken Sie daran, daß es sich um Wildtiere handelt, die den gebührenden Respekt verdienen. Mit Ausnahme von Berenty und Nosy Komba, wo die Tiere an Touristen gewöhnt sind, sollten Sie nicht versuchen, Lemuren zu streicheln oder zu füttern. Es ist illegal, Lemuren als Haustiere zu verkaufen oder zu kaufen, und der Handel mit diesen Tieren muß unterbunden werden.

Der Süden

Verbreitete Vogelarten (* = endemisch)
Seidenreiher (schwarze Form) (*Egretta garzetta dimorpha*)
Nachtreiher (*Nycticorax nycticorax*)
Purpurreiher (*Ardea purpurea madagascariensis*)
Witwenpfeifgans (*Dendrocygna viduata*)
Madagaskar-Turteltaube* (*Streptopelis picturata*)
Helmperlhuhn (*Numida mitrata*)
Schwarzmilan (*Milvus migrans*)
Madagaskar-Turmfalke* (*Tinnunculus newtoni*)
Madagaskar-Höhlenweihe* (*Polyboroides radiatus*)
Madagaskar-Bussard* (*Buteo brachypterus*)
Inseleule (*Otus rutilus*),
* auch auf den Komoren und der Insel Pemba
Rabenpapagei bzw. Kleiner Vasa (*Coracopsis nigra*)
Vasapapagei bzw. Großer Vasa (*Coracopsis vasa*)
Tulukuckuck (mad. Coucal, lat. *Centropus toulou*),
* - brütet aber auch auf Aldabra
Riesencoua* (*Coua gigas*)
Spitzschopf-Coua* (*Coua cristata*)
Hakenvanga* (*Vanga curvirostris*)
Gabeldrongo* (*Dicrurus forficatus*)
Madagaskar-Dajal* (*Copsychus albospecularis*)
Rotbrust-Paradiesschnäpper* (*Terpsiphone mutata*)
Madagaskar-Nektarvogel* (*Arachnechthra souimanga*)
Madagaskar-Fluchtvogel* (*Hypsipetes madagascariensis*)
Zimtroller (*Eurystomus glaucurus*)
Madagaskar-Rampenfänger* (*Coracina cinerea*)
Grauköpfchen* (*Agapornis canus*)
Madagaskar-Brillenvogel* (*Zosterops maderaspatanus*)
Schildrabe (*Corvus albus*)

Verbreitete Säugetierarten
Katta (engl. "ringelschwänziger Lemur", lat. *Lemur catta*)
Brauner Maki (*Lemur fulvus rufus*)
Larven-Sifaka (*Propithecus verreauxi verreauxi*)
Wieselmaki (*Lepilemur microdon*)
Mausmaki (*Microcebus murinus*)
Flughund und -fuchs (*Pteropidae*)

Lemuren-Reservat Amboasary-Sud

Die Verwaltung der Hotels Kaleta und Libanona macht Berenty Konkurrenz durch die Eröffnung eines eigenen **Lemuren-Reservats** unmittelbar südlich der Abzweigung nach Berenty. Dieses Reservat ist erheblich billiger als das "Original", und wer dort gewesen ist, berichtet ganz begeistert.

Für den Spezialisten allerdings kann Amboasary-Sud nicht mit Berenty konkurrieren, weil es sich um Wald handelt, der sich nicht mehr in seinem ursprünglichen Zustand befindet und von Haustieren abgefressen wurde. Daher werden Sie die selteneren kleinen Tiere wahrscheinlich nicht zu sehen bekommen. Wenn man das jedoch weiß, und wenn man sich vorwiegend für Lemuren interessiert, die hier reichlich zu sehen sind, ist ein Besuch in Amboasary ebenso lohnend wie Berenty.

Das Reservat wird von Monsieur Rolande verwaltet, der viele Jahre in Berenty gearbeitet hat und seinen Gästen das Gefühl gibt, ein besonders guter Gast zu sein. Hier ist man eher auf Individualreisende als auf Gruppen eingestellt. Das Zelten ist im Reservat in der Regel erlaubt (vorausgesetzt Sie bringen Ihre eigene Ausrüstung mit), und zwar ohne Zusatzkosten zum Grundausflugspreis von FMG 25.000.

Liz Roberts nahm an dem Ausflug teil: "Eine Attraktion des Tagesausflugs war der **Zebumarkt** in **Ambovombe**, der am Montag stattfindet (Kosten: FMG 35.000 plus ein Picknick im Reservat für weitere FMG 4.000). Im Reservat waren viele Kattas, Braune Makis und wundervolle Sifakas zu sehen. Der Besuch schließt auch eine Fahrt mit dem Zebu-Karren ein. Auf der Rückfahrt wurden wir durch die Sisal-Fabrik geführt - wirklich faszinierend."

Die üblichen Berenty-Extras an der Straße nach Ambovombe - Gräber und Kannenpflanzen - werden ebenfalls besucht.

Der Osten

Klimatisch gesehen (Regen, Zyklone) bedeutet die Ostküste für Reisende bekanntermaßen eine Herausforderung. Im Juli 1816 schrieb James Hastie in sein Tagebuch: "Wenn dies die gute Jahreszeit ist, um in diesem Land zu reisen, kann ich versichern, daß in der schlechten Jahreszeit ein Fortkommen unmöglich ist."

Diese Feststellung gilt noch heute. Es hat keinen Sinn, in der Zeit der starken Regenfälle (in den Monaten **Dezember, Januar** und **Februar**) in diese Gegend zu fahren. Die trockensten Monate sind September, Oktober und November; März, April und Mai sind recht sicher, abgesehen von dem möglichen Auftreten eines Zyklons. Von Juni bis August müssen Sie ein gewisses Risiko eingehen, es ist jedoch gut möglich, daß Sie einige schöne Tage haben.

An der **Ostküste** gibt es noch ein weiteres Problem: die **Haie**. Daher ist trotz wunderschöner Strände das Schwimmen nur dort möglich, wo ein Korallenriff die Küste schützt.

Außer den genannten Nachteilen gibt es für Reisende aber auch viel Anziehendes. Ein Großteil der einzigartigen madagassischen Flora und Fauna konzentriert sich in den östlichen Regenwäldern, und jeder, der sich wirklich für die Natur der Insel interessiert, wird diesem Teil des Landes einen Besuch abstatten wollen. Doch auch für weniger an der Tier- und Pflanzenwelt Interessierte lohnt ein Besuch schon allein wegen der zerklüfteten Bergwelt mit den Flüssen, die sich zum Indischen Ozean hinunterstürzen, wegen der milden tropischen Atmosphäre, der freundlichen Leute, dem reichhaltigen Angebot an Obst und Meeresfrüchten oder wegen der noch gänzlich unberührten Insel **Sainte Marie** (Nosy Boraha).

Die überwiegenden Produkte des Ostens sind **Kaffee**, **Vanille**, **Bananen, Kokosnüsse** und **Nelken**.

Diese Region hat eine interessante Geschichte, beherrscht von europäischen Piraten und Sklavenhändlern. Während sich in anderen Teilen der Insel mächtige Königreiche herausbildeten, blieb die Ostküste unter vielen kleinen Clans aufgeteilt. Erst im 18. Jh. konnte ein Herrscher, **Ratsimilaho**, die Region vereinigen.

Der Mischlingssohn von Thomas White, einem englischen Piraten, der zum Teil in Großbritannien erzogen wurde, trat dem Versuch von Häuptling Ramanano, sämtliche Häfen an der Ostküste in seine Gewalt zu bringen, mit Erfolg entgegen, und seine Revolte wurde noch dadurch unterstützt, indem er, geschickterweise, eine wichtige Prinzessin heiratete. Als Ratsimilaho 1754 starb, herrschte er über ein Gebiet, das sich von der Masoala-Halbinsel bis nach Mananjary erstreckte.

Ein Ergebnis der Verbindung verschiedener Stämme sind die **Betsimisaraka**, heute die zweitgrößte Volksgruppe auf Madagaskar. Einige Angehörige dieses Stammes praktizieren zweite Beerdigungen, allerdings mit weniger Ritualen als die Merina und die Betsileo. Die Betsimisaraka benutzen *ombiasy* (eingeborene Heilkundige), um die Zukunft vorauszusagen bzw. zur Diagnose von Krankheiten oder zum Verschreiben von Heilmitteln, zu denen Rituale ebenso wie die Anwendung der geeigneten Kräuter gehören können.

Reisemöglichkeiten
Zwar sind auf der Karte Straßen eingezeichnet, die fast auf der gesamten Länge die Ostküste entlanglaufen, doch dieser Eindruck täuscht. Regen und Zyklone zerstören Straßen und Brücken immer wieder, daher ist es unmöglich, im voraus zu wissen, ob eine gewählte Route befahrbar sein wird, und das selbst in der Trockenzeit.

Aus den mit Regen gesättigten Wäldern fließen zahlreiche Flüsse in den Indischen Ozean, von denen viele nur mit einer Fähre zu überqueren sind. Doch es gibt nicht genug Verkehr, um eine regelmäßige Bedienung sicherzustellen. Wer also nur begrenzt Zeit zur Verfügung hat, kann die unzugänglicheren Städte nur mit Air Madagascar erreichen. Die **Flugverbindungen** sind recht gut, allerdings treten bei einem so stark frequentierten Service unweigerlich Probleme auf.

Wer wirklich auf Abenteuer aus ist, kann natürlich die Küste herauf oder herunter fahren, wie die Ausführungen von Helena Drysdale zeigen werden, der es gelang, von Diego Suarez nach Mananjary zu reisen, ohne das Flugzeug zu benutzen.

Mit dem Zug an die Ostküste

Die Fahrt mit dem Zug von **Antananarivo** nach **Tamatave** zählt zu den großen Bahnreisen der Welt. Der Bau der Strecke begann 1901, als 3.000 chinesische Arbeiter, entsandt vom Generalgouverneur von Indochina, für DM 2 pro Tag mit der Arbeit begannen. Die Sterberate lag bei 23%. Madagassische Männer mußten ebenfalls jeweils 40 Tage arbeiten, eine Art "Arbeitssteuer". Außerdem gab es arabische und afrikanische Arbeiter sowie 240 Inder. Auf einer Länge von 375 km führt die Bahnstrecke durch Tunnel, über Viadukte und am Rande von Felsklippen entlang.

Nach einem Aufbruch im Morgengrauen fährt der Zug von Tana nach Süden und umrundet die Stadt, bevor er sich nach Osten wendet, hinein in die typische Landschaft der *hauts plateaux* - Reisfelder, Dörfer und gelegentlich zutagetretende Felsen (wenn Sie auf der rechten Seite sitzen, haben Sie den besten Ausblick). Dann folgt ein Waldstück, bevor der Zug zum **Angavo-Massiv** hinaufklettert, dem Tor zum östlichen Regenwald. Hier erreicht die Strecke ihren höchsten Punkt, kurz vor **Anjiro**, wo die Bahn einmal im Kreis fährt, bevor die eigentliche Abwärtsfahrt beginnt. Die Landschaft verändert sich nach und nach, von der Übergangszone aus Bambus zu immergrünem Regenwald (Bergnebelwald).

Halten Sie Ausschau nach dem großen Fluß **Mangoro**, den Sie kurz hinter Ambohibary überqueren. **Moramanga** erreicht man nach vier Stunden und **Périnet** (Andasibe) nach einer weiteren halben Stunde. Hier macht der Zug eine Mittagspause (20-30 Min.), um den Passagieren der 1. Klasse Gelegenheit zu geben, im Hotel Buffet de la Gare zu essen. Hinter Périnet entfernt sich die Bahnstrecke von der Straße (R.N. 2), mit der sie seit Tana verbunden war, und verläuft jetzt allein weiter am Fluß **Sahatandra** (Vohitra) entlang. Am besten sitzen Sie auf diesem Streckenabschnitt auf der linken Seite; die Aussicht ist großartig. Es ist die Etappe mit den vielen Tunneln und Brücken - eine beeindruckende Leistung der Ingenieurskunst. Während Sie durch Überreste von unberührtem Urwald fahren, brauchen Sie kein sonderlich geübtes Auge, um die enormen Schäden durch die Brandrodungs-Landwirtschaft zu erkennen.

Kurz vor der Dämmerung hält der Zug in **Vohibinany** (Brickaville - aber auf den Karten erscheint oft auch Ampasimanolotra), dann geht es durch Haine von Bäumen der Reisenden, bevor die Lok schließlich ihr Ziel im Norden ansteuert. Die Karte zeigt, daß die Strecke direkt am Meeresufer entlangläuft, den schmalen Landstreifen hinauf, der von den Pangalanes-Seen und dem Kanal abgetrennt wird. Die Aussicht ist zunächst durch dichtes Buschwerk und später durch die Dunkelheit behindert, und die Ankunft in Tamatave, nach einer Reise von 12 Std., bedeutet für viele eine Erleichterung.

Es gibt zwei weitere östliche Bahnstrecken, eine Seitenlinie von **Moramanga** nach **Alaotra-See** und eine weitere von **Fianarantsoa** nach **Manakara**. Die Meinungen gehen auseinander, ob die letztgenannte Strecke noch besser oder vielleicht nicht ganz so gut ist wie die Route von Tana nach Tamatave. Mit Sicherheit ist sie kürzer.

Der Osten

Tamatave (Toamasina)

Geschichte
Wie bei allen Häfen an der Ostküste beginnt auch die Geschichte Tamataves mit einer Ansiedlung von Piraten. Im späten 18. Jh. gelangten Franzosen, die sich bereits auf der Ile Ste. Marie niedergelassen hatten, in dieses Gebiet, und Napoleon I. schickte seinen Vertreter **Sylvain Roux** hierher, um einen Handelsaußenposten einzurichten.

1811 entsandte **Sir Robert Farquhar**, der Gouverneur von Mauritius, eine kleine Marineschwadron, um den Hafen von Tamatave einzunehmen. Dabei handelte es sich nicht um eine Ausweitung der üblichen britisch-französischen Auseinandersetzung, sondern um den Versuch, die Sklaverei an ihrer Wurzel zu bekämpfen - Madagaskar war einer der Hauptlieferanten für Sklaven im Indischen Ozean. Bereits 1807 war der Sklavenhandel vom britischen Parlament für abgeschafft erklärt worden. Der Angriff war erfolgreich, Sylvain Roux ging ins Exil, und eine kleine britische Garnison blieb zurück.

Während des Ausbaus der Handelsbeziehungen zwischen Mauritius und Madagaskar in den folgenden Jahren entwickelte sich Tamatave zu einem wichtigen Hafen. 1845, als ein königlicher Erlaß den europäischen Händlern die harten madagassischen Gesetze auferlegte, bombardierten französische und britische Kriegsschiffe Tamatave, eine Landung wurde jedoch abgewehrt. 20 Menschen kamen dabei ums Leben. Während des Krieges von 1883-85 besetzten die Franzosen Tamatave, doch das nahe der Stadt gelegene **Fort Farafaty** konnte von den madagassischen Truppen erfolgreich verteidigt werden.

1927 traf ein katastrophaler Zyklon Tamatave. Die Stadt wurde 3 m hoch überflutet und die großen Schiffe im Hafen wurden von der Flut gen Stadtmitte geschoben, wo sie auf Grund liefen.

Die Theorien über die Herkunft des Namens **Taomasina** sind unterschiedlich. Eine besagt z.B., daß König Radama I. hier das Meerwasser probierte und danach feststellte *toa masina* - "es ist salzig".

Anreise
 1985 wurde die lang erwartete Straße von Tana nach Tamatave fertiggestellt, wodurch sich die Zeit für die Reise an die Ostküste per Wagen auf die Hälfte verkürzte.
Chinesische Arbeitskolonnen benötigten fast 10 Jahre für das Projekt, wobei der schon stark geplünderte, östliche Regenwald weiterer Bäume

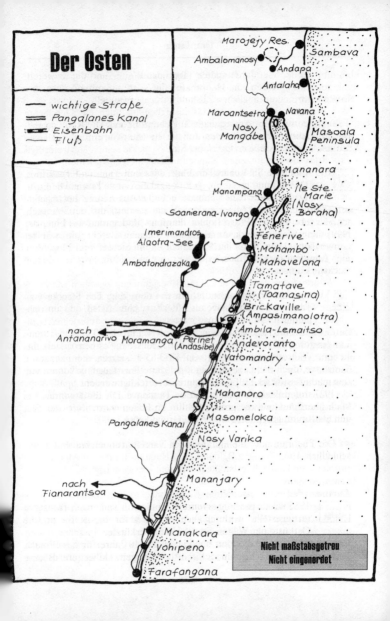

beraubt wurde. Vier Jahre später haben das Wetter und die schweren Fahrzeuge, die Waren vom Haupthafen die Küste hinaufbefördern, die Straße in ihren ursprünglichen Zustand zurückverwandelt.

Taxi-Brousse fahren den ganzen Tag über ab Tana. Die Reise dauert zwischen sechs und acht Stunden. Am besten gehen Sie einfach zur Taxi-Brousse-Abfahrtsstelle im Osten der Stadt.

 Außerdem gibt es täglich Flüge zwischen Tana und Tamatave (DM 98) und regelmäßige Flüge zur Ile Sainte Marie. Die Luftverbindung zwischen Tamatave und Diego Suarez beschränkt sich allerdings auf eine Maschine pro Woche (sie verkehrt am Sonntag), doch es gibt tägliche Flüge (außer dienstags und sonntags - Flugplan 1990) nach Maroantsetra, Antalaha und Mananara. 1990 gab es keine Luftverbindung von Tana nach Sambava. Wenn Sie auf dem Flughafen von Tamatave warten müssen, sollten Sie die nette Bar im oberen Stockwerk aufsuchen.

Die meisten Besucher fahren mit dem Zug. Die Strecke von Tana nach Tamatave via Périnet (Andasibe) ist am bekanntesten und erlebnisreichsten.
Der Zug verläßt Tana um 6 Uhr früh und soll um 18.30 Uhr in Tamatave eintreffen. Es gibt einen Wagen der 1. Klasse mit 54 Sitzplätzen, die im voraus gebucht werden sollten (DM 18). Die 2. Klasse ist immer stark überfüllt, aber nicht schlimmer als die Vorortzüge in manchen deutschen Großstädten. Das Reisen in dieser Klasse macht Spaß, denn die Unbequemlichkeiten dieser Reise werden durch die freundlichen Madagassen und deren Kinder, die Ihre "Sardinendosen"-Mitreisenden sein werden, ausgeglichen. Der Preis beträgt FMG 7.500.

▶▶ Der Zug zurück von Tamatave nach Tana fährt noch früher ab: um 5.30 Uhr.

Tamatave heute
Tamatave hat eine angenehme Atmosphäre von abgenutzter Eleganz mit einigen schicken palmengesäumten Boulevards und einst prächtigen Kolonialhäusern. Wie auch in anderen Hafenstädten, ist dieser Ort immer voller Ausländer. Man hört die verschiedensten Sprachen in den Bars und Cafés, und die Hotels sind häufig zum Platzen voll, weil auch Touristen aus Tana hier ihren Urlaub verbringen. Daher gibt es eine

Tamatave (Toamasina)

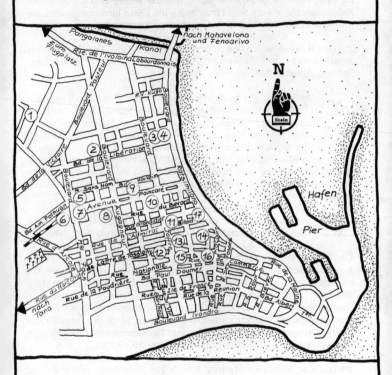

1	Taxi-Brousse	10	Bank
2	Hotel Flamboyants	11	Teesalon "Saify"
3	Hotel Plage	12	Hotel-Restaurant Etoile-Rouge
4	Hotel Neptune	13	Snack Bar Adam & Eve
5	Hotel L'Escale	14	S.C.A.C.
6	Bahnhof	15	Hotel Joffre
7	Rathaus	16	Hotel Beau Rivage
8	Air Madagaskar	17	Auximad
9	Post		

gute Auswahl an Bars, Snackbars und Restaurants, doch die Hotels können ausgebucht sein.

Tamatave ist ein angenehmer Aufenthaltsort für ein oder zwei Tage (doch auch hier gibt es keine besonderen Sehenswürdigkeiten). Der Markt *Bazar be* ist farbenfroh und interessant, und ein guter Ort, um Vanille, Nelken, schwarzen Pfeffer etc. zu kaufen. Die Fußlahmen können eine Pousse-Pousse nehmen (aber lassen Sie sich nicht übervorteilen - ein Reisender berichtet von FMG 15.000 für die Fahrt vom Bahnhof ins Stadtzentrum - die Einheimischen zahlen FMG 500).

Übernachtung
Kategorie A: Neptune, Boulevard Ratsimilaho 35 (am Meer), ☎ 322 26. Das edelste Hotel in der Stadt. FMG 26.000 (aber nicht in Devisen zu zahlen). Sehr angenehm, aber unpersönlich. Komplette Mahlzeit FMG 5.500.

Noor Hotel, DM 42 (Klimaanlage), DM 28 (mit Ventilator).

Les Flamboyants, Av. de la Libération, ☎ 323 50, klimatisierte Zimmer mit WC und Dusche: DM 42, das gleiche ohne Toilette: DM 28.

Hotel Miramar, ☎ 328 70. Erst 1989 neu ausgestattet, bietet dieses Hotel 22 Zimmer, alle mit heißer Dusche. Chalet (Doppelbett) FMG 20.000, Studio und Bungalow (2 einzelne Betten) FMG 27.000, Familienbungalow (2 Doppelbetten) FMG 33.000. Zur Zeit in FMG zu zahlen, aber der englischsprechende Manager, Mr. Young Didier, warnte mich bereits vor, daß, sollte das Hotel in die Drei-Sterne-Kategorie aufrücken, nur noch Devisen akzeptiert würden.

Das Miramar liegt einige Kilometer nördlich von Tamatave an der Straßstraße; Transport vom Flughafen hierher nach Absprache. Es gibt einen großen Swimmingpool, Tennis und Basketball, außerdem einen Fahrradverleih, Informationen und Karten. "Ich kann Ausflugsfahrten an der Ostküste entlang organisieren für Leute, die das Land wirklich kennenlernen wollen, selbst wenn sie dabei etwas schwitzen müssen."

Kategorie B: Hotel Etoile-Rouge, Rue de Lattre de Tassigny 13, FMG 18.000 für ein Zimmer mit zwei Betten, FMG 15.000 für ein Bett. Sehr zu empfehlen - freundlich und bequem (aber keine Moskitonetze). Nur 6 Zimmer, daher häufig belegt. Ausgezeichnetes Restaurant.

Pax Hotel, Rue de la Pondriere 7, ☎ 329 76. Doppelzimmer mit Dusche FMG 10.000. Von einem Leser beschrieben als "superb - sauber, freundlich, preisgünstig." Das Hotel soll bald durch eine Klimaanlage verbessert werden.

Marktszene in Tamatave

Kategorie C: Hotel Plage, Boulevard de la Libération (um die Ecke vom Neptune). Rund FMG 10.000. Gelegentlich sehr laut (Nachtclub) und möglicherweise gleichzeitig ein Bordell, aber recht sauber und bequem.
Hotel Beau Rivage (besser bekannt unter dem Namen seines Restaurants La Paillotte), Rue de Commerce (in der Nähe der Adam and Eve Snackbar). 12 Zimmer. Preisgünstig mit FMG 12.000-14.000.
Hotel Niavo, in der Nähe des Bahnhofs (Bd. Ponthiau), daher günstig gelegen, wenn man den Zug um 5.30 Uhr nach Tana erreichen will. Rund FMG 7.500. Andere, sehr einfache Hotels in der gleichen Straße. Das Hotel l'Escale ist ein weiteres einfaches Hotel in Bahnhofsnähe.

Restaurants

Die Hotels Joffre und Flamboyants haben die besten Restaurants; das Neptune ist fast ebenso gut (besonders sein "Soviel-Sie-essen-können"-Buffet am Sonntag mittag). Andere Restaurants liegen am oder in der Nähe des Boulevard Joffre.
Restaurant **Fortuna**, ein sehr empfehlenswertes chinesisches Restaurant in der Nähe des Joffre Hotels (Rue de la Batterie 11). Geöffnet über Mittag und von 18-21.30 Uhr. "Wir bekamen dort ein gutes Essen - allerdings hatte keiner von uns den Mut, *Poulet des Oreilles de Chat* zu bestellen" (Robert Stewart).
Queens Club (um die Ecke vom Hotel Plage), zu empfehlen.
Tahiti Kely, an der Straße zum Flughafen. Soll die besten Meeresfrüchte in der Stadt haben.
Teesalon **Saify** (in der Nähe des Hotel Joffre), ausgezeichnete Auswahl an Kuchen und Kleinigkeiten.
Adam & Eve Snackbar, in der Nähe des Hotel Joffre. "Bester Tee auf Madagaskar."

 Seien Sie in Tamatave auf der Hut vor Taschendieben. Es sollen sogar schon Raubüberfälle stattgefunden haben.

Ausflüge von Tamatave

Jardin de Ivoloina

Dies war einst ein großartiger und riesiger Botanischer Garten, angelegt im Jahre 1898, der aber jetzt heruntergekommen ist. Zur Zeit wird der Jardin de Ivoloina von Naturschützern wieder hergerichtet; er liegt 11 km nördlich der Stadt. Taxifahrer bringen Sie nicht gern dorthin, weil die Straße wirklich in einem fürchterlichen Zustand ist. Gute Botanik und Vogelbeobachtung und einige gefangengehaltene und halbwilde Braune Makis.

Die Straße nach Norden

Die Straße nach Norden ist zum größten Teil in recht gutem Zustand - allerdings hat ein Zyklon erst kürzlich einen Teil weggespült - und eine Fahrt mit dem Taxi oder dem Bus zumindest bis Mahavelona ist zu empfehlen (Preis für ein Taxi-Be 1990: FMG 1.250). Sie können aus der Fahrt einen Tagesausflug machen, oder, wenn Sie mehr Zeit haben, stehen auch einige ausgezeichnete Strandbungalows zum Essen und Entspannen zur Verfügung.

Es ist eine interessante Fahrt, und wenn Sie einen Tagesausflug unternehmen, lohnt es sich, mit dem Taxi zu fahren (dann kann der Fahrer Sie unterwegs auf Sehenswertes hinweisen). Sie werden an Zimtbäumen, Palmen, Bananenstauden, tropischen Obstbäumen wie Litschi, Brotfrucht und Mango vorbeikommen, und vielleicht werden Sie auch die rankende Pflanze sehen, an der der Pfeffer wächst. Etwa 30 km von Tamatave entfernt, auf der linken Straßenseite, werden Sie einige seitlich offene Schuppen mit Wellblechdächern sehen. Dies sind **Betsimisaraka-Grabanlagen**; nicht, wie gelegentlich behauptet wird, "Kanu-Beerdigungen", sondern der sichtbare Teil von Holzsärgen, die mehrere Leichname enthalten und unter der Erde bestattet sind. In dieser Gegend praktizieren die Betsimisaraka keine zweiten Bestattungen.

Mahavelona (Foulpointe)

Die Stadt selbst ist nicht bemerkenswert, aber in der Nähe liegt eine interessante alte, kreisförmige Festung mit mächtigen Wänden, die aus einer eisenharten Mischung, hergestellt aus Sand, Muschelschalen und Eiern, errichtet wurden. Einige alte britische Kanonen, gekennzeichnet "GR", sind zu sehen. Diese Festung wurde im frühen 19. Jh. vom Merina-Gouverneur der Stadt, **Rafaralahy**, erbaut, kurz nach der Eroberung der Ostküste durch die Merina.

Bevor Sie die Stadt erreichen, kommen Sie an dem wenig fantasievoll benannten Hotel **Motel** vorbei - eine Ansammlung von Strandbungalows mit einem guten Restaurant und sicheren Bademöglichkeiten. Eine Alternative ist **Au Gentil Pêcheur**, eine andere Bungalowanlage, kürzlich renoviert, wenige hundert Meter südlich vom Hotel Motel. Ausgezeichnetes Essen (Mahlzeiten für rund FMG 6.000), Duschen und Moskitonetze und ein guter Strand.

Mahambo
Ein Badeort mit sicheren Bademöglichkeiten und zwei Gruppen von Chalets, **Le Récif** und **Le Gîte**, geführt von Vater und Sohn. FMG 15.000 für ein Bett und FMG 6.000 für das Essen. Freundliche Atmosphäre, gutes Essen, sehr zu empfehlen, aber hüten Sie sich vor den Sandfliegen.

Weiter in Richtung Norden nach Soanierana-Ivongo und Manompana
Hinter Mahambo liegt **Fénérive**, die ehemalige Hauptstadt des Betsimisaraka-Reiches (einfache Hotels), und weiter nach Norden erreichen Sie auf einer sehr schlechten Straße schließlich Soanierana-Ivongo und Manompana - mögliche Ausgangspunkte für einen Besuch auf Ste. Marie. Hinter Soanierana-Ivongo existiert die Straße praktisch nicht mehr. Reisende haben berichtet, daß sie Flüsse durchwaten oder sie auf Flößen überqueren mußten, und daß sie zwischendurch bis zu 20 km zu Fuß zurücklegten. Die Straße und die Brücken werden von Zeit zu Zeit repariert, aber versuchen Sie nicht, auf dieser Route zu reisen, wenn Sie nicht physisch fit und darauf eingestellt sind, zu laufen.

In Manompana gibt es ein nettes Hotel, meist fest in der Hand von *vazahas*, die versuchen, nach Ste. Marie zu gelangen. Eine Beschreibung der Bootsüberfahrt finden Sie weiter unten.

Nördlich von Tamatave

Mananara
Mananara, 185 km nördlich von Soanierana-Ivongo an der Einfahrt zur Bucht von Antongil gelegen, ist ein gutgehütetes Geheimnis. Das Risiko einer Reise dorthin (oder noch eher die Gefahr, den Ort mit der ausgebuchten Twin Otter so schnell nicht wieder verlassen zu können) macht einen Besuch in Mananara für Reisende mit zeitlich engem Terminplan unmöglich.

Monique Rodriguez, die Abenteuerreisen für Liounis organisiert, schreibt: "Dies ist der einzige Ort auf Madagaskar, wo man ziemlich sicher sein kann, ein Aye-Aye in freier Wildbahn zu sehen, und zwar auf der Aye-Aye-Insel (auch bekannt als **Roger's Island**). Die Insel ist Teil des U.N. Biosphärenschutzprojekts (Biosphere Conservation Project) in der Gegend von Mananara.

Die einzig mögliche Unterkunft ist **Chez Roger** in einfachen Bungalows. Zwei meiner Gruppen vom letzten Jahr "überlebten" den Aufenthalt und betrachteten Mananara als Höhepunkt ihrer Reise. Es gibt natürlich kein fließendes, aber reichlich sauberes Wasser in Eimern, das zu Ihrem Bungalow gebracht wird. Gutes, reichhaltiges chinesisches und madagassisches Essen. Vollpension Chez Roger kostet FMG 10.000, Transfer und Ausflug zur Aye-Aye-Insel FMG 11.000 pro Person. Reservierungen für Einzelreisende sind nicht erforderlich, wenn sie ein wenig Französisch können - tauchen Sie einfach auf und sagen Sie, Sie hätten in Hilarys Buch über Mananara gelesen. Für Gruppen ist sorgfältige Planung im voraus ein Muß.

In Kürze wird es eine zweite Unterkunftsmöglichkeit geben, sobald ein Deutscher namens Dieter sein Hotel eröffnet hat. Wenn er das mit der gleichen Begeisterung tut, mit der er seinen Landrover über die praktisch nicht vorhandene Küstenstraße fährt, wird das sicherlich ein voller Erfolg!

Maroantsetra
Der regnerischste Ort auf Madagaskar (das werden Sie merken, ohne die Werte nachlesen zu müssen), aber das Mekka der Naturliebhaber wegen des nahegelegenen Inselreservats **Nosy Mangabé**, das eingerichtet wurde, um das Aye-Aye und andere Lemuren zu schützen.

Wie es so häufig auf Madagaskar geschieht, verbrachte ich mehr Zeit in Maroantsetra als eigentlich vorgesehen war und lernte die Stadt daher recht gut kennen. Mir gefiel sie. Es herrscht eine Atmosphäre bescheidenen Wohlstands und auf dem kleinen, aber lebhaften Markt steht eine erstaunliche Auswahl an Fisch zum Verkauf, darunter kleine Hammerhaie. Vanille, die in der Sonne zum Trocknen ausgebreitet ist, sieht man fast überall. Doch mein Besuch war im Jahre 1986. Helena Drysdale reiste 1989 nach Maroantsetra und berichtet: "Viele Bettler und ein Gefühl der Hoffnungslosigkeit. Rückflüge zwei Monate im voraus ausgebucht und keine Straßenverbindung." (Wie soll man also wieder abreisen? - ☞ *Ausflüge*.)

Der Flughafen liegt 8 km vor der Stadt. Vielleicht können Sie ein Taxi bekommen, sonst ist es ein netter Spaziergang.

Manchmal verkehrt ein Boot von Maroantsetra zur Ile Sainte Marie und nach Tamatave. Erkundigen Sie sich im Motel Coco Beach oder im Schiffahrtsbüro an der Hauptstraße. Vielleicht haben Sie auch Glück und finden einen Frachter in Richtung Süden, der Sie bis zu einem Ort mitnimmt, wo Sie ein Fahrzeug nach Manompana bekommen können (Ausgangspunkt für die Fahrt nach Ste Marie).

Der Osten

Übernachtung/Essen
Motel Coco Beach (B.P. 1, Maroantsetra, ☎ 18) am Stadtrand. Eine typische Ansammlung von Strandbungalows mit kalten Duschen und nur einer Toilette. Doch wenn Fidel, der Manager, da ist, ist er sehr hilfsbereit und kann über Bootsverbindungen Auskunft geben (wenn sie nicht *en panne* sind).
Antongil, Stadtzentrum. Unter der gleichen Leitung wie Coco Beach und kürzlich renoviert.
Le Tropical, drei Bungalows, FMG 7.000. Ausgezeichnetes Essen. Sehr hilfsbereite Leiterin, Mme. Eveline Therese, deren Schwager, Alain Costo, ein kleines Boot besitzt. Er bringt Sie für FMG 35.000 nach Nosy Mangabe.

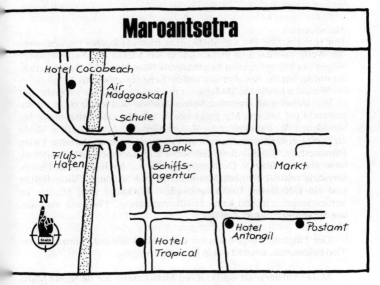

Ausflüge
Nosy Mangabe: Um die Insel zu besuchen, benötigen Sie eine Genehmigung von den *Eaux et Forêts*-Leuten in Tana. In der Regel befindet sich ein Wissenschaftler auf der Insel, der mit Untersuchungen beschäftigt ist. Er oder sie ist möglicherweise gern bereit, Ihre Fragen zu

beantworten, vorausgesetzt Sie stören nicht bei der Arbeit. Eine einfache Schutzhütte steht u.U. zur Verfügung, aber wer hier übernachten möchte, sollte sein Zelt dabeihaben (im *Dept. Eaux et Forêts* kann man Ihnen Ratschläge geben). Aye-Ayes leben sehr zurückgezogen und sind nachtaktiv, aber sie gewöhnen sich in letzter Zeit scheinbar an die Anwesenheit von Menschen und sind daher häufiger zu sehen. Aber auch ohne das Aye-Aye gibt es viele andere sehenswerte Tiere: Varies, *Varecia variegata* (zwei Arten), Braune Makis, leuchtend rote Frösche und Reptilien, z.B. die faszinierende, Blattschwanz-Eidechse *Uroplatus fimbriatus*, Chamäleons und Schlangen.

Nosy Mangabe ist außerdem eine ausgesprochen hübsche Insel mit sandigen Buchten (leider nicht zum Schwimmen geeignet wegen der Haie) und einem Hügel (ein sehr anstrengender, rutschiger Anstieg), gekrönt mit einem Leuchtturm, von dem Sie eine schöne Aussicht haben.

Andere Ziele: Eine sehr lohnende Tour ist eine *pirogue*-Fahrt den Andranototsy-Fluß hinauf zu dem Dorf gleichen Namens. Die Vegetation und das Leben am Fluß, das man unterwegs zu sehen bekommt, sind faszinierend, und das (noch) unberührte Dorf mit seinen neugierigen Bewohnern ist friedlich und ruhig.

Bob Gillam und Helena Drysdale empfehlen beide, Navana zu besuchen (Hotel vorhanden). Folgen Sie der Küste nach Osten an einem Strand entlang, hinter dem dichtes Buschwerk wächst, durch Kanäle, verstopft mit blühenden Wasserhyazinthen, und vorbei an einem Waldgebiet. Sie müssen viele Gewässer in einer *pirogue* überqueren, doch es existiert eine regelmäßige Verbindung (FMG 4.000). Die Fahrt durch die Kanäle dauert eine Stunde und kostet nicht viel. Von Maroantsetra aus können Sie auch mit dem Boot dorthin gelangen.

Die Masoala-Halbinsel: Diese Halbinsel, auf der es keine Straßen gibt, ist eins der größten und vielfältigsten Urwaldgebiete auf Madagaskar. Hier lebt die möglicherweise größte Zahl von noch nicht klassifizierten Arten. Kein Wunder, daß der WWF dafür plädiert, diese Halbinsel zum Nationalpark umzuwandeln.

Es ist möglich, zwischen Maroantsetra und Antalaha über die Halbinsel zu wandern. Die Entfernung beträgt 152 km, eine fünftägige Wanderung, die das Waten in Flußbetten bzw. in bis zu den Knöcheln reichenden Schlamm bei strömenden Regen oder glühender Hitze (um 35 °C) einschließt. Hinzu kommt, daß der Pfad zum größten Teil an Reisfeldern entlangläuft, d.h. er führt nicht durch größere Teile des

Urwalds. Die Wanderung können Sie über Madagascar Airtours buchen, in deren Broschüren sie sehr reizvoll beschrieben ist: Es geht durch "dichtes Unterholz, in dem Orchideen verborgen sind, Dörfer, Flüsse und Ströme ... Der Kontakt zu den Bewohnern des Waldes bringt Sie in Berührung mit den Quellen des Lebens."

Helena Drysdale und ihr Mann Richard unternahmen die Wanderung von Antalaha aus: "Wir hatten zwei ausgezeichnete Führer. Sie hatten recht mit dem Matsch und den Reisfeldern, aber es war ein großartiges Abenteuer und eine wundervolle Erfahrung, in den Dörfern zu übernachten. Meine Füße haben sich noch immer nicht ganz erholt (nach fünf Monaten). Wir legten am Tag rund 25 km zurück; ein Zelt hätte nicht viel genützt, weil es nicht viele ebene Stellen gab, wo man es hätte aufschlagen können."

Antalaha: Eine recht hübsche Stadt, die von der Vanille-Herstellung beherrscht wird. Die Straße nach Sambava ist recht gut; Taxi-Brousse verkehren hier regelmäßig.

Das europäisch geführte Hotel du Centre (FMG 6.000) ist bequem. Mahlzeiten FMG 4.000. Etwas edler ist das Ocean Hotel (FMG 15.000-20.000, Mahlzeiten FMG 10.000). Es gibt Bungalows für FMG 10.000 in La Plage, und ein empfehlenswertes neues Restaurant ist Le Bamboo.

Sambava

Eine Stadt im Zentrum des Vanille- und Kokosnußanbaus. Zudem werden hier auch Nelken und Kaffee angepflanzt. Sambava ist ein guter Ausgangspunkt, um den östlichen Regenwald zu erkunden. Der Flughafen liegt 1,5 km südlich der Stadt. Der Markt befindet sich am nördlichen Ende.

Übernachtungen/Essen
Kategorie A: Hotel Carrefour, FMG 16.000, FMG 24.000 und FMG 28.000 (klimatisiert); Preise von 1988. Restaurant. Nicht so gut.

Kategorie B: Orchidea Beach (B.P. 86, ☎ 128), sehr nette neue Bungalows mit Blick auf das Meer. FMG 10.000. Ihr Geld wert und zu empfehlen. Geleitet von einem Italiener, M. Filosi, und seiner Familie.
Calypso Hotel, 11 Zimmer, 4 für FMG 6.500, 3 für FMG 7.500 und 3 für FMG 10.000 (1988). Sauber. Zu empfehlen.

Kategorie C: Hotel Pacifique, 3 Zimmer für rund FMG 7.500. Bungalows für rund FMG 15.000.
Dragon d'Or, 6 Zimmer für rund FMG 6.000. Zentral gelegen. Einfach. Gutes Restaurant. In der Nähe ist Chez Sam, ein gutes chinesisches Restaurant.

Ausflüge
Ein Reiseveranstalter, Sambava-Voyages (B.P. 28a, ☎ 110), nicht weit vom Air Madagascar-Büro am südlichen Ende der Stadt entfernt, organisiert Ausflüge per *pirogue* auf dem nahegelegenen Fluß Bemarivo nach **Nosiharina**, einer Insel, auf der viele Vögel leben, oder in das Naturschutzgebiet von **Marojejy**.

Aufgrund der zerklüfteten Hügellandschaft des Marojejy-Massivs, das mit einer sich nach Höhenlage verändernden und recht vielfältigen Vegetation bewachsen ist, stellt dieses Naturschutzgebiet eines der WWF-Reservate von besonderer Priorität dar. Die begleitende Fauna ist ebenso artenreich. 17 Amphibien und 22 Arten von Reptilien sind hier beobachtet worden. Zu den 23 hier lebenden Säugetierarten gehört die sehr seltene Unterart des Diadem-Sifakas (*Propithecus diadema candidus*).

 Es gibt keine Wege für Touristen. Wenn Sie also das Reservat sehen wollen (und zwar nicht so, wie ich es gesehen habe), sollten Sie sich lieber von Sambava Voyages helfen lassen.
Informieren Sie die Agentur lange genug im voraus, und kümmern Sie sich am besten selbst um Ihre Genehmigung in Antananarivo. Die Fahrt nach Marojejy dauert mindestens drei Tage. Sie brauchen ein Zelt und entsprechende Vorräte. Es lohnt sich zu wissen, daß die Regenfälle auf den Osthängen 3.000 mm im Jahr erreichen sollen.

Sambava Voyages hat sein Angebot jetzt erweitert und eine Reihe von Fluß- und Wandertouren aufgenommen, ideal für diejenigen, die die ausgetretenen Pfade verlassen wollen, das aber nicht unbedingt auf sich allein gestellt tun wollen. Die Managerin von Sambava-Voyages ist Mme. Seramila. Sie spricht ein wenig Englisch.

Es fahren auch Boote den Bemarivo hinauf in das Dorf Amboahangibe, um Kaffee zu transportieren. Vielleicht haben Sie Glück und werden mitgenommen, oder sie mieten sich einfach selbst eine *pirogue*.

Der verhältnismäßig große Wohlstand der Gegend zeigt sich in der recht guten Straße nach Andapa. Als ich vor 12 Jahren dorthin fuhr, war ich von den Dörfern Manantenina und Andranomifototra an der Strecke ganz verzaubert. Ich erinnere mich an die Wege, die zu den Dörfern führten, an Unmengen von Schmetterlingen und an freundliche Leute. Ich erinnere mich auch an meinen Versuch, von Antanimbaribe nach Westen zu wandern. Doch ich glaube immer noch, daß diese Gegend Entdeckern viel zu bieten hat; oder zumindest finde ich die 1:500.000er Karte von Antalaha (Nr. 4) noch genauso verführerisch wie immer - wie gut, daß ich dies schreibe, während ich in England bin!

Mahnung zur Vorsicht
1976 kam ich zum ersten Mal nach Madagaskar, voller Neugier auf das Leben in freier Wildbahn. Damals konnte man direkt von Ostafrika nach Majunga fliegen, also begannen George und ich unsere Erkundung der Insel im Uhrzeigersinn, ohne erst nach Tana zu fahren. Das hatte zur Folge, daß wir keine offiziellen Genehmigungen zum Besuch der Naturschutzgebiete besaßen. Kein Problem in Montagne d'Ambre - wir bekamen unsere Genehmigungen in Diego - aber *beaucoup de problèmes* bei unserem nächsten Versuch: Marojejy. Dort wollten wir gern wandern, weil es nach unserer Karte einen Fußweg gab, der quer durch das Naturreservat führen sollte - genau das Richtige für eine zweitägige Rucksackwanderung.

Während der Anreise zum Weganfangspunkt versuchten wir immer wieder, eine Genehmigung zu bekommen. Drei Tage verbrachten wir damit, in die verschiedensten Dörfer am Rande des Naturschutzgebietes zu wandern, trafen dort lauter sympathische Madagassen und ebenso zauberhafte Chamäleons und Schmetterlinge, aber es gelang uns nicht, einen Vertreter von *Eaux et Forêts* zu finden, der bereit war, uns die notwendige Erlaubnis auszustellen.

Als schließlich ein *Eaux et Forêts*-Mann auftauchte - während unsere, im übrigen charmante Gastgeberin in Antanimbaribe gerade einen Vortrag über die Vorzüge von Katzen- und Lemurenfleisch hielt - waren wir erstaunt. Und als er nach unseren Pässen fragte und begann, eine Genehmigung auszufüllen, wobei er sorgfältig alle Eintragungen aus unseren Pässen kopierte, z.B. Name und Anschrift des Paßinhabers, waren wir begeistert. Doch als wir erfuhren, daß er uns auch noch in das Naturreservat begleiten wollte, waren wir weniger glücklich, weil wir es normalerweise vorziehen, unsere eigene Route in unserem eigenen Tempo zu gehen. Den Informationen vor Ort zufolge war es aber nicht einfach, den Weg zu finden, und so erschien es schließlich nur vernünftig, das Angebot unseres Führers zu akzeptieren.

Unser Mann (wie lernten nie, seinen Namen richtig auszusprechen) war nicht wirklich für eine Mehrtageswanderung ausgerüstet. Er trug Plastiksandalen und hatte eine Aktentasche bei sich, die drei Hüte, zwei saubere Hemden und rund fünf Pfund offizieller Papiere enthielt. An Nahrungsmittel oder einen Schlafsack hatte er offensichtlich nicht gedacht und so packte ich noch eine Decke in mein ohnehin nicht leichtes Gepäck, und George stopfte einige zusätzliche Kekse in seinen Rucksack. Außerdem hatten wir noch einige andere, nicht unbedingt erforderliche Dinge dabei. Unsere Rucksäcke (wir besaßen die alte Sorte mit Außengestell) wogen ungefähr 35 Pfund, und ich war zudem durch eine Filmkamera behindert, mit der ich Aufnahmen von der vielfältigen Tierwelt Madagaskars im Stil David Attenboroughs machen wollte (so glaubte ich zumindest).

Der Osten

Leichten Fußes schritt unser Mann schnurstracks den Berghang hinauf durch Vanille-Haine, während wir in der Nachhut schwitzten. Ich hatte vergessen, wie anstrengend es ist, bei sehr heißem und feuchtem Wetter einen steilen Anstieg zu wagen. Als wir unseren Mann schließlich einholten, betrachtete er mit Besitzermiene einen auffälligen Stein. "Hier beginnt das Naturreservat", sagte er. Und fügte hinzu, daß er weiter noch nie gegangen sei. Er habe nicht einmal versucht, "unseren Weg" zu gehen. Wir spürten einen leichten Anflug von Unsicherheit.

Dieses Gefühl verstärkte sich, als wir auf den ersten umgestürzten Baumstamm stießen. Wir wußten, daß es kürzlich einen Zyklon gegeben hatte - ja, wir hatten sogar Randerscheinungen davon an einem Ort miterlebt, der, passenderweise, Hell-Ville heißt - aber wir hatten vergessen, was ein Zyklon für einen Wald bedeutet. Madagaskars Atmosphäre hielt uns bereits in ihrem Bann: Erstaunt blickten wir hinunter auf ein Gelände, das aussah, als habe jemand eine Schachtel Streichhölzer verschüttet, während das Flugzeug über den Wald auf Sambava zuflog.

Als wir endlich unter unserem fünften oder sechsten Giganten hindurchgekrochen bzw. schwankend darüber hinweggeklettert waren, war ich völlig entnervt. Der Schweiß rann mir über das Gesicht, Ameisen krochen meinen Nacken hinunter, und mein gräßlicher Rucksack und meine noch gräßlichere Kamera brachten mich aus dem Gleichgewicht. Ich hatte nicht den Eindruck, daß das hier viel Spaß machte.

Wir übernachteten am Fluß in unserem Zelt, das wir direkt über dem Weg aufbauen mußten, der einzige ebene Platz, den es gab. Die Abendmahlzeit war recht üppig. Wir hatten eine Belohnung verdient, und nach unserer Karte sollte es am nächsten Tag nur noch abwärts gehen. Am frühen Abend würden wir unser Ziel erreichen. Es gab also keinen Grund, mit den Lebensmitteln sparsam umzugehen, abgesehen von dem Notvorrat an Nüssen und Rosinen. Unser Mann, dem der gewohnte Reis fehlte, entwickelte angesichts unserer gefriergetrockneten Mahlzeit dennoch einen gesunden Appetit.

Nach dem Frühstück und einer gegenseitigen Ermahnung, mehr Zeit mit der Ausschau nach wilden Tieren zu verbringen, brachen wir auf. Der Pfad führte offensichtlich über den Fluß, also folgten wir ihm. Unser Mann beschloß, dem Fluß zu folgen, als der Pfad nicht mehr zu sehen war, und wir trabten hinterher. Kein Problem für ihn in seinen Plastiksandalen, aber etwas umständlich für uns, weil wir unsere Wanderschuhe nicht unnötig naß machen wollten. Wir sprangen sportlich von Stein zu Stein, bis wir an einem hohen, mit Schlingpflanzen bewachsenen Kliff herauskamen. Es führte kein Weg um den Fuß des Felsens herum, also mußten wir die glitschige, steile Seitenwand hinaufklettern und uns, ganz im Tarzan-Stil, an Lianen wieder herunterlassen.

"*Où est le sentier?*" fragten wir unseren Mann. Die gleiche Frage stellten wir ihm immer wieder, und immer verzweifelter, während der folgenden zwei Tage. Ich denke, er fragte sich selbst, wo denn der Weg war; schließlich war auch er möglicherweise nicht besonders glücklich darüber, sich im östlichen Regenwald verlaufen zu haben, ohne Zigaretten oder Reis und mit zwei schlechtgelaunten *vazahas*, die hier überhaupt gar nicht hingehörten. Dennoch, möchte ich wetten, war er nicht so unglücklich wie ich. Mit Sicherheit schluchzte er nicht leise vor sich hin, während er weiterstolperte. Ich hatte aufgehört, die Heldin zu spielen, als die ersten Feuer-Ameisen auf meinem Nacken landeten.

Bis zu jenem Zeitpunkt war ich recht beherrscht gewesen, hatte mir mit distanziertem wissenschaftlichem Interesse die Blutegel angesehen, die unsere Beine und Hände schmückten (Wovon ernähren sie sich, wenn es keine saftige Touristen gibt, die an ihren Büschen vorbeistolpern?) und hatte mich sogar ein wenig darüber gefreut, als ich das seltene *Brookesia*-Chamäleon beobachten konnte.

Das Gelände, durch das wir uns vorwärtskämpften, sollte unbedingt näher beschrieben werden. Eigentlich gibt es sogar schon eine Beschreibung, nämlich im Kapitel *Flora*. Ich bemerkte mit Interesse, daß wir durch feuchten Bergwald stolperten, "wo es mehr Unterholz gibt (als in tiefergelegenen Wäldern) ... und reichlich Epiphyten, Farne und Moose sowie große Lianen und Bambus. Mit zunehmender Höhenlage nimmt die Wuchshöhe der Bäume ab, ... so daß dort Epiphyten und buschiges, krautartiges Unterholz mit einem reichlichen Moosanteil gedeihen."

Ja, ich erinnere mich gut daran. Die großen Lianen griffen immer wieder nach unseren Rucksackgestellen, so daß wir abrupt angehalten wurden, und der Bambus hatte kleine, kaktusähnliche Haare, die sich in unsere Hände eingruben, wenn wir uns daran festhalten wollten. Das buschige, krautartige Unterholz mit seinem reichlichen Moosanteil bildete einen sicher aussehenden Teppich über gefährliche Sturzstellen in versteckte Flüsse, und verrottende Baumstämme brachen in der Mitte durch, wenn wir darauftraten. Und richtig ist sicherlich auch, daß der Regenwald hier dichter ist als in anderen Teilen der Welt. Ohne einem scharfen Buschmesser, um uns einen Weg durch die hinderliche Vegetation zu bahnen, mußten wir uns mühsam hindurchschlängeln, -drücken und -schieben.

Ich bin gefragt worden, ob es nicht beängstigend war, sich im Dschungel von Madagaskar zu verlaufen. Wenn es einem so schlecht geht wie mir, hat man nicht die Muße, sich gleichzeitig zu ängstigen. Abgesehen von den feindlich gesinnten Pflanzen, von denen fast alle uns zu stechen, zu schneiden, zu pieksen oder zum Stolpern zu bringen schienen und dem Schweiß, der in unsere Schnitt- und Kratzwunden lief, war da noch die Anstrengung, fast senkrecht aufragende Hügel zu erklimmen, um Windungen des Flusses abzukürzen.

Oben angekommen, mußten wir uns wieder herunterlassen und uns dabei an jeder noch so tückischen Pflanze festhalten, die sich gerade anbot. Schließlich machte es uns nichts mehr aus, Wildwasser auf moosüberwachsenen Baumstämmen zu überqueren (ein leichter Todeswunsch erhöht den Gleichgewichtssinn enorm), und wir kümmerten uns auch nicht mehr darum, ob unsere Schuhe naß wurden oder nicht. Da wir von Zeit zu Zeit ohnehin durch hüfthohes Wasser waten mußten, schien das kaum noch wichtig. Wir mußten dem Fluß folgen, weil wir nur so mit Sicherheit darauf vertrauen konnten, schließlich ein Dorf zu erreichen.

Nach 12 Stunden ununterbrochener Anstrengung machten wir Rast für die Nacht. Zum Abendessen gab es Brühe, Nüsse und Rosinen. Wir reichten die Karte wortlos zwischen uns hin und her und gaben es schließlich auf, über unsere Position zu rätseln. Mit dem Wissen um das, was uns noch bevorstand, war das Frühstück (eine Tasse Tee) wenig aufmunternd, und weil wir nichts gegessen hatten, waren wir bereits um 10 Uhr erschöpft. Unser Mann erfüllte uns mit neuer Hoffnung und Energie, als er im weichen Ufersand auf etwas zeigte. Ein menschlicher Fußabdruck! Wenn Sie je darüber nachgedacht haben, wie großartig es sein muß, den Fuß dorthin zu setzen, wo zuvor noch kein Weißer gegangen ist - vergessen Sie's. Die Erfahrung wird stark überschätzt. Aber eine Fußspur im Sand? Wir waren eindeutig aufgeregt. Zwar sahen wir keine weiteren Spuren, und unser Fortkommen war genauso langsam und quälend wie zuvor, doch wir hatten nun immerhin einen Lichtblick.

Um die Mittagszeit (kein Mittagessen) sahen wir noch ein weiteres, aufmunterndes Zeichen menschlicher Besiedlung: eine verlassene Hütte auf einem Hügel. Wir brauchten vier Stunden, um sie zu erreichen. Doch zu unserer Enttäuschung gab es in ihrer Nähe keinen erkennbaren Weg, aber zumindest einen ebenen Platz für unser Zelt und Zuckerrohr und Tabak, sehr zur Freude unseres Begleiters. Er pflückte hastig ein wenig Tabak und trocknete ihn am Feuer, bevor er ihn rauchte. Er entdeckte auch einige Blätter für *bredes* und stieß einen Freudenruf aus, als er seinen leckersten Fund machte: mehrere Zentimeter lange Rüsselkäfer mit langen Schnauzen. Wir halfen ihm, die abstoßenden Kreaturen in einer Plastiktüte zu sammeln.

Unser vierter Tag im Dschungel begann mit extremer Niedergeschlagenheit. Wir erwarteten, daß jenseits der Hügelkuppe hinter der Hütte ein Dorf liegen würde, doch als wir sie erreichten, sahen wir ... Kilometer um Kilometer Wald und nichts als Wald. Da gab es auch noch das Schimmern eines korrodierten Eisendaches, aber der Anblick der Entfernung zwischen diesem Dach und uns und der hügelige Charakter des Dschungels dazwischen verbrauchten schon unsere Energie, bevor wir überhaupt aufgebrochen waren. Wir waren beide mittlerweile sehr müde. Der Dschungel war extrem dicht, steil und unangenehm, mit noch mehr umgefallenen Bäumen und dornigen Zweigen als zuvor. Jeder Schritt mußte wohl überlegt sein, jedes Fortkommen durch die dichte Vegetation wollte erzwungen sein.

Sechs Stunden später, als wir einen Pfad fanden, hatten wir keinerlei Energie mehr, um uns zu freuen oder auch nur erleichtert zu sein. Wir wanderten einfach stumpf weiter, und erst als uns eine Stimme von hinten anrief, konnten wir glauben, daß wir es wirklich geschafft hatten. Wir setzten uns hin und ließen unseren Mann und die Frau miteinander schwatzen. "Sie kennt meine Familie", erzählte er aufgeregt. "Meine Frau wundert sich, wo ich bin."

Die Frau führte uns zu ihrer ordentlichen, strohgedeckten Hütte aus Bambus, und wir sanken dankbar auf die sauberen Bodenmatten. Unser Mann hatte all sein Selbstbewußtsein wiedergewonnen und beschrieb unsere Abenteuer mittels lebhafter Gesten recht ausführlich. Die Familie betrachtete uns mit wohltuendem Respekt und Mitgefühl und schnalzte mit der Zunge angesichts unserer eiternden Schnittwunden und Blutegelbisse. Wir ließen uns von diesem Mitgefühl überschwemmen, bis wir von einem großartigen Geräusch aufgeschreckt wurden - das Klimpern von Besteck. Matten wurden auf dem Fußboden ausgebreitet und eine riesige Schüssel voller Reis hereingetragen, gefolgt von zwei verschiedenen Gemüsearten. Wir aßen riesige Mengen, und unser Mann füllte seinen Teller immer und immer wieder. Wir fühlten uns fast schon wieder als Menschen, als er freundlich sagte: "Erinnert Ihr Euch an das Haus, in dessen Nähe wir letzte Nacht geschlafen haben? Sie sagen, es ist nur eine halbe Stunde hinter dem Hügel da." Wir lachten nicht.

Als wir dem Pfad nach Ambatobe folgten, fühlten wir uns körperlich und geistig erfrischt, und zum ersten Mal konnten wir uns vorstellen, wie wir auf andere wirken mußten. Unsere Hemden waren seit vier Tagen ständig feucht von Schweiß, wir rochen, waren schmierig und ungepflegt und brauchten dringend ein Bad. Als wir an einen Fluß kamen, sagten wir unserem Mann, er solle vorgehen.

Der Fluß bildete ein tiefes Becken mit einem natürlichen Sitzplatz aus Stein. Es fiel uns schwer, diesen Platz wieder zu verlassen, aber schließlich näherten wir uns frisch gebadet und mit sauberen Kleidern dem Dorf. Alle Einwohner hatten sich zu beiden Seiten des Pfades versammelt, um uns zu begrüßen. "Salama, salama!" riefen wir und schüttelten die ausgestreckten Hände - mitunter zweimal, wenn jemand wieder nach vorn lief, um noch einmal an die Reihe zu kommen.

Ehrerbietig wurden wir in die größte Hütte geführt, und man holte zwei Stühle hervor. In dem dämmerigen Licht konnten wir sehen, daß unser Mann bereits bequem saß und von einer bewundernden Zuhörerschar umgeben war. Die Dorfbewohner zwängten sich herein und starrten uns ehrfürchtig an. Unsere Geschichte wurde wieder und wieder erzählt, und als schließlich jede Kleinigkeit ausführlich beschrieben und alle Fragen beantwortet waren, kam das Abendessen. Ein richtiges Festmahl mit gekochtem Hühnereintopf, vielen Arten von Gemüse und dem unvermeidlichen Berg Reis. Dazu kam ein Teller voller kleiner brauner Objekte. Großer Gott, wir hatten die Rüsselkäfer ganz vergessen! Hier waren sie, frisch geröstet, und es schien wirklich undankbar, sie nicht zu probieren. Sie hatten einen angenehmen, nussigen Geschmack. Ich vergaß meine anfängliche Abneigung und bediente mich.

Nach dem Abendessen wechselte unser Mann sein Hemd, nahm einen offiziellen Hut aus seiner Aktentasche und begann, den Dorfbewohnern aus einem seiner vielen Papiere vorzulesen. Sie hörten respektvoll zu und nickten gelegentlich. Schließlich wurde der Kreis der Zuhörer immer kleiner, und wir konnten in unsere Schlafsäcke klettern und in den Schlaf der Geretteten sinken.

Am nächsten Tag wurden zwei kräftige junge Männer angeheuert, die unsere Rucksäcke tragen sollten, und wir flogen geradezu den breiten Weg zur Straße hinunter. Die Aussicht war großartig, Vögel sangen, Schmetterlinge umtanzten uns, und ein Rascheln in den Bäumen ließ uns nach oben blicken: Ein Trupp Lemuren blickte auf uns herab. Wir erreichten die Straße in weniger als zwei Stunden. Die Entfernung, die wir in dieser Zeit zurückgelegt hatten, war etwas mehr als das, was wir in den gesamten letzten drei Tagen geschafft hatten.

Westlich von Tamatave

Périnet (Andasibe)
Ein Besuch in Madagaskars am leichtesten zugänglichen Sonder-Reservat, **Périnet-Analamazoatra**, ist ein Muß für jeden, der sich für die Flora und Fauna im östlichen Regenwald interessiert (Bergnebelwald in dieser Höhenlage: 930-1.049 m).

In Périnet sind die größten Angehörigen der Lemurenfamilie, die Indri (*Indri indri*) geschützt. Mit einer Größe von 75-80 cm, einem kaum sichtbaren Schwanz schwarz-weißer Zeichnung und überraschten Teddybär-Gesichtern ähneln die Indri eher einem verirrten Panda als einem Lemuren. Die langen Hinterbeine sind enorm kräftig. Ein Indri kann 9 m weit nach hinten springen, sich dabei in der Luft umdrehen und mit dem Gesicht nach vorn landen, um wohlwollend auf seine Beobachter herunterzuschauen.

Und Sie werden ein Beobachter sein: Die meisten Leute sehen Indris in Périnet, und wenn sie sie nicht sehen, so hören sie sie doch. Denn es ist ihre Stimme, die diese Lemuren zu etwas ganz Besonderem macht. Während andere Lemuren grunzen oder fauchen, singen die Indri. Es ist ein unheimlicher, klagender Laut, angesiedelt irgendwo zwischen den Gesängen der Wale und einer Polizeisirene, und er reicht bis zu 2 km weit, wenn verschiedene Gruppen der Tiere sich im Wald über größere Entfernung miteinander verständigen.

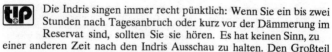 Die Indris singen immer recht pünktlich: Wenn Sie ein bis zwei Stunden nach Tagesanbruch oder kurz vor der Dämmerung im Reservat sind, sollten Sie sie hören. Es hat keinen Sinn, zu einer anderen Zeit nach den Indris Ausschau zu halten. Den Großteil des Tages verbringen sie damit, in den Wipfeln der Bäume zu dösen.

Auf Madagaskar heißt der Indri **Babakoto**. Über dieses Tier werden verschiedene Legenden erzählt. Sie erklären die Wertschätzung, die die Einheimischen ihrem Babakoto entgegenbringen (es gilt als *fady*, einen Indri zu töten). Eine Legende, die den Indri mit der Entstehung des Menschen verknüpft (und so die moderne Evolutionstheorie unterstützt), wird von Alison Richard wiedergegeben (☞ *Naturschutz auf Madagaskar*). Eine andere populäre Legende erzählt von einem Mann, der im Wald einen Baum bestieg, um wilden Honig zu sammeln. Er wurde von den Bienen arg zerstochen, verlor den Halt, fiel, wurde aber von einem riesigen Indri aufgefangen, der ihn auf seinem Rücken in Sicherheit brachte.

Es gibt in Périnet neun Arten von Lemuren (darunter auch das Aye-Aye), doch es ist sehr unwahrscheinlich, daß Sie alle neun zu sehen bekommen werden. Vermutlich werden Sie dem Grauen Bambuslemuren (*Hapalemur griseus*) begegnen, der tagaktiv ist und oft von dem Bambus in der Nähe der Aufseherhütte frißt. Es lohnt sich sehr, auf nächtliche Lemurenjagd zu gehen und Ausschau nach Mausmakis zu halten oder nach dem Großen Katzenmaki (*Cheirogaleus major*), der während der kalten Jahreszeit seinen Winterschlaf hält.

Die Lemuren sind nur einige der Tiere, die man in Périnet beobachten kann. Außerdem gibt es Tanreks, schöne und vielfältige Insekten und Spinnen sowie viele Reptilien. Eines von Madagaskars größten Chamäleons lebt hier, das *Chameleon parsonii*. Es ist leuchtend grün, etwa 60 cm lang und hat ein Paar Hörner am Ende seiner Schnauze. Die einheimischen Jungen sammeln häufig Chamäleons, um sie den

Touristen zum Fotografieren zu zeigen. Sie erwarten ein kleines Trinkgeld. Mit der Hilfe eines Madagassen können Sie auch ein *Uroplatus* (Blattschwanzeidechse) ausmachen. Boas sind recht verbreitet und leichter zu sehen.

Périnet ist ein guter Ort zur Vogelbeobachtung. In der Nähe des Aufseherhauses gibt es blühende Bäume von einer Art, die sehr von dem **madagassischen grünen Sonnenvogel** (*Cinnyris notatus*) bevorzugt wird. Er hat einen grünschillernden Kopf, eine ebensolche Kehle und saugt Nektar aus den Blüten wie die Kolibris in der Neuen Welt. Außerdem gibt es viele blaue Couas, blaue Tauben, Paradiesschnäpper, zwei Arten von Falken, zwei Arten des schwarzen Vasa-Papageis und viele andere Vögel.

Botaniker werden ebensowenig enttäuscht sein. Zur Zeit der französischen Kolonialherrschaft wurde an dem Lilienteich rechts von der Straße zum Reservat ein Orchideengarten angelegt, und eine Reihe von Arten gedeihen hier. (Allerdings blühen die meisten während der warmen feuchten Jahreszeit.) Eine detaillierte Beschreibung der Flora finden Sie im Abschnitt über den Bergnebelwald (☞ *Flora und Fauna*).

Blutegel können Ihren Besuch in Périnet nachteilig beeinflussen, wenn Sie durch dichten Bewuchs gegangen sind und es erst kürzlich geregnet hat.

 Stecken Sie Ihre Hosen in die Socken und tragen Sie Salz bei sich. Damit kann man die Egel normalerweise zum Aufgeben bewegen, bevor Sie sich überhaupt eingraben. Eine brennende Zigarette oder Benzin erfüllt den gleichen Zweck.

Madagassische Egel sind sehr klein - weit entfernt von *African Queen*-Ausmaßen - aber das Anti-Gerinnungsmittel, das sie ins Blut spritzen, wenn sie beißen, führt doch dazu, daß man stark blutet.

Um das Reservat zu besuchen, benötigen Sie eine Genehmigung vom *Eaux et Forêts* in Tana und einen Führer (letzterer ist allerdings nicht zwingend vorgeschrieben). Der Star unter den Führern, der Sohn des Aufsehers, Bedo, kam 1989 auf eine sehr tragische Weise ums Leben (☞ *Bedo*). Sein Bruder Maurice und seine Schwester sind sehr kompetent und Experten im Aufspüren der Indri und nachtaktiver Lemuren. Auch andere Dorfkinder bieten ihre Dienste an.

Es ist dringend erforderlich, die Trinkgelder für die Führer in Périnet in irgendeiner Form zu vereinheitlichen und sie mehr den in anderen

Reservaten anzupassen. Niemand kann den jungen Leuten die Schuld dafür geben, wenn sie versuchen, reich scheinende Touristen zu "melken", sobald sich die Gelegenheit dazu bietet. Besucher berichteten 1988/90 von maßlos übertreibenden Summen, die sie für die Dienste eines Führers bezahlen sollten: Über FMG 36.000 lautete eine Rechnung. (Zu jener Zeit lag der monatliche Mindestlohn auf Madagaskar bei FMG 38.000). Schlagen Sie im Abschnitt *Wanderführer* nach, wegen des vom WWF empfohlenen, täglichen Honorars für einen Führer, und vereinbaren Sie den Preis, bevor Sie aufbrechen.

Schlafen und Essen
Es gibt nur eine Übernachtungsmöglichkeit in Périnet: das **Hotel Buffet de la Gare**, das man auf den ersten Blick mit dem Bahnhof selbst verwechseln könnte. Es ist einer der Orte, die man entweder liebt oder haßt (aber ganz so schlimm kann es nicht sein - Prinz Philip hat hier übernachtet). Das Hotel ist alt (1938) und benötigt dringend finanzielle Investitionen. Die Wasserversorgung ist unzuverlässig, die Betten hängen durch und sind unbequem (erwarten Sie nicht, in einem Doppelbett, das Sie mit jemand anderem teilen, viel Schlaf zu finden) und interessante Kreaturen fallen mitunter aus Ritzen in der Decke.

Das Hotel wird von Monsieur Joseph mit viel Charme und Höflichkeit geführt, eine Haltung, die nachahmenswert wäre. Ein Beispiel für Josephs Aufmerksamkeit gegenüber seinen Gästen: Jemand fragte nach einem heißen Bad. 15 Minuten später sah ich ein Team von Männern mit Eimern voll dampfend heißen Wassers treppauf und treppab laufen.

Der Speisesaal ist wirklich elegant - frische Blumen auf den Tischen und eine fantastische Rosenholz-Bar. Das Essen ist ebenfalls gut.

Es stehen acht Zimmer zum Preis von FMG 12.500-15.000 zur Verfügung, außerdem sieben neue Chalet-Bungalows für FMG 25.000. Joseph hat kürzlich hundert Meter weiter die Straße hinauf gen Reservat Land gekauft. Zur Zeit kann man auf diesem Geländestück in idyllischer Umgebung zelten - ein See und ein nahegelegener Wald laden zur Erkundung ein, doch es gibt Pläne, weitere 12 Chalets zu bauen und auch eine kleine Snackbar. Joseph hat jedoch in jedem Fall vor, auch weiterhin Platz zum Zelten anzubieten, und er verleiht auch Zelte.

Wenn Sie nicht im Buffet essen wollen, gibt es Hütten, an denen man etwas zu essen kaufen kann. Sie befinden sich im Dorf auf der anderen Seite des Flusses. Außerdem bietet ein Stand hinter dem Hotel einfache, aber leckere Reisgerichte an, wenn ein Zug ankommt.

Moramanga

Diese ehemals verschlafene Stadt hat mit dem Abschluß der Bauarbeiten an der chinesischen Straße neues Leben gewonnen (hier steht eine Tafel zur Erinnerung an die chinesischen Arbeiter). Das Grand Hotel bietet eine recht gute Unterkunft, hat heißes Wasser und lockt mitunter Besucher an, besonders Gruppen, die normalerweise in Périnet übernachten würden. Ohne Leihwagen ist es von hier jedoch unmöglich, rechtzeitig ins Reservat zu gelangen, um am Morgen die Indris rufen zu hören. Ein anderes Hotel, das Emerande Hotel, soll ebenso gut sein und bietet ebenfalls heißes Wasser sowie separate Duschen an. Das Restaurant Coq d'Or ist zu empfehlen. Neues Restaurant: Guangzhou (chinesisch).

Marovoay

Dies ist die erste Haltestelle an der Bahnstrecke nach Norden in Richtung Alaotra-See. Der Name bedeutet "viele Krokodile". Passenderweise hat man hier eine kommerzielle Krokodilfarm errichtet, und ab Mitte 1990 wird sie auch für Touristen geöffnet sein. Es gibt mehr als 1.000 *Crocodylus niloticus* zu sehen, manche mehr als 2,5 m lang, die hier halbwild leben. Der beste Zeitpunkt für einen Besuch ist der Januar, wenn die Jungen schlüpfen, oder zur Fütterungszeit während des übrigen Jahres. Wenn Sie einen Besuch vereinbaren wollen, schreiben Sie an: Reptel Madagascar, 50 Ave. Grandidier, B.P. 563, Isoraka, Antananarivo, ☏ 348 86, Fax: 206 48.

Lac Alaotra (Alaotra-See)

Dies ist der größte See auf Madagaskar. Er ist vom WWF aufgrund der dort lebenden Wasservögel zu einem biologischen Forschungsgebiet erklärt worden. 74 Vogelarten sind beobachtet worden, von denen zwei besonders interessant sind, weil sie wahrscheinlich ausschließlich am Alaotra-See brüten: Der Zwergtaucher (*Tachybaptus rufolavatus*) und die Madagaskar-Moorente (*Aythya innotata*).

Eine Nebenstrecke der Bahn führt von Moramanga zum Alaotra-See und in das Dorf Imerimandroso. Dies ist der Anfang des sogenannten Schmugglerpfades zum Indischen Ozean - eine Fünftageswanderung. Wie der vergleichbare Weg über die Masoala-Halbinsel hört sich die Wegbeschreibung unangenehm und schwierig an. Viele, die ich getroffen habe, sind einfach wieder umgekehrt. Doch vielleicht bin ich ja den erfolgreichen nicht begegnet. Wenn Sie also begeistert wandern, gut ausgerüstet sind und auf ein Abenteuer aus sind, sollten Sie es unbedingt versuchen. Der Weg führt nach Antsikafoka (südlich von Fénérive) und hat eine romantische Geschichte: Vor dem Bau der Straße und der Bahnverbindung war dies die übliche Route für geschmuggelte Waren aus Réunion und Mauritius, die in das Hochland gebracht werden sollten. Neuerdings hört man, daß auf dieser Route jetzt eine Straße gebaut werden soll - vielleicht haben die Arbeiten schon begonnen.

Wenn Sie nur bis Ambatondrazaka fahren, gibt es dort ein Hotel unter chinesischer Leitung mit ganz annehmbarem Essen. Der **Salon du Lac** gegenüber ist ein gutes Café. Die Straße führt ganz um den See herum, aber meist gibt es keine öffentlichen Verkehrsmittel.

Südlich von Tamatave

Pangalanes
Während der französischen Kolonialzeit wurden die Seen durch künstliche Kanäle untereinander verbunden - ein ruhiges Gewässer im Inland war der häufig stürmischen See vorzuziehen. Mit den Jahren wucherten die Kanäle zu. Heute sind sie nicht mehr passierbar, aber in jüngster Zeit versucht man, sie wieder befahrbar zu machen und die durchgehende Wasserstraße von Tamatave nach Vangaindrano wieder herzustellen.

Es ist möglich, Teile des Kanals auf eigene Faust zu befahren, und zwar auf Lastkähnen, die Bananen, Kaffee o.ä. transportieren. Diese Möglichkeit dürfte besonders für Angler von Interesse sein, weil die Seen voller Fische sind. Haie gibt es nicht, das Schwimmen ist also ungefährlich. Auch die Vogelbeobachtung lohnt sich, und man kann Krokodile sehen, besonders bei Nacht, wenn man eine Taschenlampe benutzt.

Manche Gesellschaften führen Ausflüge mit Begleitung zu den Pangalanes durch: **Turisma**, Avenue de l'Indépendance 15, Antananarivo (B.P. 3997), ☎ 289-11/287-57, Telex 22366 Somatram und **Caravanserai**, B.P. 627, Antananarivo, ☎ 302-79. Turisma bietet eine drei- oder fünftägige Tour an; bei fünf Tagen ist ein anderthalbtägiger Aufenthalt im Dorf Ankanin'ny Nofy, 62 km südlich von Tamatave, vorgesehen.

In der Nähe von Ambila Lemaitso gibt es auch ein Hotel, Les Everglades, am Rasoabe-See (☎ 442-97 in Tana wegen weiterer Information und Buchung). Es soll nach Berichten ein recht trister und düsterer Ort sein, aber vielleicht braucht es einfach mehr Besucher. Vom Hotel aus sind Ausflüge möglich.

▶▶ Sowohl Ankanin'ny Nofy als auch Ambila Lemaitso liegen an der Bahnstrecke Tana - Tamatave.

Andevoranto, südlich von Ambila Lemaitso, soll eine fröhliche, kleine Stadt sein. Es scheint jedoch keine Unterkunft zu geben - Zelten soll aber kein Problem sein.

Weiter nach Süden
Sie können die Küste bis nach Mahanoro hinunterreisen (gelegentlich fahren Verkehrsmittel), und manchmal können Sie auch eine *pirogue* finden, die Sie nach Nosy Varika und Mananjary bringt, das wiederum per Straße mit Fianarantsoa verbunden ist. Es ist eine abenteuerliche Tour und keinesfalls für Reisende mit begrenzter Reisezeit geeignet. Helena Drysdale schreibt: "Wir reisten von Tamatave nach Mananjary in mehr als zwei Wochen. Im allgemeinen versicherten uns die Leute, daß dieses Vorhaben unmöglich sei, da es keine Straßen gebe, alle Brücken von den Zyklonen zerstört und die Fähren *en panne* (welch' vertrauter Ausdruck für uns) seien. Aber mit Glück und Findigkeit war es doch möglich.

Ein Taxi-Brousse fährt wöchentlich von Tamatave nach Mahanoro (2 Tage), ansonsten verkehren nur Boote auf dem Fluß, die man im Hafen von Tamatave um Mitnahme bitten kann. (Wir fuhren mit Booten, die in Richtung Süden zu einer Graphitmine in Vatomandry unterwegs waren - drei sehr unkomfortable Tage.)

In Vatomandry übernachteten wir im Hotel Fotsy (FMG 7.000); strohgedeckte Bungalows, voller Ratten, aber gutes Essen und sehr freundliche Leute. Eine hübsche Stadt, jedoch gibt es dort nicht viel zu sehen.

Von Vatomandry fuhren wir nach Mahanoro, einen Tag mit dem Taxi-Brousse, zwei Tage mit dem Boot und übernachteten im Hotel Pangalanes (FMG 7.000). Per Boot ging es weiter von Mahanoro nach Masomalika - eine Übernachtung in einem sehr einfachen Hotel (FMG 2.000), freundliche Menschen. (Ich fragte nach der Toilette, und man zeigte mir einen Eimer. Das war jedoch die Dusche, die Toilette befand sich in den Büschen.)

Von Masomelika nach Nosy Varika brauchten wir per Autostop einen halben Tag. Hier gibt es ein relativ teures chinesisches Hotel, wo die Zimmer (FMG 4.000) fast genausoviel wie eine Kanne Tee kosten. Dann ging es weiter nach Mananjary (per Boot), das wir nach einem Tag erreichten."

Mananjary
Ein Zentrum des Kaffee-, Vanille- und Pfefferanbaus, zu erreichen über eine gute Straße mit dem Taxi-Brousse. Diese Stadt ist berühmt wegen ihrer Beschneidungszeremonie, die alle sieben Jahre stattfindet, das letzte Mal im Oktober 1986.

Hotels: Jardin de la Mer (Ambinany) und Solimotel (Bd. Maritime). Letzeres hat sich deutlich gesteigert; ausgezeichnete Küche.

Helena warnt vor dem Zelten hier: "Das Zelt wurde in der Nacht mit einem Messer aufgeschnitten. Wir verjagten den Mann und zogen uns auf die Veranda des Solimotels zurück, aber er kam zurück, und es gelang ihm, eine Kamera und verschiedene andere Dinge zu stehlen, während wir schliefen."

"In dieser Gegend können Sie eine Steinskulptur sehen, die **der weiße Elefant** genannt wird. Da es auf Madagaskar keine Elefanten gibt, glauben manche Historiker, daß Menschen aus Indien oder Afrika diesen Elefanten vor 1.000 Jahren gleich nach ihrer Ankunft auf der Insel schufen. Sie brauchen einen Führer und drei Tage, um zu dieser Skulptur zu gelangen." (Jytte Arnfred Larson)

Sambatra in Mananjary von Sally Crook
Sambatra bedeutet im Madagassischen soviel wie "selig" oder "glücklich". Es ist das Wort für die **Beschneidungszeremonien**, die in vielen Gegenden Madagaskars durchgeführt werden. Die Antambahoaka, möglicherweise der kleinste Stamm auf Madagaskar, leben um Mananjary an der Ostküste, und die Jungen und ihre Familien aus den Dörfern in der Umgebung versammeln sich alle sieben Jahre zu einer gemeinschaftlichen Beschneidungszeremonie. Sie werden "glücklich", obwohl die eigentliche Entfernung der Vorhaut heute zu einem anderen Zeitpunkt stattfindet, üblicherweise unter hygienisch einwandfreien Bedingungen im Krankenhaus.

Im Oktober 1986 begannen die wochenlang andauernden Feiern zunächst in aller Ruhe. Sie erreichten ihren Höhepunkt (nach einem Donnerstag der Inaktivität, weil dieser Tag als fady gilt) an einem Freitag. Die Frauen sammelten Schilf und webten Matten zur Vorbereitung auf den großen Tag, und später schnitzten und bemalten die Männer hölzerne Vögel; drei von ihnen wurden mit dem Gesicht nach Osten auf dem Dach von jedem *trano be* (wörtlich: "großes Haus") befestigt. Das allein verursachte schon große Aufregung; dazu kamen noch einige, überraschend plötzliche Abstiege von den geneigten, strohgedeckten Dächern, während die Männer dort oben weiterhin ihre ovalen, hölzernen oder mit Fell bespannten Schilde mit Stöcken schlugen, die wie Schwerter geführt wurden. Ähnliche Aktivitäten, Trommeln und Singen, fanden auch auf dem Erdboden statt, und die Frauen sangen, während sie in ihrem Tanz von einer Seite zur anderen traten. Ein Junge, der rittlings auf einem Faß auf einem Wagen stand und dabei Schild und Stock schwang, gebärdete sich besonders ungestüm und feuerte die Menge noch mehr an.

Die Väter der Jungen, die beschnitten werden sollten, trugen lange bunte Roben, die im Nacken zusammengerafft waren. Der *trano be*, in dem die Leute tagelang trinken und reden, darf von fremden Frauen nicht betreten werden, und selbst die madagassischen Frauen müssen ihr Haar in der traditionellen Tracht tragen - die vielen Zöpfe auf beiden Seiten des Scheitels zu einem Bündel zusammengebunden an jeder Seite des Nackens.

Am Nachmittag des Mittwochs schlurften die Frauen gegen den Uhrzeigersinn durch den *trano be*, sangen dabei und hielten die mit weißen Borten und Quasten verzierten roten Mützen ihrer jungen Söhne hoch. Vorn und hinten wurden die Matten, die eigens für diesen Anlaß gewebt worden waren, hochgehalten. Nach mehreren Runden durch das Haus bewegte sich die Menge hinunter zum Strand, wo die Schreie der Frauen, allem Anschein nach spontan, immer neu hervorbrachen.

Die Aufregung wurde durch eine Art Kampf zwischen Männern mit grünen spitzen Stöcken, herausgeschnitten aus den Mittelrippen von Palmwedeln, noch verstärkt. Kurze Zeit später wurden die Väter der Beschneidungskandidaten in die Flucht geschlagen und in die Stadt zurückgejagt, während die grünen Stöcke auf ihre Rücken geworfen wurden. Die Angst, mit der die Männer vor diesen harmlosen Waffen flohen, machte deutlich, daß ihre symbolische Bedeutung sehr viel größer war als ihre physische Macht, sie zu verletzen.

Kurz nach Mitternacht schöpfte man heiliges Wasser aus dem breiten Mananjary-Fluß, und zwar dort, wo er ins Meer fließt. Im Morgengrauen wurden neun Zebus geopfert - ein Tier für jeden Clan. Nach dem Sprechen von Gebeten wurden ihre Halsschlagader durchtrennt. Ausreißversuche verursachten einige Aufregung, bevor die Tiere gebunden und mit einem Stück Holz zwischen den Zähnen auf die Seite gelegt werden konnten. Beim ersten Anblick des Blutes liefen kleine Jungen nach vorn, um es in Eimern oder Bambusrohren aufzufangen, genau wie ihre "Cousins" in Toraja oder Sulawesi es noch heute tun.

Aus dem Tanz, der Musik und dem "Iiii-ai" - Gesang der Frauen wurden eine Prozession und ein gemeinsames Singen von "Aaa-ooh", während die Menge sich einmal mehr am Strand zusammenfand. Die kleinen Jungen in ihren roten und weißen Kitteln mit den verzierten Mützen wurden auf den Schultern ihrer Väter getragen, während sich der einschläfernde Singsang fortsetzte. Die verschiedenen Clans wurden unterdessen wie Schafe von Männern mit Stöcken vor sich her getrieben, immer dem Mann mit dem heiligen Wasser, das sich in einem kleinen Topf auf seinem Kopf befand, hinterher und geschützt von einer beweglichen "Hecke" aus vier Stäben, die von anderen Männern in langen Roben getragen wurde.

In jener Nacht wurden die Jungen, dessen Gesichter mit weißen Markierungen verziert waren, um ihren Clan anzuzeigen, auf den Schultern der Erwachsenen durch den *trano be* getragen. Jeder gelangte durch die Westtür hinein und wurde mit einer Schnur um den Bauch eine Zeitlang auf den abgeschnittenen Kopf eines schönen männlichen Zebus gesetzt, alles in Gegenwart des Clananführers, geschmückt mit buntem gestreiftem Tuch und einem Fes. Die Männlichkeit des Tieres wurde so auf den Jungen übertragen, und als er durch die Osttür hinausgetragen wurde, war der Junge zum Mann geworden.

Diese winzigen Männer fielen schon fast um vor Erschöpfung, als sie noch einmal in die Nähe des Hauses herumgetragen wurden, dessen äußeres nördliches Ende während der Feiertage abgeteilt und vor Übergriffen bewacht worden war. Die Freude der Mütter war laut zu hören und ansteckend, als wären sie erleichtert, daß ihre Söhne jetzt als Erwachsene akzeptiert werden würden.

Fianarantsoa - Manakara mit dem Zug

Zwar ist diese Route nicht so berühmt wie die Strecke Tana-Tamatave, doch die Bahnfahrt von Fianarantsoa nach Manakara ist dennoch spektakulär - besonders am Anfang. Der Zug fährt jeden Tag um 7 Uhr morgens ab und benötigt 6 Std., um Manakara zu erreichen. Außerdem verkehren Taxi-Brousse.

Manakara

Es gibt zwei Hotels: Sidi Hotel (FMG 15.000) und Hotel Manakara (FMG 6.000). Von Manakara aus können Sie mit dem Taxi-Brousse weiter nach Süden fahren in zwei Städte, die hier von Jytte Arnfred Larson aus Dänemark beschrieben sind.

Vohipeno

"Etwa 30 km südlich von Manakara. Keine Hotels, lediglich ein ganz kleines madagassisches *hotely* mit einem Zimmer (nur für Abenteurer). In dieser Gegend lebt der Stamm der Antaimoro, die vor 600 Jahren aus Arabien kamen und die erste Schriftform nach Madagaskar brachten. Ursprünglich Moslems, sind die meisten von ihnen mittlerweile zum christlichen Glauben übergetreten. Von Vohipeno aus können Sie etwa 5 km weit nach Ivato laufen, wo die Gräber der alten **Antaimoro-Könige** zu sehen sind. Aber erst müssen Sie in das Büro des *président du Fokontany* gehen, um eine Genehmigung zu erhalten. Der Vertreter des *président*, der mir die Genehmigung ausstellte, war ein leidenschaftlicher Liebhaber der madagassischen Geschichte. Stundenlang erzählte er mir Geschichten über Könige und Königinnen, obwohl ich es sehr eilig hatte, meinen Ausflug zu beginnen.

Der Pfad nach Ivato führt durch mehrere kleine Dörfer - noch ganz unberührt. Überall traf ich auf sehr freundliche Leute. In Ivato begegnete ich einem Mann, der ein wenig Französisch sprach und der bereit war, mich zum derzeitigen König zu führen. Es fand gerade eine große Versammlung zu einer Beerdigung statt, daher waren viele regionale Dorfhäuptlinge im Haus des Königs. Ich durfte eintreten, und nach den Begrüßungszeremonien setzten wir uns, um den Preis für die Fotogenehmigung auszuhandeln. Ich sollte FMG 3.000 bezahlen, durfte das Grab aber nur von außen fotografieren."

Die **Antaimoro** zeigen ihren islamischen Hintergrund auch in ihrer Kleidung (Turban und Fes, lange Roben im arabischen Stil). Sie sind die Erben der "großen Schriften" (*sorabe*), verfaßt auf Madagassisch, aber in arabischer Schrift. *Sorabe* werden auch heute noch geschrieben, immer noch in Arabisch und auf Antaimoro-Papier. Die Schriftgelehrten, die diese Kunst ausüben, sind als *katibo* bekannt, und die Schrift und ihr Wissen darum gibt ihnen eine besondere Macht. Die Schriften selbst reichen von Berichten über historische Ereignisse bis hin zur Astrologie, ihre Bücher gelten zudem als heilig.

Farafangana
Erreichbar mit dem Taxi-Brousse von Manakara aus. Hübsche Fischerhäuser und das Restaurant Le Lac. Übernachten können Sie hier im Hotel Tulipe Rouge, FMG 7.500 für ein Einzelzimmer, FMG 12.000 für ein DZ. Sehr hilfsbereite Inhaber, gutes Essen, sicheres Schwimmen; sehr zu empfehlen.

Haie
Haie stellen eine wirkliche Gefahr für Schwimmer in ungeschützten Buchten an der Ostküste dar, wo im Durchschnitt 12 Menschen im Jahr auf diese Art ums Leben kommen. Todesfälle in Verbindung mit Haifischen scheinen besonders häufig in Tamatave vorzukommen - praktisch jeder dort hat eine grausige Geschichte zu erzählen. Oft hielten sich die Opfer in recht flachem Wasser auf, und ein Tourist starb an seinen Verletzungen nach einem Angriff, während er durchs Wasser watete.

!!! So einladend das Wasser auch sein mag - schwimmen Sie nur in Gegenden, die von einem Korallenriff oder einer künstlichen Haibarriere geschützt sind.
Fragen Sie die Einheimischen um Rat - das französische Wort für Hai ist *requin*, auf Madagassisch heißen diese Tiere *Antsantsa*.

Ile Sainte Marie (Nosy Boraha)

Geschichte
Die Herkunft des madagassischen Namens ist unklar. Entweder bedeutet er "Insel Abrahams" oder "Insel Ibrahims", mit einem möglichen Bezug zu einer früheren Kultur.

Die 60 km lange und 5 km breite Insel wurde von europäischen Seefahrern in Ile Sainte Marie umbenannt und wurde der wichtigste Schlupfwinkel für Piraten im Indischen Ozean. Von 1680 bis 1720 beherrschten diese europäischen Piraten die Meere rund um Afrika. Es gab einen Waliser - David Williams, Engländer - Thomas White, John Every, William Kidd und einen Amerikaner - Thomas Tew unter der madagassischen Piratenbevölkerung, die in ihrer besten Zeit fast 1.000 Angehörige zählte.

Später erlitt ein Franzose, Jean-Onésime Filet ("La Bigorne") Schiffbruch vor Ste. Marie. Er war vor einem eifersüchtigten Ehemann von Réunion geflohen. La Bigorne wandte seine Aufmerksamkeiten mit erstaunlichem Erfolg der Prinzessin Bety, Tochter von König Ratsimilaho, zu. Zu seiner Heirat erhielt das glückliche Paar Nosy Boraha als Geschenk vom König. La Bigorne reichte daraufhin die Insel seinerseits an das Mutterland weiter (oder besser: Prinzessin Bety unterstellte Nosy Boraha dem Schutz der französischen Krone). So gelangte Frankreich 1750 erstmals in den Besitz eines Stückchens Land von Madagaskar.

Die Ile Sainte Marie heute
Das Klischee einer tropischen Insel mit endlosen, einsamen Stränden, Kokospalmen, kleinen geschützten Buchten (wegen der Korallenriffe auch gegen Haie) und Hügeln, die mit üppiger Vegetation bedeckt sind. Häßliche Touristenburgen und Fahrzeuge fehlen völlig: es gibt insgesamt fünf auf der ganzen Insel. Die Schlange in diesem Garten Eden ist lediglich das Wetter. Wie in der gesamten östlichen Region treten regelmäßig Zyklone auf, und Sie müssen das ganze Jahr hindurch mit mehreren Tagen Regen und Wind rechnen, die jedoch immer wieder von ruhigem, sonnigem Wetter unterbrochen werden. Die besten Monate für einen Besuch auf der Ile Sainte Marie scheinen Juni und Mitte August bis November zu sein.

Die einzige richtige Stadt auf Ste. Marie ist **Ambodifototra**. Andere kleine Dörfer bestehen aus Bambus- und Palmhütten.

Ste. Marie zieht eine andere Art von Besuchern an als Nosy Be. Das liegt vor allen Dingen am Wetter, z.T. daran, daß es eine größere Auswahl an preiswerten Unterkünften gibt und wohl auch daran, daß typische Touristen-Einrichtungen hier ganz und gar fehlen. Ein Reiz dieser Insel besteht für manche Leute wahrscheinlich auch darin, daß die An- und Abreise von Ste. Marie gelegentlich fast unmöglich scheint. Reisende haben schon ungewöhnlichen Ideenreichtum demonstriert, als es darum ging, ein Verkehrsmittel zu finden, das sie von der Insel wegbringen würde, wenn die Flugzeuge Monate im voraus vollständig ausgebucht sind.

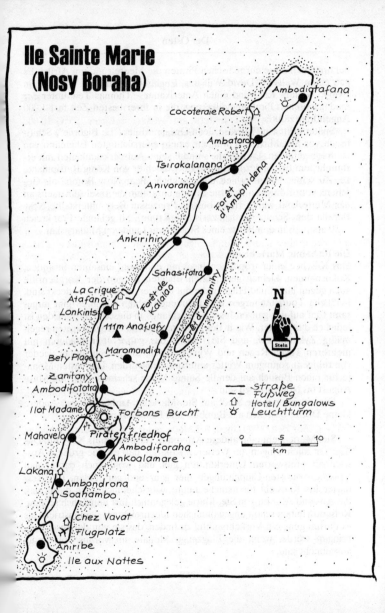

An- und Abreise

 Ein stark überfülltes und unbequemes **Passagierboot** fährt einmal in der Woche ab Tamatave, normalerweise am Dienstag um 6 Uhr. Die Linie heißt SCAC und befindet sich einige Blocks hinter AUXIMAD entfernt am Wasser. Preis rund FMG 10.000 für eine oft rauhe, zehnstündige Überfahrt. Am Freitag kommt das Boot zurück; es verläßt Nosy Boraha um Mitternacht.

Außerdem ist es möglich, von Manompana aus mit dem Boot zu fahren; Manompana liegt auf dem Festland, 25 km entfernt. Doch der Ort ist nicht immer erreichbar - dies ist abhängig vom Zustand der Brücken und Fähren über verschiedene Flüsse an der Ostküste - und selbst wenn Sie die Stadt erst einmal erreicht haben, sind Sie auf Ihr Glück angewiesen, dort auch wirklich ein Boot zu finden.

Wenn sich erst einmal eine Gruppe von *vazahas* in dem einen sehr einfachen, aber netten Hotel eingefunden hat, könnten Sie von dem chinesischen Inhaber eine *pirogue* mieten (FMG 15.000) - eine aufregende, um nicht zu sagen gefährliche Angelegenheit in dieser mit Haien verseuchten Gegend. Die Überfahrt wird ungefähr drei bis sechs Stunden dauern.

Die Vedette Alize scheint demgegenüber sicherer. Sie fährt jeden Dienstag Morgen ab. Die Berichte sind unterschiedlich: Manche sagen um 4 Uhr, andere um 8.30 Uhr. (Möglicherweise ist das abhängig vom Wetter und den Gezeiten.) Die Fahrt kostet FMG 10.000 und dauert drei Stunden.

Eine weitere Alternative, per Boot nach Ste. Marie zu gelangen, besteht darin, im Miramar in Tamatave zu übernachten und Monsieur Didiers Angebot, ein Segelboot zu mieten, anzunehmen (FMG 50.000). Es bringt Sie von Foulpointe zum Strandhotel Betty Plage.

 Zur Zeit (1990) fliegt Air Madagascar von Tana und Tamatave täglich außer dienstags nach Ste. Marie. Kosten: DM 136 von Tana und DM 56 von Tamatave. Alle Flüge sind stark ausgebucht, besonders im Juli und August. Sie sollten Ihren Platz lange im voraus buchen. Sobald Sie ankommen, lassen Sie sich ihren Rückflug bestätigen. So beharrlich die Air-Mad-Leute auch sein mögen mit ihrer Behauptung, der Flug sei ausgebucht: Es lohnt sich dennoch, Stand-by zu fliegen. Mir ist es zweimal gelungen, noch einen Platz in einem Flugzeug zu bekommen, und andere Reisende berichten von ähnlichen Erfolgen. Doch die Warterei ist natürlich nervenaufreibend und nicht jedermanns Sache.

Auf der Insel gibt es keine **Taxis**; ein Lastwagen dient als Hotel-Tranporter. Manche Hotels haben ihre eigenen Fahrzeuge, die am Flughafen bereit stehen, wenn ein Flugzeug eintrifft. Erkundigen Sie sich bei den Fahrern, ob im jeweiligen Hotel noch Zimmer frei sind, bevor Sie einsteigen.

Übernachtung
Auf Ste. Marie gibt es keine großen Hotels, nur palmgedeckte Bungalows. Die meisten liegen ein ganzes Stück vom Flughafen entfernt und berechnen FMG 10.000 für den Transfer.

Kategorie A: Soanambo (B.P. 20, ☏ 40), 3 km vom Flughafen entfernt, 10 km von Ambodifototra. Das luxuriöseste und teuerste Hotel (DM 42 für ein EZ, DM 55 für ein DZ). Frühstück DM 8, übrige Mahlzeiten ca. DM 21. Sehr bequem mit vielen Freizeitmöglichkeiten: Ping Pong, Volleyball, Schwimmbecken, heißes Wasser zum Baden, Verleih von Fahrrädern und Tretbooten, außerdem Segeln, Wind-Surfen und Tauchen im nahegelegenen Centre Nautique. Hauptmahlzeit FMG 15.000. Gute Küche.
La Cocoteraie Robert, im äußersten Norden der Insel, von jemandem, der sich auskennt, als "der schönste Strand der Welt" beschrieben. Kürzlich wurden 40 neue Bungalows gebaut. Über Land nur schwierig zu erreichen, aber ein Boot fährt ab Soanambo (es wird von der gleichen französischen Familie verwaltet). Preise wie Soanambo.

Kategorie B: La Crique (B.P. 1), zu recht das populärste aller Hotels mit der schönsten Lage einen Kilometer nördlich von Lonkintsy und einer großartigen Atmosphäre und gutem Essen (Mahlzeit FMG 9.000). Zimmerpreise (1990): Bungalows FMG 18.000 (DZ), FMG 17.500 (für drei Personen); auch Familien-Bungalows, 2 Zimmer mit je 2 Betten für FMG 18.000. Häufig belegt, versuchen Sie also, im voraus zu buchen.
Lakana, sechs einfache, aber sehr bequeme Bambus- und Palmbungalows, 5 km vom Flughafen entfernt, darunter vier, die auf den Bootssteg gebaut sind. Bett, Frühstück und eine Mahlzeit pro Tag kosten FMG 20.000 oder DM 25. Mittag/Abendessen DM 8. 10 Fahrräder zum Ausleihen (FMG 7.500 für einen ganzen Tag). Etwas Englisch wird gesprochen. In der Nähe des Centre Nautique.
Betty Plage, 3 km nördlich von Ambodifototra. Gehört Mr. Young Didier, der auch das Miramar in Tamatave leitet. Buchungen und Einzelheiten im Miramar.

Atafana, ein neues Hotel unter madagassischer Leitung etwa 4 km südlich vom La Crique in einer sehr hübschen Bucht. Zimmer FMG 7.000, Mahlzeit FMG 5.000.

Kategorie C: Chez Vavate, 6 Zimmer/Bungalows, rund FMG 9.000. Auf den ersten Blick eine wenig beeindruckende Ansammlung von örtlichen Hütten, erbaut auf einer Anhöhe mit Blick über die Landebahn. Doch lassen Sie sich von diesem ersten Eindruck nicht täuschen: Das Essen hier muß zum Besten auf Madagaskar überhaupt gehören (und der *punch coco* stellt sicher, daß Sie den Abend in gemütlicher Stimmung verbringen). Die entspannte, familiäre Atmosphäre sorgt dafür, daß dieses Hotel besonders bei jungen Reisenden beliebt ist.

Der einzige Nachteil: Sie müssen vom Flughafen 1,5 km hierher laufen. Es gibt keine Straße, und das Fahrzeug, das Sie am Flughafen erwartet, ist ein Mann mit einer Schubkarre. Wenn Sie ihn verpassen, nehmen Sie den breiten, grashewachsenen Weg, der parallel zur Landebahn verläuft und sich dann nach links einen steilen Hügel hinauf wendet. Aber seien Sie gewarnt: Wenn Chez Vavate voll ist, haben Sie die Fahrzeuge zu den anderen Hotels verpaßt. Zelten ist hier in der Regel erlaubt.

Lafalafa: Dieses Restaurant in Ambodifototra hat auch einige Zimmer für rund FMG 5.000.

Zanitany, 1 km nördlich von Ambodifototra. Unter französischer Leitung. Saubere Bungalows mit Dusche für FMG 15.000-18.000. Das Hauptgebäude ist ein altes Kolonialhaus, hübsch ausgestattet und mit einem Aufenthaltsraum/Speisesaal am Wasser. Ausgezeichnete Küche. Freundlich. Allgemein gelobt.

Hinweis: Es gibt Gerüchte, daß die Ile Ste. Marie zu einem Haupttouristenzentrum ausgebaut werden soll. Ein beträchtliches Grundstück ist bereits von einem französischen Unternehmen aufgekauft wurden.

Ausflüge auf Ste. Marie

Ile Aux Nattes

Etwa 300 Menschen leben auf dieser Insel vor der Südküste von Ste. Marie. Die Verkehrsverbindung per *pirogue* ist kein Problem; die Boote verkehren regelmäßig. Eine Überfahrt kostet rund FMG 500. Die *pirogues* fahren von der südlichsten Spitze der Insel aus (der Pfad dorthin ist eine Verlängerung der Schneise des Flughafens) und legen in der Nähe des kleinen Dorfes Aniribe an. Von hier ist es ein kurzer Spaziergang zum Leuchtturm, ein Dorfbewohner wird Ihnen den Pfad zeigen. Ein Besuch dorthin lohnt sich zum einen wegen der guten Aussicht und zum anderen wegen der faszinierenden Gelegenheit, einmal einen benzinbetriebenen Leuchtturm von 1914 in Aktion zu sehen - wenn es Benzin gibt.

Bis vor kurzem konnten Besucher auf dieser unberührten Insel "en famille" essen und übernachten, aber man hat mir erzählt, daß ein Hotel mit 400 Zimmern gebaut würde. Z.Zt. gibt es zwei Restaurants.

Zwei Wanderungen vom Süden aus
2stündige Wanderung: Nehmen Sie den Weg auf dem Höhenzug entlang vom Chez Vavate aus, bis Sie nach etwa 2 km zu einer Weggabelung kommen. Der Pfad nach rechts führt Sie hinunter zum Strand, der nach links einen schmalen Inselstreifen überquert und bringt Sie auf die Küstenstraße, nur wenige Kilometer vom Flughafen entfernt.

6-7stündige Wanderung: Bei Niedrigwasser ist es möglich, die ganz einsame Ostküste hinaufzuwandern (großartig zum Baden) bis in das Dorf Ankoalamare und zu dem befahrbaren Weg, der über die Insel führt. Sie können auch auf einem der Querwege weitergehen. Kehren Sie über die Küstenstraße zurück.

Ausflüge mit dem Fahrrad
Viele der Hotels verleihen Fahrräder. Außerdem kann man Räder in Ambodifototra (der Laden gegenüber der Bank - FMG 4.000 pro Tag) und in einem kleinen Dorf nahe des Flughafens mieten. So können Sie eine ganze Menge von der Insel sehen. Doch rechnen Sie nicht damit, große Strecken zurückzulegen. Die Straßen sind schlecht und die Fahrräder oft ebenfalls.

Die größte Stadt, Ambodifototra, zeigt Anzeichen ehemaliger Eleganz, und zwei Restaurants (das Lafalafa ist zu empfehlen wegen des guten Essens und der leckeren Fruchtsäfte) machen den Ort zu einem geeigneten Halt fürs Mittagessen.

Wenn Sie in Ambodifototra übernachten, werden Sie Zeit haben, den Norden der Insel zu erkunden, der landschaftlich beeindruckender ist als der Süden. Zwischen der Stadt und dem La Crique gibt es ein recht gutes Stück geteerter Straße.

In Ambodifototra kann man auch Mopeds für FMG 50.000 pro Tag mieten.

Piratenfriedhof
Er kann nur bei Niedrigwasser besucht werden, weil mehrere Priele zu überqueren sind. Kurz vor der Brücke, über die Sie in die Stadt gelangen, ist ein Weg, der nach links abzweigt. Kinder werden Ihnen den Weg zum 20 Minuten entfernten Piratenfriedhof zeigen (ob Sie es wollen oder nicht). Dies ist ein recht beeindruckender Ort mit Grabsteinen aus den 30er Jahren des letzten Jahrhunderts, einer mit dem klassischen Schädel und den gekreuzten Knochen darauf.

Harry Sutherland-Hawes schreibt: "Schauen Sie sich die örtlichen Friedhöfe auf der Insel an, besonders den Friedhof nördlich von Ambodifototra. Achten Sie auf die rechte Seite der Straße, und plötzlich werden Sie ein oder zwei Steinsärge durch die Blätter schimmern sehen. Wenn Sie den Friedhof betreten, wird Sie ein unheimliches Gefühl beschleichen: Hunderte von Särgen, alle nebeneinander gelegt, manche mit Verzierungen. Einer der Einheimischen, der mich hierher brachte, wollte einige der Särge für mich öffnen, doch ich lehnte sein freundliches Angebot ab.

Hinweis: Solche Friedhöfe gibt es überall auf der Insel, immer ganz in der Nähe der Dörfer, aber derjenige bei der Hauptstadt ist besonders eindrucksvoll.

Der Norden

Der nördliche Teil von Madagaskar ist der Bereich der **Antankarana**. Abgeschnitten durch wilde Berge, waren die Antankarana sich selbst überlassen, bis sie Mitte des 17. Jh. von den Sakalava erobert wurden; diese wiederum unterlagen 1823 dem Merina-König Radama I., unterstützt von seinem Militärberater James Hastie.

Charakteristisch für den Norden ist seine Vielfalt. Das Tsaratanana-Massiv (zu dem auch Madagaskars höchster Gipfel, 2.880 m, gehört) bringt mehr Regen für die Gegend um Nosy Be, als normalerweise an der Westküste fällt, während das Klima um Diego Suarez sehr viel trockener ist - sieben Monate des Jahres fällt kein Niederschlag. 90 % der 900 mm Regen fallen zwischen Dezember und April. So kann sich das Wetter schon auf kurzen Entfernungen dramatisch ändern. Die Veränderungen des Klimas schlagen sich auch in der Vegetation und der begleitenden Tierwelt nieder, wodurch diese Region für Botaniker und andere Naturfreunde besonders interessant ist; aber sie ist natürlich auch geeignet für diejenigen Leute, die ihren Urlaub einfach in einer schönen Umgebung genießen wollen.

Die Gegend ist immer noch sehr isoliert, und es gibt nur wenige gute Straßen. Obwohl es während der Trockenzeit möglich ist, mit dem Taxi-Brousse praktisch überall hinzugelangen, ziehen es die meisten Leute vor, zu fliegen.

Diego Suarez (Antsiranana)

Geschichte

Wenig nachtragend nach dem portugiesischen Kapitän Diego Suarez benannt, der 1543 hier eintraf und die Einwohner der Stadt ermordete und vergewaltigte oder sie in die Sklaverei verkaufte, hat diese große Stadt eine ereignisreiche Geschichte. (Doch die häufig aufgestellte Behauptung, hier sei im 17. Jh. von Piraten die Republik Libertalia gegründet worden, stimmt nicht.)

Der madagassische Name bedeutet einfach "Hafen", und die strategische Bedeutung des Ortes als Tiefwasserhafen ist seit langem bekannt. Die Franzosen richteten hier 1885 eine Militärbasis ein, und die Briten nahmen die Stadt 1942 ein und besetzten sie (Madagaskar unterstand damals der Vichy-Regierung), um japanische Absichten auf die Insel als mögliche Basis im Indischen Ozean zu vereiteln.

Der Norden

An- und Abreise
Am besten erreichen Sie Diego Suarez auf dem Luftweg. Die einzig vernünftige Straße führt von Nosy Be über Antsahampano (eine beliebte Route bei Reisenden, die einen kurzen Eindruck von den Aufregungen des Reisens mit dem Taxi-Brousse bekommen wollen). Diese Fahrt ist weiter unten unter *Nosy Be* beschrieben. Außerdem gibt es eine schlechte Überlandroute nach Vohemar, Sambava und Antalaha. In Diego gibt es zwei *gares routières*, an der **Route de l'Ankarana** (nach Süden) und der **Route de la Pyrotechnie** (Westen).

Flüge ab Tana via Majunga am Montag, direkt am Dienstag, Mittwoch und Donnerstag, via Sambava am Sonnabend, via Tamatave am Sonntag (Rückflug am gleichen Tag), und eine Twin Otter sucht sich am Freitag ihren Weg die Küste hinauf (Flugplan 1990). Der Flugpreis beträgt DM 265. Außerdem gibt es Flüge ab Nosy Be, Majunga und Vohemar.

Diego heute
Aufgrund seiner Schönheit an zweiter Stelle hinter Rio de Janeiro eingestuft (vermutlich von Leuten, die Brasilien nie gesehen haben), ist der Hafen ganz von Hügeln umgeben, komplett mit einem konischen "Zuckerhut" in einer der Buchten östlich der Stadt. Aus der Luft oder vom Gipfel des **Montagne des Français** kann man Diegos schöne Lage würdigen, aber die Stadt selbst befindet sich im üblichen Verfallsstadium, hat allerdings dabei einen besonderen Charme. Die Isolation des Hafens hinter einem Wall von Bergen und der lange Kontakt mit nicht-madagassischen Rassen hat hier eine ungewöhnlich kosmopolitische Bevölkerung entstehen lassen, und auf den Straßen sieht man viele Hautfarben: Araber, Kreolen (Nachfahren der Europäer), Inder, Chinesen und Komorer.

Es ist eine Stadt, die Sie entweder lieben oder hassen werden:

"Ich liebe Diego! Es ist freundlich, luftig, hat gut ausgestattete Läden, eine attraktive Architektur ... " (J. Wilson)

"Ich habe noch nie etwas Gutes über die Hafenstadt gehört. Mit Sicherheit kann man sagen, daß Diego ... der schlimmste Ort auf Madagaskar überhaupt ist. Aber warum diese Einschränkung? Es ist einer der schlimmsten Orte der Welt." (Aus *The Great Red Island* von Arthur Stratton - 1965).

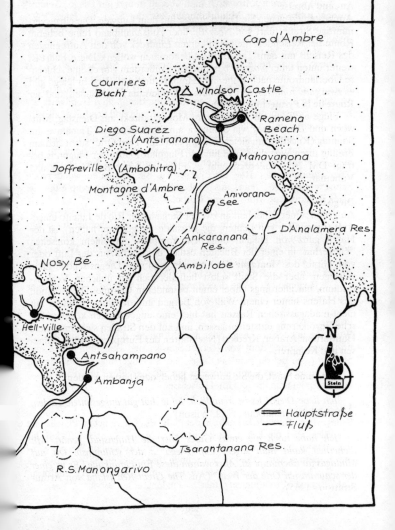

Auf den Namen Joffre stößt man überall in und um Diego. General **Joseph Joffre** war der Militärkommandeur der Stadt im Jahre 1897. Später wurde er Maréchal-de-France. 1911 übernahm er das Oberkommando über die französischen Streitkräfte und war der Sieger der Schlacht an der Marne im Jahre 1914.

Diego ist eine nette Stadt zum Herumwandern. Schauen Sie sich das erstaunliche, langsam zerfallende Gebäude östlich vom Clémenceau-Platz an der Rue Richelieu an. Dies war früher ein französisches Marinehotel. Angeblich soll es von einer amerikanischen Hotelkette gekauft worden sein, die seine ursprüngliche Pracht und Schönheit allmählich wiederherstellen will.

In Diego gibt es eine Reihe von Souvenirläden, doch die meisten verkaufen recht kitschige Dinge (wir boykottierten diejenigen, die ausgestopfte Schildkröten anbieten). Der beste ist das Juweliergeschäft **Chez Babou** in der Rue de Colbert 10. Sie verkaufen wundervolle Schnitzereien von "Jean" aus Ambositra. Ebenfalls zu empfehlen ist Chez Bardou, Rue Monseigneur Corbel.

Taxis sind in Diego reichlich vorhanden, und sie sind preiswert. Der Preis für jedes Ziel innerhalb des Stadtzentrums ist einheitlich festgelegt (FMG 350 tagsüber, FMG 700 abends und in der Nacht) und die Fahrer nehmen normalerweise mehr als nur einen Passagier mit. Winken Sie also ein Taxi ruhig heran, auch wenn schon jemand darin sitzt. Hin und zurück zum Flughafen kostet die Fahrt FMG 3.000.

Die Regenzeit in Diego dauert von Weihnachten bis März. In dieser Zeit können auch Zyklone auftreten

Führer
Wenn Sie in oder um Diego oder nach Montagne d'Ambre einen Führer brauchen, wurde "Bob" von Robert Stewart und Benjamin Freed empfohlen (ihre Beiträge sind in dieses Kapitel eingegangen). Bob spricht gutes Englisch und kennt sich sehr gut mit der Flora und Fauna aus. Häufig findet man ihn im Hotel Rascasse.

Übernachtung
Kategorie A: Hotel de la Poste, in der Nähe des Clémenceau-Platzes und mit Blick über die Bucht. Anschrift B.P. 121, ☏ 214-53. Offiziell das beste Hotel in der Stadt, aber schlecht geführt. Versuchen Sie, ein Zimmer in dem neuen Anbau zu bekommen (mit FMG 30.000 eigentlich zu teuer). Dort gibt es heißes Wasser und funktionierende Ventilatoren. Leider keine Moskitonetze. Gutes Essen; langsamer Service.

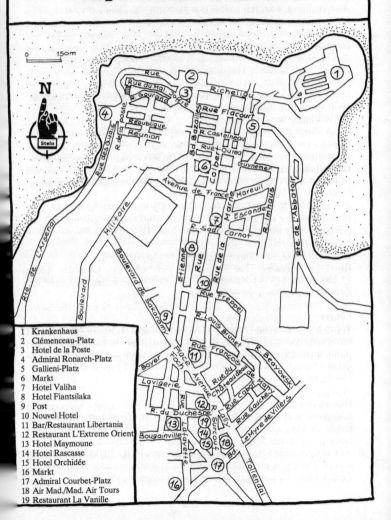

Kategorie B: Hotel Paradis du Nord, Rue Villaret Joyeuse, auf der anderen Seite des Marktplatzes; die Taxifahrer kennen es. 1989 war dies das günstigste Hotel in der Stadt, weil hier zumindest alles funktionierte - die Klimaanlage, es gab heißes Wasser ... Die Zimmer selbst sind zellenartig (FMG 13.800) außer Nr. 1, das reichlich Platz bietet und auf den farbenfrohen Markt hinausgeht (FMG 21.000). Speisesaal auf dem Balkon, Wäscherei im Hause und eine sichere Garage, falls Sie mit den Auto unterwegs sind (hier können Sie auch einen Wagen leihen). Der Lärm von der Disco am Sonnabend abend könnte störend sein, scheint aber nicht bis in die Zimmer vorzudringen.
Hotel Valiha, Rue Colbert 41 (B.P. 270, ☏ 215-31). Sein Geld wert, hilfsbereite Angestellte. FMG 10.000-15.000. Die teureren Zimmer haben eine Klimaanlage und heißes Wasser - wenn beides funktioniert. Im Anbau gibt es eine "Villa" für FMG 40.000 - Nachfragen lohnt sich.
Hotel Fian-tsilaka, Bd. Etienne 13 (☏ 223-48). Zimmerpreise von FMG 9.000-20.000 für ein Studio mit heißem Wasser. Gutes Restaurant.

Kategorie C: Nouvel Hotel, Rue Colbert. FMG 7.500. Sein Geld wert. Ben Freed, der ein Jahr in der Gegend von Diego gelebt hat, hält ihr Restaurant für eins der besten in der Stadt. Er empfiehlt *filet de poisson au poivre verte crème*.
Hotel Orchidée, Rue Surcouf (gegenüber von Air Mad).
Hotel La Rascasse, Rue Surcouf, in der Nähe des Orchidée. FMG 12.000-15.000 (1988). Klimatisiert und neu ausgestattet, soll aber unfreundlich sein. Nicht zu empfehlen.
Hotel Fiadanana, Rue Amiral Pierre 9. Das billigste Hotel in der Stadt, freundlich und verrufen. Rund FMG 7.500.
Tourist Hotel (neuer Name: Maymoune), Rue Bougainville 7. Rund FMG 10.000. Sein Geld wert. Die Zimmer haben Ventilatoren, ein Bidet, eine Dusche und ein Waschbecken. Balkon mit Blick auf die Straße.

Restaurants
Das beste Essen in der Stadt (von zwei Lesern als "superb" beschrieben) bekommt man im neu eröffneten Restaurant **La Venilla**, vom Hotel Rascasse aus weiter die Straße hinauf neben dem WWF-Büro. Es wird von zwei madagassischen Brüdern geführt.

Yachy (ausgesprochen Ja-schi) etwa 100 m nördlich vom La Venilla (neben der Alliance Française) wird von Ben Freed empfohlen: "Dies ist ein schöner Ort mit hübschen Wandmalereien und Stäbchen auf allen

Gedecken. Die Küche ist gemischt chinesisch/europäisch, die Portionen sind großzügig, und die Angestellten sind möglicherweise die höflichsten in Diego überhaupt. Probieren Sie *Mine Rosé* oder *Poisson à l'Abricot*." Am Wochenende sind Reservierungen erforderlich.

Viele der Hotels haben auch eine gute Küche. Das Nouvel, das Fiantsilaka, das Valiha und das De la Poste sind am besten. Außerdem gibt es eine große Auswahl an kleinen Eßlokalen. Im Hortensia, in der Nähe des Postamtes, bekommt man zu allen Tageszeiten einen Imbiß. Wenn es in Ihrem Hotel kein Frühstück gibt, gehen Sie am besten in die Bäckerei **Amicale** zwischen dem Orchidée und dem Kino. Ausgezeichnete heiße Brötchen und *pain au chocolat*.

Schließlich ... "Wirklich schade, daß Sie Ninaglace nicht erwähnt haben! Es ist gut, es ist verläßlich, es hat leckeres Eis, Yoghurt und Fruchtsaft. Probieren Sie einmal *Ninaourt aux fruits* oder ein *khimo*-Sandwich. Ein guter Ort zum Frühstücken oder für eine kleine Zwischenmahlzeit." (Ben Freed)

Ausflüge von Diego Suarez

Der britische Friedhof
Am Rande der Stadt an der Straße, die zum Flughafen führt, liegt der britische Friedhof an einer Seitenstraße gegenüber vom madagassischen Hauptfriedhof. Er ist gut ausgeschildert. Hier bekommt man einen traurigen Einblick in die anglo-madagassische Geschichte: Reihen von Gräbern britischer Soldaten, die in der Schlacht um Diego 1942 ums Leben kamen, und viele meist ostafrikanische und indische Soldaten, die in der britischen Armee dienten und während der Besetzung des Hafens an einer Krankheit starben. Unterhalten von der Commonwealth-Kriegsgräberkommission, ist dies ein friedlicher und zugleich bewegender Ort.

Strand von Ramena
20 km vom Stadtzentrum entfernt. Nehmen Sie ein Taxi-Brousse oder fahren Sie mit einem privaten Taxi für rund FMG 8.000. Am Sonntag verkehrt ein Bus. Es ist eine schöne Fahrt um die geschwungene Bucht herum mit einigen großen Baobabs am Weg. Schöner weißer Strand und gutes Baden - aber zur Zeit kein Restaurant (obwohl in dem

nahegelegenen Fischerdorf gelegentlich ein Laden geöffnet ist, der Getränke verkauft). Doch die Brüder, denen La Venilla gehört, denken daran, hier einen Ableger zu begründen - nur für die Wochenenden. Wenn Sie sich umhören, können Sie vielleicht einen Fischer-Bungalow mieten.

Andere Strände
Ben Freed hat zwei Vorschläge: "Der schönste Strand ist **Baie des Dunes**. Sie brauchen eine Genehmigung von der Militärstation in der Stadt (nicht weiter schwierig). Es gibt keine Touristen oder Snackbars, dafür Palmen, Sand und Bademöglichkeiten. Nehmen Sie ein Taxi nach Ramena und biegen Sie nach rechts zum Wachhäuschen hin ab. Danach sind es noch 1,5 km Sandweg.

Baie des Sakalavas: Ich bin dort nicht gewesen, aber eine Militärgenehmigung und ein Allradfahrzeug sind vonnöten. Meine Freunde erzählten mir, der Strand sei schöner als Baie des Dunes; er ist Teil von Cap Oranges."

Montagne des Français (Berg der Franzosen)
Der Berg erhielt seinen Namen wegen des Denkmales zur Erinnerung an die Franzosen und Madagassen, die während der Alliierten Invasion im Jahre 1942 getötet wurden. Eine weitere traurige Erinnerung an einen Krieg, dessen Hintergründe die Einheimischen wohl kaum verstehen dürften. Es gibt eine Reihe von Kreuzen, aber das Hauptkreuz wurde 1956 mühevoll hier heraufgetragen, um an den Weg Jesu auf den Kalvarienberg zu erinnern.

Es ist ein heißer, aber lohnender Anstieg bis hinauf zu diesem hochgelegenen Punkt mit großartiger Aussicht und einigen nahegelegenen Höhlen. Nehmen Sie ein Taxi 8 km weit die Küstenstraße hinunter in Richtung Ramena Beach zum Beginn der alten Straße den Berg hinauf. Sie finden sie gegenüber von einem Schild mit der Aufschrift "Ben Galow" auf der linken Seite der Straße. Der Weg schlängelt sich mit deutlichen Abkürzungsspuren bergauf.

Das große Kreuz erreicht man nach etwa einer Stunde. Am besten geht man ganz früh morgens (dann sind viele Vögel zu sehen) oder abends dorthin. Der Berg ist mit der üblichen Vegetation bewachsen: Baobabs, Aloe und, bis vor kurzem, Pachypodium (doch diese Pflanzen müssen in letzter Zeit ausgegraben worden sein).

In Richtung Cap d'Ambre

Um die Nordspitze Madagaskars zu erreichen, benötigen Sie ein Allradfahrzeug oder ein Motorrad und Nerven wie Drahtseile, aber es gibt interessante Orte näher an Diego. Phil Chapman, der an der Ankarana-Expedition teilnahm, erzählte mir von einer Begegnung mit einem Deutschen, der während des Krieges U-Boot-Kommandant gewesen war. Als sein Schiff dicht an den hohen Klippen des westlichen Kaps vorbeifuhr, sichteten sie "britischen Rauch", der aus einer Höhle drang. Vorsichtige Untersuchungen ergaben, daß der "Rauch" Tausende und Abertausende von Fledermäusen waren.

Die Gegend ist für Naturliebhaber immer noch faszinierend, besonders für Botaniker, und auch für diejenigen, die sich für die Geschichte Madagaskars während des Krieges interessieren. Eine Halbtagesfahrt bringt Sie zu der wunderschönen Courriers Bucht, am fantastischen Felsen, bekannt als **Windsor Castle**, vorbei. Dieser Monolith (von Diego zu sehen) hat steile Seitenwände und eine flache Oberseite. Während des Krieges bildete er den idealen Aussichtsposten. Der Ausblick von dort oben ist wunderschön.

Windsor Castle wurde von den Franzosen befestigt, von den Vichy-Einheiten besetzt und von den Briten befreit. Eine verfallene Treppe führt noch immer nach oben. Phil erzählte mir, dies sei ein guter Platz, um *tsingy* zu sehen, jenen Kalksteinkarst, der auf einigen der eindrucksvollsten Bildern von Madagaskar zu sehen ist. Außerdem gibt es eine örtliche Pachypodium-Art, *Pachypodium windsorii*, am besten zu sehen links von der Treppe. Es versteht sich von selbst, das Bestandteile der Flora nicht gesammelt werden dürfen.

 Baie des Courriers, eine halbe Stunde hinter Windsor Castle, ist ein sehr hübscher Strand. Zudem soll es in der Gegend ein 1.-Klasse-Restaurant geben, das von einem Pensionärsehepaar aus Réunion geleitet wird.

Die Fahrt zur Bucht ist eigentlich nur mit einem Allradfahrzeug möglich, aber unerschrockene Taxifahrer haben sie auch schon in ihren R4s erreicht. Es dauert ungefähr zwei Stunden. Nehmen Sie die Straße nach Westen in Richtung Ampasindava. Dort biegen Sie nach rechts (Norden) auf eine felsige Straße ab, dann nach links Richtung Windsor Castle. Die Straße, die weiter nach Norden führt, ist sehr unwegsam und führt zum Kap.

In der gleichen Gegend liegt der **Montagne de Miel**, der südlichste Berg der Halbinsel. "Seine Hauptattraktion ist die Flora, besonders die Baobabs und Pachypodium. Es gibt Baobabs direkt an der Straße, aber noch eindrucksvoller ist es, durch ein Fernglas all jene wunderschönen Baobabs anzuschauen, die sorgfältig entlang des Berghangs gepflanzt erscheinen. Wenn Sie einen Führer dabeihaben, sollten Sie den Gipfel erklettern." (Ben Freed)

Lac Sacré
Der heilige See (Lac Anivorano) liegt etwa 75 km südlich von Diego. Er zieht Besucher eher wegen seiner vielen Legenden als wegen seines tatsächlichen Aussehens an. Andererseits besteht dort die Möglichkeit, Krokodile zu beobachten. Eine der vielen Legenden besagt folgendes:

Einst lag Anivorano in einer Halbwüste, und ein durstiger Reisender traf im Dorf ein und bat um etwas zu trinken. Als man seine Bitte verwehrte, warnte er die Dorfbewohner, sie würden bald mehr Wasser haben als ihnen lieb wäre. Kaum hatte er das Dorf verlassen, da öffnete sich die Erde, Wasser stürzte heraus, und die geizigen Dorfbewohner und ihre Häuser wurden überflutet.

Die Krokodile, die heute den See bewohnen, sollen Ahnen sein (und Schmuck tragen, der aus ihrem früheren Leben stammt. So erzählt man). Die beiden Male, die ich dort gewesen bin, habe ich keine Krokodile gesehen (und es sollen auch nur noch drei dort leben), aber andere Reisende hatten mehr Glück. Manchmal werden die Krokodile von den Dorfbewohnern gefüttert - einige Leute sagen am Freitag und Sonnabend. Die beste Lösung ist möglicherweise, einen Ausflug bei Madagascar Airtours in Diego zu buchen. Sie sollten wissen, wann die Krokodile gefüttert werden.

Ich persönlich habe den Eindruck, daß ein Ausflug zum See nicht unbedingt lohnt, es sei denn, daß Sie sich ohnehin auf der Straße von Süden befinden. Dann kann man gut einmal anhalten.

Parc National Montagne d'Ambre
Dieser Nationalpark liegt in einer Höhe zwischen 850 m und 1.474 m (Bergnebelwald). Er hat sein eigenes Mikroklima mit Regenfällen, die der östlichen Region nicht nachstehen (die Regenzeit hier dauert von Dezember bis Mai, aber es kann auch in der übrigen Zeit Niederschläge geben).

In **Montagne d'Ambre** wachsen hohe Bäume und Orchideen, hier leben seltene Vögel, eine Reihe von Reptilien und Insekten und zwei tagaktive Lemurenarten - Brauner Sanford-Maki (*Lemur fulvus sanfordi*) und "gekrönte" Lemuren (*Lemur coronatus*). Beide Arten sind in ihrem Bestand gefährdet, und dies ist der am leichtesten zugängliche Ort, an dem man sie beobachten kann.

Die Männchen des **Braunen Sanford-Makis** haben auffallende weiß/beige Ohrbüschel und einen Backenbart gleicher Farbe, der ihre schwarzen Gesichter umrahmt. Die Weibchen haben keinen Backenbart und ein graues Gesicht.

Die **"gekrönten" Lemuren** erhielten ihren Namen nach dem schwarzen Dreieck zwischen den Ohren der Männchen; das übrige Fell ist rötlichbraun mit einem weißen Bauch und weißem Gesicht. Weibliche "gekrönte" Lemuren haben eine kleine rote Tiara auf der Stirn, graue Rücken sowie Schwänze und den gleichen weißen Bauch und das weiße Gesicht wie die männlichen Tiere. Die Jungen werden zwischen September und November geboren.

Ben Freed, der sich mit diesen Lemuren besonders beschäftigt hat, fügt hinzu: "Eine praktische Methode herauszufinden, wo diese Tiere sich befinden, ist genaues Hinhören. Die Rufe, besonders des "gekrönten" Lemurs, sind deutlich und laut: ein kurzes, durchdringendes "Waih". Braune Sanford-Makis stoßen häufig einen krächzenden Ruf aus, der mehrere Sekunden lang andauert."

Anders als die Reservate wurde Montagne d'Ambre zur Freude der Besucher angelegt (trotzdem ist die Gegend natürlich von großem wissenschaftlichem Interesse). Es ist einer der Orte aus der Zielgruppe des *Northern Reserves Project* vom WWF (die anderen sind Ankarana, Analamerana - zum Schutz des Schwarzen Sifaka - und Forêt d'Ambre). Die Einrichtungen für Touristen werden also noch verbessert werden, und irgendwann wird es auch Unterkünfte geben.

Der Park hat, theoretisch, 30 km Wanderwege, aber viele von ihnen wurden durch den Zyklon zerstört, der 1984 über das nördliche Madagaskar hereinbrach; 10 km Wege sind heute wohl eher zutreffend. Sie führen zum **Petit Lac** (Kleiner See), zum **Jardin Botanique** (Botanischen Garten) und zu zwei Wasserfällen, **Grande Cascade** und **Petite Cascade**. Außerdem gibt es einen **Sentier Touristique** (Touristenpfad).

Die Wasserfälle sind die beiden zentralen Punkte des Parks. Wenn Sie wenig Zeit haben und lieber Tiere sehen und nicht so weit laufen wollen, gehen Sie am besten zur Petite Cascade (auf dem Weg hinter dem alten Aufseherhaus). Hier werden Sie eine idyllische, farngesäumte

Grotte mit Wasserfällen finden, die in ein Becken hinunterplätschern und einen Fluß speisen, der von Malachit-Eisvögeln und anderen wasserliebenden Vogelarten häufig aufgesucht wird. Die Gegend zwischen dem Gebäude und dem Wasserfall ist auch der beste Platz, um Lemuren zu sehen. Seien Sie leise, lassen Sie sich Zeit, und bitte lassen Sie keinen Müll an diesem wunderschönen Ort zurück.

 Wer sich etwas mehr bewegen möchte, kann den markierten Weg zur **Grande Cascade** wählen (auf der rechten Seite, wenn Sie vom Parkeingang kommen).
Ausgezeichnete Vogelbeobachtung, schöne Baumfarne und schließlich ein steiler Abstieg zum Fuße des Wasserfalls (gehen Sie nur hinunter, wenn es trocken ist - naß ist diese Stelle rutschig und gefährlich).

Auf dem Weg zurück kommen Sie rechter Hand an einem Pfad vorbei (links, wenn Sie zum Wasserfall hingehen), der mit "Jardin Botanique" beschriftet ist; lassen Sie sich nicht zu der Annahme verleiten, dieser Weg führe zum Rosengarten. Es handelt sich um einen anstrengenden Weg (viel Auf und Ab), der schließlich auf den Hauptweg zum alten Gebäude trifft. Lohnend, aber nicht, wenn Sie schon müde sind, und achten Sie auf Blutegel.

"Ich denke mein wichtigster Rat an Touristen ist, nicht zu viel zu erwarten - dies ist nicht Berenty oder Nosy Komba. Für mich liegt die Schönheit dieses Ortes nicht darin, daß einem die Lemuren hier aus der Hand fressen, und auch nicht darin, daß man mit absoluter Sicherheit Lemuren sehen könnte (was nicht der Fall ist). Die Schönheit von Montagne d'Ambre liegt darin, das dankbar wahrzunehmen, was Sie zufällig sehen, hören und fühlen werden. In dieser Hinsicht ist das hier ein großartiger Park." (Ben Freed)

Sie brauchen eine Besuchsgenehmigung für Montagne d'Ambre (erhältlich bei der *Direction des Eaux et Forêts* in Diego oder Tana; Preis: FMG 20.000). Obwohl der Park sich mit Madagascar Airtours an einem Tag besichtigen läßt, ist er ein viel zu hübscher Ort, um nur hindurchzueilen. Am besten verbringen Sie die Nacht im nahegelegenen Joffreville (Ambohitra) oder Sie zelten im Park (aber erkundigen Sie sich erst im *Eaux et Forêts*-Büro in Diego, daß das auch erlaubt ist). Es gibt einen Zeltplatz in der Nähe des alten Besucherzentrums, das heute als Unterkunft für die Wissenschaftler dient.

Taxi-Brousse fahren nach Joffreville, aber es kann sein, daß Sie abends keins finden, das Sie wieder zurückbringt. In der "Stadt" (keine Metropole) finden Sie das nicht mehr ganz taufrische Hotel Joffre.

Von Joffreville sind es 7 km zum Parkeingang. Taxifahrer bringen Sie bis zur Straßensperre oder in das Dorf Rousettes (in der Nähe der Petite Cascade).

Hinweis: Die Temperatur im Park ist durchschnittlich 12°C kühler als in Diego, und wahrscheinlich wird es dort feucht und matschig sein. Außerdem kann es Blutegel geben. Tragen Sie keine Shorts und Sandalen. Nehmen Sie Regenkleidung, Insektenschutzmittel und einen Pullover mit, egal wie warm Ihnen auf Meereshöhe ist.

Ankarana

Etwa 75 km südlich von Diego Suarez liegt das kleine Kalksteinmassiv Ankarana. Als "Insel" aus *tsingy* (Kalksteinkarstnadeln) und Wald birgt das Massiv viele Höhlen und Schluchten. Manche der größeren Höhlen sind eingestürzt. So sind isolierte, von Flüssen bewässerte Waldnischen mit ihrer eigenen, perfekt geschützten Flora und Fauna entstanden. Die Höhlen und ihre Flüsse sind auch die Heimat von Krokodilen, von denen einige, Berichten zufolge, bis zu 6 m lang sein sollen.

Mach einer ersten Erkundung im Jahre 1981 verbrachte die "Krokodil-Höhlen von Ankarana"-Expedition unter Leitung von Dr. Jane Wilson mehrere Monate des Jahres 1986 mit der Untersuchung der Region. Ihre Funde erregten erhebliches wissenschaftliches Interesse.

Ankarana ist ein **Sonderreservat**, das aber bisher kaum vernünftig geschützt wurde. Dankenswerterweise ist es mittlerweile Teil des WWF-Projektes, und der Ökotourismus wird künftig gefördert werden. Erkundigen Sie sich bei Madagascar Airtours in Tana.

Zur Zeit (1990) ist Ankarana nur für unerschrockene Entdecker zugänglich. Bevor Sie sich in das Reservat hineinwagen, sollten Sie wissen, daß diese Region für das Volk der Ankarana von großer Bedeutung ist. (Die Könige des Clans sind in einer der Höhlen bestattet, und von Zeit zu Zeit finden *famadihana* statt - ein großes Fest für die Einheimischen.) Die Mitglieder der Ankarana-Expedition holten die Genehmigung des derzeitigen Königs ein, bevor sie die Gegend betraten. Bis ein kontrollierter Tourismus eingerichtet sein wird, sollten andere Besucher den gleichen Respekt vor der Kultur der Ankarana zeigen.

Das Dorf Matsaborimanga liegt gegenüber dem größten Waldstück mit einer hohen Lemurenpopulation ("gekrönter" Lemur, Brauner Sanford-Maki, Großer Wieselmaki, Diadem-Sifaka und Aye-Aye sind hier gesehen worden), und die Dorfbewohner kennen den Wald gut. Höhlenforscher sollten sich über das Dorf Andrafiabe dem Massiv nähern. Die Einheimischen werden Ihnen den Eingang zur größten Höhle, der *Grotte d'Andrafibe*, zeigen, aber sie werden Sie nicht dort hinein begleiten. 11 km unterirdischer Gänge setzen schon einige Erfahrung in der Höhlenforschung und die Mitnahme verläßlicher Beleuchtung voraus. Die Gesamtlänge der Passagen in diesem Massiv beträgt 80 km.

Weitere Ausflugsziele
Die Gegend, die an Montagne d'Ambre angrenzt, bietet ausgezeichnete Möglichkeiten für Abenteurer. Ein einheimischer Führer ist zu empfehlen, damit Sie nicht irgendwelche *fady* verletzen, und auch, um den richtigen Weg zu finden. Planen Sie Ihre Route anhand der FTM Antsiranana-Karte (Nr. 2). Eine andere verlockende Gegend ist Ambanja (☞ *Nosy Be*).

Tim Cross schickte mir eine faszinierende Beschreibung seiner Unternehmungen, die ihn schließlich zu Fuß nach Diego brachten. Ein Teil davon sei hier zitiert:

"In der Litschi-Hauptstadt von Madagaskar, Antsalaka, übernachtete ich bei dem örtlichen Lehrer und seiner Frau. Ihre fünf Kinder sangen die Nationalhymne für mich. Sie entfachten ein Feuer, um meine Stiefel zu trocknen, und ich lernte ein wenig Malagasy aus den französisch-madagassischen Büchern im Schulzimmer. Ich hatte mein Vorhaben, am nächsten Tag den Regenwald von Montagne d'Ambre zu durchqueren, nicht verheimlicht. Die Dorfbewohner waren erstaunt über diesen Plan. Es sei ein langer, langer Weg, gestikulierten sie mir. Sie bestanden darauf, daß ich einen Führer mitnähme ... Aber wo sollte man einen Führer finden, der bereit war, sein Dorf über Weihnachten zu verlassen? Schließlich kam einer zu mir, der zustimmte, mich für DM 7-8 drei Tage lang über die Berge zu führen.

Ich hatte die asphaltierte Straße vor drei Tagen verlassen und wanderte jetzt durch den bergigen Regenwald des Nordens. Ein tropischer Wald voller Schmetterlinge, flatternd am Wegesrand, und Lemuren, die in den Zweigen singen und schnarchen sowie exotische Orchideen, die im Dunkel dichter Vegetation blühen - so hatte ich mir den Wald vorgestellt. Aber ich war so sehr damit beschäftigt, auf dem unebenen, matschigen und leicht geneigten Zebu-Pfad das Gleichgewicht zu halten, daß die einzigen Tiere, die ich überhaupt ausmachen konnte, die heimtückischen Egel waren. Doch auf dem Grat des Montagne d'Ambre-Regenwaldes angekommen, wurden wir belohnt mit einem der wenigen Aussichtspunkte auf der Insel, von dem man das geteilte Panorama der Straße von Mosambik im Westen und den Indischen Ozean im Osten beide zu gleicher Zeit sehen kann.

Schließlich erreichten wir unser Ziel (Bobakilandy). Es wurde dunkel, und das erste, was wir bei unserer Ankunft unternahmen, war die Vorstellung beim Präsidenten der Gemeinschaft. Ich hatte mich schon an diese Zeremonie des Niederlassens gewöhnt und erwartete, meine Herkunft und den Zweck meiner Reise (Wandern zum Vergnügen macht keinen besonderen Eindruck) zu erläutern. Doch der Häuptling verteilte Gläschen mit Rum nach einem eher zufälligen Prinzip. Dieses Prinzip schloß *vazahas* offensichtlich nicht ein, aber seine Gastfreundschaft reichte doch zu dem Angebot einer zur Zeit nicht genutzten Küchenhütte als Schlafzimmer, ein Angebot, das ich dankend annahm.

Trotz großer Löcher im Holz und im Wellblechdach bot die Hütte eine willkommene Gelegenheit, einmal für sich zu sein. Für einen *vazaha*, der durch die Dörfer reist, ist ein zeitweises Zurückziehen ein seltenes Privileg. Wann immer die Tür der Hütte auch nur angelehnt war, drängte sich eine Gruppe von großäugigen Dorfjungen herein, die erwarteten, von mir unterhalten zu werden. Selbst der standhafteste Verteidiger des Schweizer Armeemessers wird zugeben müssen, daß sein Unterhaltungswert doch Grenzen hat, und schließlich waren es meine Versuche, mich auf Madagassisch zu verständigen, die immer wieder Anfälle von Gekicher unter der versammelten Gemeinde hervorriefen.

Man machte mir kleine Käfer zum Geschenk, und ich sollte all ihre Namen aussprechen. Und meine Mühen wurden erwidert. Die Madagassen essen dreimal am Tag ungesalzenen Reis. Bald stellte sich heraus, daß der *vazaha* Obst und Süßes vorzog. Die Jungen sausten dann los, um Mangos und die enorm klebrige Brotfrucht (auch Jack-Frucht) für mich zu sammeln. Madagaskar mag vor allen Dingen für seine Lemuren bekannt sein, aber für mich ist es zweifelsohne die menschliche Bevölkerung der Insel, die die große Faszination ausübt und die einen Besuch so lohnend macht - wenn Sie dazu bereit sind, die asphaltierte Straße zu verlassen."

Per Straße von Diego nach Sambava

"Drei Tage extremer Schmerzen. Die Straße von Ambilobe nach Vohemar ist so gut wie nicht vorhanden. Unser Lastwagen brach mehrmals zusammen. Vohemar ist eine hübsche Stadt ohne eigentliche Sehenswürdigkeiten, wie die meisten madagassischen Städte. Solimotel ausgezeichnet, mit leckerem Essen und sauberen Bungalows mit Blick über das Meer. Die Brücke unmittelbar vor Vohemar ist zusammengebrochen. Sie müssen durch den Fluß waten und dann hoffen, auf der anderen Seite irgendwie weiterzukommen. Sechs Stunden in einem *camion* nach Sambava auf einer recht guten Straße." (Helena Drysdale)

Nosy Be

Geschichte

Bereits 1649 wurde der Zauber Nosy Bes entdeckt. Damals schrieb der britische Oberst Robert Hunt: "Ich glaube, daß, der Herr sei mit mir, kein Ort der Welt besser geeignet ist für eine Plantage. Nach meiner Einschätzung ist dieser Ort sowohl zum Vergnügen wie zum Arbeiten gleichermaßen gut geeignet." Hunt versuchte, eine englische Kolonie auf der Insel zu gründen, die damals als **Assada** bekannt war. Doch er scheiterte an den feindlichen Eingeborenen und den Krankheiten.

Spätere Einwanderer, die zufällig oder absichtlich auf die Insel gelangten, trugen zu der Rassenvielfalt auf Nosy Be bei. Schiffbrüchige Inder bauten vor mehreren Jahrhunderten im Südosten der Insel eine Siedlung, deren Ruinen noch heute zu sehen sind. Die Besatzung eines russischen Schiffes, das während des russisch-japanischen Krieges 1904/05 mit dem Befehl hier einlief, alle vorbeifahrenden Japaner anzugreifen, ist auf dem Friedhof von Hell-Ville beerdigt. Andere Ankömmlinge waren Araber, Komorer und - in jüngerer Zeit - Europäer, die Madagaskars Haupturlaubsort kennenlernen wollten.

Als König Radama I. seinen Eroberungskrieg beendete, flüchteten die Boina-Könige nach Nosy Be. Zuerst suchten sie Schutz bei dem Sultan von Sansibar, der auch im Jahre 1838 ein Kriegsschiff entsandte, dann, zwei Jahre später, erhofften sie sich Hilfe von Kommandant Passot, der mit seinem Schiff auf Nosy Be landete. Der Franzose war nur allzu glücklich, der vorgetragenen Bitte nachzukommen, und bat Admiral de Hell, den Gouverneur von Bourbon Island (heute Réunion), Nosy Be unter den Schutz der französischen Regierung zu stellen. Die Insel wurde offiziell 1841 annektiert.

Anreise
Mit dem Boot von Majunga: Zwei sehr unbequeme Tage und Nächte. FMG 15.000.

Per Straße und Fähre: Nehmen Sie von Diego aus ein Taxi-Be oder Taxi-Brousse (immer sehr voll) oder einen Mercedes-Truck nach Ambanja auf dem Festland gegenüber von Nosy Be. Die Fahrt dauert etwa sechs Stunden. Die Straße ist bis Anivorano recht gut, dann schrecklich bis nach Ambilobe (aber Sie kommen durch einen Teil von Ankarana) und ganz gut bis Ambanja, das über mehrere Hotels verfügt (Croix de Sud, Hawaii, Patricia u.a.).

Ambanja ist ein guter Ort, um hier einige Tage zu verbringen - zahlreiche Ausflüge in die Natur der Umgebung sind möglich. Nehmen Sie sich dort am nächsten Morgen ein Taxi etwa 18 km weit nach Antsahampano, dem Abfahrtpunkt der Fähre. Es fahren täglich zwei Fähren. Die Abfahrtszeiten sind von den Gezeiten abhängig, und die Überfahrt dauert zwei Stunden. Sie können auch mit einem kleinen Dampfer fahren (*vedette*). Da er kleiner ist, ist er nicht so abhängig von Ebbe und Flut. Er fährt zuerst nach Nosy Komba.

Wenn Sie Zeit haben und nicht zimperlich sind, können Sie auch per Straße von Tana anreisen. Tim Cross beschreibt seine Fahrt folgendermaßen:

"Der *gare routière* ist ein buntes Durcheinander aus schrottreifen Lastwagen, Transportern und Autos, die alle versuchen, den Eindruck zu vermitteln, sie wären einsatzbereit, um den weniger betuchten Reisenden in alle Ecken der Insel zu bringen. Ich begann langsam, das Wesentliche am Reisen mit dem Taxi-Brousse zu begreifen: Für rund DM 30-35 konnte man 400 Meilen weit in einem Transporter mit Stoffplane fahren, auf dem Säcke voll Maniok, Holzkohle, Reis, Körbe mit Früchten, drei Hennen, zwei Truthähne und eine Schildkröte und - fast hätte ich es vergessen - etwa 20 menschliche Reisende unterschiedlichster Ausmaße und Ausdüstungen unterzubringen waren.

Ich meldete mich freiwillig dazu, auf der Ladefläche zu sitzen. Bequemlichkeit bleibt gemeinsam mit Optimismus und übertriebener Ängstlichkeit zurück. Ich hatte keine Ahnung, wie lange es dauern würde, Ambanja zu erreichen. Die anderen auch nicht. Nachdem wir zweimal von der Polizei angehalten worden waren und unseren ersten Plattfuß hinter uns hatten (der erste von sieben), verstand ich schon innerhalb der ersten Stunde, warum ... Um Mitternacht fuhren wir aus dem Hochland in die Ebene hinunter. Dort hatten wir unseren dritten Platten. Mittlerweile waren wir alle recht müde und begrüßten die Möglichkeit, aus dem Wagen herauszuklettern, uns auszuruhen und den Himmel zu betrachten. Und was für ein Himmel! Mit wurde plötzlich klar, warum andere Leute die Sterne so leidenschaftlich besingen. Noch nie habe ich einen solchen sternenübersäten Himmel gesehen! Da war das Kreuz des Südens, und der leuchtende Puder auf dem schwarzen Samt des Himmels war die Milchstraße.

Die zweite Nacht der Reise mit dem Taxi-Brousse war aufreibend und nur durch den Umstand, daß eine der Stationen an der Straße in jener Nacht Bier verkaufte, zu ertragen. Die Nacht schien endlos und die Straße tief ausgefahren. Mein Ziel war es, die Fähre nach Nosy Be um elf Uhr am nächsten Morgen zu erreichen, aber wir kamen nur sehr langsam voran. Schließlich blieben wir zum siebten Mal und diesmal endgültig um 9 Uhr morgens liegen, 10 km vom Ziel entfernt. Wir besaßen keine Ersatzreifen mehr und keine Flicken für die Schläuche, die schon vor der Abfahrt wie eine Patchwork-Decke ausgesehen hatten. Also warteten und warteten wir, bis ein Fahrzeug vorbeikommen würde, das jemanden mitnehmen könnte, um einen neuen Schlauch zu holen. Es war bereits Mitte des Nachmittags, als ich in Antsahampano ankam, um die *vedette* nach Nosy Be zu nehmen ... "

Mit dem Flugzeug: Es gibt regelmäßige Flüge von Tana, Majunga und Diego nach Nosy Be (DM 248 von Tana) und eine Twin Otter von Ambanja und anderen nahegelegenen Städten. Die Flüge sind am Wochenende und während der Hauptreisezeit stark ausgebucht.

Nosy Be heute
Nosy Be ist wirklich eine Touristeninsel, und sie verdient ihre Popularität, wenn man es erträgt, nach all der Leere in den übrigen Gegenden Madagaskars hier so viele Menschen zu sehen. Gesegnet mit einem fast perfekten Klima, fruchtbar und wohlhabend, mit Zucker, Pfeffer, und Vanille, die hier für den Export angebaut werden, und mit dem schweren Duft der *ylang-ylang*-Büten, die der Insel den Werbe-Namen "Parfüm-Insel" gaben, ist dies der Ort, sich auszuruhen.

Hinweis: Viele Strände befinden sich im Besitz der meist sehr teuren Hotels, aber Abenteurer können dennoch vollkommen unberührte Plätze finden. Die FTM-Karte von Nosy Be (Maßstab 1:80.000) ist für diesen Zweck sehr gut geeignet. Sie bekommen sie in Tana.

Nosy Be hat sogar einige gute Straßen (Gelder aus der Zuckerindustrie und dem Tourismus sind hier eine Hilfe). Der Transport auf der Insel geschieht mittels Taxi-Be oder privaten Taxis (reichlich vorhanden). Taxis sind daher sehr viel teurer als auf dem Festland.

Überraschenderweise hat bisher noch niemand daran gedacht, einen Fahrradverleih aufzumachen. Doch ich denke, daß dies in Kürze geschehen wird. In der Zwischenzeit kann man gelegentlich Fahrräder und Mopeds in den größeren Hotels ausleihen. Das macht die Rundtouren auf der Insel sehr viel einfacher, und zudem macht es mehr Spaß. Aber natürlich können Sie auch zu Fuß herumkommen. Mit Hilfe der Karte und einem Zelt wäre eine mehrtägige Rucksackwanderung eine großartige Möglichkeit, dem allgemeinen Trubel zu entkommen.

Wer gern bequemer reist, kann sich bei Loca Voay ein Auto mieten, in der Firma des dynamischen, englischsprechenden ehemaligen Managers vom Orchidée Hotel in Diego. "Autos zum Selbstfahren können für rund DM 68 einschließlich Versicherung gemietet werden, und es lohnt sich. So kann man in drei Tagen sehen, wofür man sonst eine Woche brauchen würde. Die Straßen sind gut und der Verkehr nicht dicht, daher braucht man hier keine Angst vor dem Fahren zu haben." (David Bonderman)

Übernachtung
Es gibt eine Reihe von Strandhotels. Keins davon ist preiswert, und es werden immer noch neue gebaut.
Andilana Beach Hotel (ehemals Holiday Inn), ☎ 611 76. 117 charakterlose Zimmer mit Klimaanlage. Swimmingpool, Tennis etc. DM 120 für ein EZ (Hochsaison), Abendessen DM 23. Schönste Lage, schlimmste Architektur. Gutes Essen und alles, was ein Pauschaltourist erwarten darf. Madagascar Airtours hat hier ein Büro.
Les Cocotiers, ☎ 612 84. Strandbungalows, italienisches Management. Rund DM 70 mit Vollpension.
Hotel Palm Beach, unter deutscher Leitung; sehr nette Auswahl an Strandbungalows und "Bungalow-Apartments". Casino, Swimmingpool, gutes Essen. Von DM 60-68 (DZ) pro Person mit Halbpension in der Hochsaison.
Hotel Restaurant Villa Blanche, Reservierungen (Tana) ☎ 228 54. Neue Bungalows unter madagassischer Leitung neben dem Palm Beach. FMG 45.000 EZ, FMG 60.000 DZ (mit Frühstück).

Résidence Ambatoloaka, ☏ 61-368. Beliebt aber teuer mit DM 67 pro Person (DZ, Halbpension, Hochsaison). Abendessen DM 18. Dies ist einer der schönsten Strände zum Schwimmen.

Diese Gegend wird immer stärker bebaut, neue Hotels und Restaurants werden aus dem Boden gestampft. Hinter Ambatoloaka ist ein Schild, das Zimmer mit Frühstück ausweist - eine preiswerte Alternative zu den Strandhotels. Weiter den Strand hinunter liegt das Hotel de Plage mit billigen Wellblechhütten. Wenn Sie in Nosy Be ankommen und noch keine Unterkunft gebucht haben, sollten Sie es hier versuchen.

Hier befindet sich ebenfalls das hoch gelobte Restaurant Chez Angeline mit einem sehr guten Menü aus Meeresfrüchten für FMG 15.000. Wird allgemein sehr empfohlen.

Wenn Sie preiswerter essen wollen, gibt es ein Restaurant am anderen Ende des Dorfes namens Tonga Soa. Dort serviert man Hummer, Kokosnußeis und leckere Fruchtsäfte.

Ausflüge auf Nosy Be

Hell-Ville (Andoany)
Der Name ist von Admiral de Hell abgeleitet, weniger vom Zustand der Stadt. Hell-Ville ist ein recht hübscher kleiner Ort; an der Hauptstraße gibt es viele Boutiquen und Souvenirläden. Auf dem Markt kann man frisches Obst und Gemüse kaufen (beides bekommt man auch an Ständen am Straßenrand), und der Friedhof, sorgfältig nach Nationalitäten unterteilt, ist ebenfalls interessant.

Unterkunft: Hotel de la Mer, gelegen am Boulevard du Docteur Manceau, ☏ 61-353. Das einzige Mittelklassehotel in der Stadt. Zimmer von sehr nett mit Blick aufs Meer bis schäbig (ein anderer Name für dieses Haus ist Hotel de la Merde). Vom Restaurant des Hotels ist der Blick einmalig.
Die übrigen Hotels in der Stadt sind ziemlich schrecklich und nicht zu vergleichen mit denen am Strand. Sie können zwischen dem Hotel "Trans 7 stop", das sich am anderen Ende der Stadt befindet, weit vom Hafen entfernt (sechs Zimmer), dem Hotel Venus (vier Zimmer) und dem Saloon Hotel wählen.

Der Norden

Restaurants: Die besten Restaurants gehören zu den Strandhotels (und natürlich Chez Angeline), aber an der Hauptstraße von Hell-Ville befinden sich doch ein oder zwei gute Lokale, und ein Leser, David Bonderman, meint, hier das beste Essen auf Madagaskar überhaupt bekommen zu haben: "Chez Nana liegt am Ende der Hauptstraße in Hell-Ville. Es gibt sechs oder acht Tische, und Nana ist eine großartige Köchin ... Abendessen mit Wein rund FMG 10.000 pro Person."

Eine andere Möglichkeit ist das Restaurant Express, ein beliebter Treffpunkt für Reisende. Um wirklich gut zu essen, sollten Sie Ihre Mahlzeit einen Tag im voraus bestellen. Chez Looky, gegenüber vom Kino am Bd. Général de Gaulle, ist etwas bescheidener.

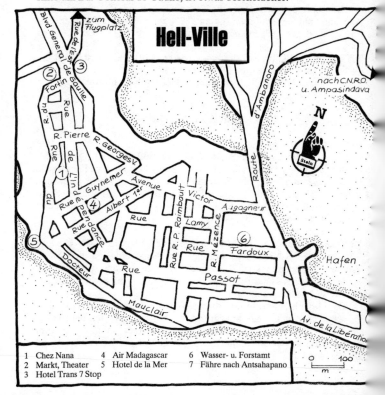

1 Chez Nana
2 Markt, Theater
3 Hotel Trans 7 Stop
4 Air Madagascar
5 Hotel de la Mer
6 Wasser- u. Forstamt
7 Fähre nach Antsahapano

Wenn Sie die Fähre zurück nach Antsahampano nehmen wollen, schauen Sie auf die Tafel vor dem Fährbüro (A.M. Hassanaly et fils), nur wenige Hauseingänge entfernt von Air Madagascar.

Mont Passot
Der höchste Punkt auf der Insel (315 m) mit einem großartigen Blick über die tiefblauen Kraterseen. In ihnen sollen Krokodile leben (doch ich habe bei meinen Besuchen nie eins gesehen). Die Seen sind heilig; sie sind die Heimat der Geister von Sakalava- und Antankara-Prinzessinnen. Es ist *fady*, hier zu angeln, zu rauchen und Hosen oder irgendeine andere Bekleidung zu tragen, die über die Füße gezogen wird, oder einen Hut aufzusetzen, während man sich am Seeufer aufhält. Zudem ist es schwierig, zum Wasser hinunterzugelangen, weil die Seitenwände der Krater ausgesprochen steil sind.

Die beste Straße nach Mont Passot beginnt in der Nähe des Andilana Strandhotels, aber Abenteurer können auch versuchen, den 10 km langen Weg von Djamandjary entlangzuwandern, der zweitgrößten Stadt der Insel.

➽ In manchen Reiseführern wird viel über die "ungewöhnlichen Häuser" von Djamandjary erzählt. Man glaubt schließlich, es müsse sich dabei um irgendwelche alten ethnischen Besonderheiten handeln. Die häßlichen Zementiglus waren aber Teil eines ausländischen Hilfsprojektes nach einem Zyklon. Sie bieten dem Wind wenig Angriffsfläche und werden daher nicht so leicht weggeweht.

Die meisten Leute kommen zum Mont Passot, um den Sonnenuntergang zu sehen. Vielleicht haben Sie Glück, und es nimmt Sie jemand mit. Aber Sie riskieren dann, im Dunkeln zurückgehen zu müssen. Auf jeden Fall ist der Sonnenuntergang in der klaren Luft von Nosy Be meist nicht so großartig. Wenn Sie also zu Fuß sind, unternehmen Sie doch einfach einen Tagesausflug zum Mont Passot, und veranstalten Sie ein Picknick.

Ampasindava
In Hell-Ville beginnt am Nordende des Kais eine Straße um die nordöstliche Küstenlinie herum zum Dorf Ampasindava, 7 km entfernt, wo sie abrupt endet - an einem wunderschönen Sandstrand, ideal zum Picknicken und zum Schwimmen oder zum Zelten (nicht auf dem Strand selbst, der bei Hochwasser fast ganz überflutet ist, sondern in der Nähe,

nachdem Sie um Erlaubnis gebeten haben). Es gibt frisches Wasser, große, schattige Felsen und sonst nichts.

Die Wanderung hierher (oder die Fahrt mit dem Taxi, wenn Sie lieber wollen) ist abwechslungsreich und interessant. Kurz hinter Hell-Ville kommen Sie an einigen Mangrovensümpfen vorbei. Machen Sie eine Pause und beobachten Sie die Schlammspringer (Fische), die außerhalb des Wassers genauso zu Hause sind wie darin. Die aufgeblähten Backen enthalten Wasser, das über die Kiemen gespült wird, so daß das Tier weiteratmen kann. Die Bauchflossen der Schlammspringer sind in einen Saugnapf umgebildet, damit die Fische sich an den Stämmen der Mangroven festhalten können.

Nach 5 km auf einer gewundenen, mit Bäumen gesäumten Straße (auf der ich drei Chamäleons fand) kommen Sie zum *Centre National de Recherches Océanographique* auf der rechten Seite. Dieses schön gelegene Forschungsinstitut hat ein kleines Museum. Dort kann man eine schöne Sammlung von Muschelschalen und Korallen betrachten. Vielleicht ist diese Sammlung aber nur für den Meeresbiologen wirklich interessant, da die meisten ausgestellten Fische in Flaschen sind, und der berühmte *Coelacanth* befindet sich mittlerweile im Museum in Tsimbazaza in Tana.

Einige Kilometer weiter stoßen Sie auf die Überreste einer frühen indischen Siedlung und eines Friedhofs. Die Gebäude sind vollständig verfallen, die 30 cm dicke Sand- und Korallenwand ist überwuchert von Würge-Feigen, und Flammenbäume (*Delonix regia*) wachsen in der einst edlen Architektur. Die Geschichte, daß die Erbauer dieser Siedlung schiffbrüchige indische Seeleute gewesen sein sollen, ist nur ein Gerücht. Man fragt sich, ob Seeleute so kompetente Architekten gewesen wären. Es ist ein geheimnisvoller und schöner Platz, ein erfrischendes Symbol (für Madagaskar) der Macht der Natur über das Werk des Menschen.

Schließlich, noch vor Ampasindava, kommen Sie am Rande des Reservats von Lokobe vorbei. (Um dieses Reservat zu besuchen, benötigen Sie eine Genehmigung - manchmal erhältlich beim *Eaux et Forêts* in Hell-Ville). Ein Pfad führt den steilen Berghang hinauf, und Sie haben eine gute Chance, den Mohrenmaki (*Lemur macaco*) und andere Geschöpfe zu sehen. Auch ohne den Wald zu betreten, können Sie interessante Bekanntschaften machen - ich sah zwei große Schlangen neben der Straße.

Traditionelles Dorf und heilige Lemuren

Eine andere Möglichkeit, Lokobe zu besuchen, ist mit Jean-Robert, der für Madagascar Airtours arbeitet, Englisch spricht und FMG 40.000 für einen Besuch in seinem Dorf berechnet. Dick Byrne hat mir die folgende Beschreibung geschickt, die ich hier aufnehme, weil ich selbst den Ausflug auch unternommen und sehr genossen habe. Die Briefe, die ich seit der letzten Auflage dieses Buches erhalten haben, waren allesamt sehr lobend.

Zunächst fahren Sie mit dem Bus in das Dorf Ambatozavavy, unter Mangroven an einer flachen Bucht gelegen. Von nun an müssen Sie sich Ihr Vergnügen verdienen: in eleganten Ausleger-Kanus geht es die Küste entlang. Das macht viel Spaß, und wenn Sie wirklich müde werden, müssen Sie auch nicht weiterpaddeln, so geht es nur schneller. Dann kommen Sie nach Ampasipohy, Jean-Roberts Zuhause, ein kleines, traditionelles Dorf.

Er erklärt die *fady*, die Getreidesorten, die angebaut werden, den Ertrag, den das Dorf aus dem Wald zieht usw. Hier wird Ylang-Ylang angebaut (das zur Parfümherstellung dient) und Vanille. Jean-Robert ist auch sehr erfahren darin, die örtlichen Wieselmaki-Arten ausfindig zu machen (*Lepilemur dorsalis*). Anders als andere Makis verbringen sie den Tag im dichten Gestrüpp, nicht in Löchern; sie haben winzige Ohren, ein rostrotes Fell und sehr große, runde Köpfe und riesige Augen. Wir haben sie gesehen. Außerdem sahen wir eine massige Boa Konstriktor, dank der Dorfbewohner, die alle Ausschau nach Tieren halten, die man den Besuchern zeigen könnte, wenn Jean-Robert wieder einmal eine Führung macht. (Er belohnt ihren Eifer mit einem Anteil seiner Einnahmen - eine sehr gute Art und Weise, Geld in die Dörfer zu bringen, ohne daß Mittelsmänner profitieren, und es trägt dazu bei, daß aus Boas keine Handtaschen werden.)

Zurück zu den Kanus, auf dem Rückweg halten Sie an einem alten Königsgrab an, so heilig, daß Sie barfuß gehen müssen. Außerdem wird Ausschau nach Mohrenmakis gehalten. Sie werden nicht gefüttert wie auf Nosy Komba und sind daher sehr viel scheuer, aber man erhält doch trotzdem fast immer einen guten Blick. Insgesamt ist es ein großartiger Ausflug mit einem typisch madagassischen Mittagessen unter Palmen am Rande des Strandes als Abschluß.

Hinweis: Jean-Robert unternimmt diese Führung mit mindestens zwei Personen, aber wenn es zu viele werden, macht das ganze nicht mehr so viel Spaß. Sie können ihn über Ihr Hotel erreichen.

Nosy Komba (Nosy Ambariovato)

Ein Muß für Besucher von Nosy Be, aber weniger beliebt bei Touristen, die auf ihren Geldbeutel achten und denen die Kommerzialisierung mißfällt, die sich auf diesem Inselparadies ausgebreitet hat. Nosy Komba hat sich sicherlich verändert, seit wir 1976 zum ersten Mal mit einem Missionar hierhinkamen. Damals gab es nur Sand, Meer, Muscheln und Lemuren. Wir haben nicht einmal das Dorf gesehen!

Jene Tage sind jedoch vorbei, und ich empfehle Ihnen, daß Sie einfach als Tourist dorthin fahren und die Dorfbewohner für ihre Fotos bezahlen, Vanille, Tiere aus Ton und handgeschnitzte Modellkanus kaufen, großartig essen, die Lemuren füttern und sich mit ihnen zusammen fotografieren lassen, schwimmen und Ihre "aber ich bin doch ein Reisender, kein Tourist"- Einwände einfach vergessen.

Ausflüge nach Nosy Komba werden über die verschiedenen Hotels vermittelt (außerhalb der Saison kann das allerdings schwierig werden). Die Preise von 1990 waren FMG 29.000-35.000 plus weitere FMG 10.000 für ein Picknick (reichlich). Ein Einzelreisender müßte sich einer Gruppe anschließen. Entschlossene unabhängige Reisende können in der Regel für etwa FMG 5.000 eine *pirogue* mieten (der späte Nachmittag ist die beste Zeit) und auf der Insel übernachten.

Die **Unterkünfte** sind alle einfach, vom netten Hotel Lemuriens (deutsch-madagassische Leitung, am Hauptstrand, FMG 10.000 für einen Bungalow, FMG 5.000 für ein leckeres Essen, Reservierungen B.P. 185, Nosy Be) bis zum Hotel Madio mit seinem lebhaften, zahmen Vasa-Papagei (Hütten FMG 3.500). Wenn beide belegt sein sollten, können Sie wahrscheinlich in einem der Privathäuser übernachten.

Nosy Kombas Hauptattraktion sind zweifelsohne die **Mohrenmakis** (eigentlich sind nur die Männchen schwarz, die Weibchen sind kastanienbraun mit weißen Ohrbüscheln). Um sie zu besuchen, müssen Sie ein kleines Eintrittsgeld bezahlen. Diese Lemuren haben noch nie Angst vor Menschen gehabt, weil sie den Dorfbewohnern heilig waren und daher nie belästigt wurden. Aber seit der Ankunft der bananentragenden Touristen sind sie doch ein wenig aufdringlich geworden.

Lemuren machen immer den Eindruck, beste Manieren zu haben, und selbst aufdringliche Lemuren reißen einem die Banane nicht aus der Hand und beißen nicht; sie strecken einfach ihre schwarzbehandschuhten Hände nach der Leckerei aus, und zehn oder noch mehr Hände - während die Besitzer auf Ihren Schultern sitzen und von Ihrem Kopf herunter über Ihr Gesicht rutschen - bedeuten, daß Sie Ihre Bananen schnell los sind. Also Fotoapparat bereithalten!

Wenn Sie die Lemuren hinter sich haben und im Dorf einige Souvenirs gekauft haben, lohnt es sich, schwimmen zu gehen. Aber halten Sie sich vom Dorf fern, wo das Wasser verunreinigt ist. Schnorcheln war hier früher sehr interessant, aber heute sind nur noch wenige Korallen zu finden.

Nosy Tanikely
Für mich ist dies das Paradies auf Erden. Noch (1990) ist Nosy Tanikely eine winzige Insel, lediglich bewohnt von dem Leuchtturmwärter und seiner Familie (der jedem, der sein eigenes Essen und Bettzeug mitbringt eine Unterkunft anbietet), gänzlich unberührt von jedwedem Tourismus. Es ist unrealistisch zu hoffen, daß dies so bleiben wird, aber ich tue es trotzdem ...

Nosy Tanikely ist ein Meeresschutzgebiet, und die meisten Leute kommen wegen des Schnorchelns auf diese Insel, das hier großartig ist. Im kristallklaren Wasser können Sie eine faszinierende Vielfalt von Meerestieren beobachten - Korallen, Seesterne, Anemonen, Fische jeder Form und Farbe, Schildkröten, Hummer ... Es ist wirklich unglaublich. Die Unterwasserwelt erstaunt mich immer wieder, vermutlich weil wir darüber weniger im Fernsehen sehen als über andere Naturwunder. Vielleicht liegt es auch daran, daß es hier einfach so viel gibt, so viel Verschiedenes, so viel Farbe, so viel Eigenartiges. Die Mad Airtours-Broschüre hat recht, wenn es dort heißt: "*Wenn Sie auf unwirkliche Überraschungen und angenehme Empfindungen aus sind, entscheiden Sie sich jetzt, und entdecken Sie eine neue Welt.*"

Mit dieser neuen Welt vor Augen besteht wirklich die Gefahr, daß Sie vergessen, wie schnell die Zeit vergeht, und plötzlich einen ernsthaften Sonnenbrand haben. Selbst die mit äußerster Sorgfalt aufgetragenen Sonnencremes (sun block) versagen an der ein oder anderen Stelle, daher sollten Sie ein T-Shirt und Shorts tragen.

Und glauben Sie nicht, daß dies alles war, was Nosy Tanikely zu bieten hat, wenn Sie aus dem Wasser kommen. Bei Niedrigwasser ist es möglich, ganz um die Insel herumzuwandern. Dabei werden Sie folgendes sehen (wenn Sie gegen den Uhrzeigersinn gehen): einen breiten Strand mit weißem Sand, Muscheln und gebleichten Korallenstücken, eine Reihe von Bäumen voller Flughunde (*Pteropus rufus*) und elegante weiße Tropenvögel (*Phaethon lepturus lepturus*), die um ihre Nester in den hohen Klippen herumfliegen. Zu Ihren Füßen sind Felsbecken und einige Kletterstellen, aber nichts Herausforderndes.

Der Norden

Dann ist da noch der Anstieg zum höchsten Punkt der Insel, wegen der Aussicht, und vielleicht eine Führung (ein Trinkgeld wird erwartet) durch den alten und wundervoll erhaltenen Leuchtturm.

Die meisten Hotels führen Ausflüge nach Nosy Tanikely durch. Sie kosten das gleiche wie die Fahrt nach Nosy Komba (und Sie sollten auf alle Fälle das Picknick nehmen).

Weiter entfernt liegen zwei andere Inseln. Sie werden nur selten besucht und sollen angeblich noch schöner sein: **Nosy Mitsio** (60 km nordwestlich - ein unbewohnter Archipel) und **Nosy Iranja** (60 km südwestlich - ein Brutreservat für Schildkröten). Beide Inseln sind in etwa vier Stunden mit einem schnellen Boot zu erreichen. Die Kosten (1990) für zwei Tage und eine Nacht (Zelten) auf Nosy Iranja waren FMG 110.000 und FMG 120.000 für Nosy Mitsio.

Der Westen

Der Westen von Madagaskar ist die Heimat der **Sakalava**. Eine Zeitlang waren sie in der madagassischen Geschichte der größte und mächtigste Stamm, regiert von ihren eigenen Königen und Königinnen. Das Sakalava-Königreich wurde vom Volamena-Zweig der Maroserana-Dynastie gegründet, die sich im 16. Jahrhundert im Südwesten Madagaskars herausbildete.

Zu Beginn des 17. Jh. erreichte ein Volamena-Prinz, **Andriamisara**, den Sakalava-Fluß, der seinem neuen Königreich den Namen gab. Sein Sohn **Andriandahifotsy** (was soviel wie "weißer Mann" bedeutet) folgte ihm um 1650 auf den Thron, und mit der Hilfe von Feuerwaffen, die er bei europäischen Händlern kaufte, eroberte er das Gebiet im Südwesten vom Onilahy-Fluß bis zum Manambolo, das als Menabe bekannt wurde. Spätere Könige eroberten zunächst Boina, die Gegend vom Manambolo nach Norden bis zum heutigen Majunga, und dann die Nordwestküste bis Diego Suarez.

Im 18. Jh. umfaßte das Sakalava-Reich eine riesige Gegend im Westen, war aber unterteilt in die **Menabe** im Süden und die **Boina** im Norden. Die beiden Herrscher erzürnten sich schließlich, die Einheit wurde aufgegeben, und im 19. Jh. gelangte das Gebiet unter die Herrschaft der Merina. Die Sakalava lebten nicht gern unter fremder Herrschaft, und gelegentliche Guerilla-Kämpfe in der Menabe-Gegend setzten sich fort bis in die französische Kolonialzeit hinein.

Das Sakalava-Königreich mußte die Wucht der ersten ernsthaften Bestrebungen der Franzosen ertragen, die Insel zu kolonialisieren. Seit einigen Jahren hatte Frankreich Ansprüche auf Teile des Nordens und Nordwestens angemeldet (basierend auf Verträgen, die mit örtlichen Prinzen geschlossen worden waren), und 1883 wurden zwei Festungen im Nordwesten bombardiert, gefolgt von Majunga. Dies war der Anfang vom Ende für Madagaskar als unabhängiges Königreich.

Die heutigen Sakalava haben eine recht dunkle Hautfarbe. Verständlicherweise kamen eine Reihe von afrikanischen Einwanderern über die Straße von Mosambik in den Westen von Madagaskar. Ihr Einfluß zeigt sich nicht nur in den Rassenmerkmalen der Menschen in dieser Region, sondern auch in ihrer Sprache und in ihren Bräuchen. Es gibt eine Reihe von Bantu-Wörtern in ihrem Dialekt, und ihr Glaube an *tromba* (Geisterbesessenheit) und *dady* (königlicher Reliquienkult) ist afrikanischer Herkunft.

Die Sakalava praktizieren keine zweiten Bestattungen. Die Qualität ihrer Grabkunst kann in einer kleinen Gegend mit derjenigen der Mahafaly konkurrieren: **Vögel** und **nackte menschliche Figuren** sind ein Merkmal der Sakalava-Gräber, letztere sind häufig in erotischen Positionen dargestellt. Vorstellungen von Sexualität und Wiedergeburt sind hier nachgebildet. Die weiblichen Figuren sind häufig überproportional groß, vielleicht ein Zeichen dafür, daß Frauen in der Kultur der Sakalava eine wichtige Rolle spielen.

Die Könige dieses Volksstammes brauchen keine prächtigen Gräber, weil sie ihre Existenz über ein Medium fortsetzen, das Heilkräfte besitzt, und in Form königlicher Reliquien. Diese Reliquien werden alle zehn Jahre im September einer rituellen Waschung unterzogen.

Das Klima im Westen ist trocken, die Vegetation üppig. Es gibt endlose Sandstrände, wohin sich Haie nur selten verirren, teilweise sehr rauhes Meer und einige wenige Besucher. Abenteurer werden keine Probleme haben, ihren eigenen, einsamen Strand, eine beeindruckende Landschaft und natürlich Sonne vorzufinden.

An den Mündungen großer Flüsse hat das Meerwasser an der Westküste die Farbe von roten Ziegeln. "Als ob man in Suppe schwimmt," sagte ein Reisender. Das ist der Laterit, der von den erodierten Berghängen in die Flüsse gewaschen und dann im Meer abgelagert wird - Madagaskars blutende Wunden.

Im Westen von Stadt zu Stadt zu kommen ist noch schwieriger als im Osten. In vielen Gegenden sind Straßen einfach nicht vorhanden (außer der Straße von Tana nach Majunga und der neuen, sehr guten Straße nach Morondava). Wenn Sie also keine *pirogue* finden können, ist Fliegen die einzige Lösung. Eine Twin Otter bedient die kleineren Orte Soalala, Tambohorano, Maintirano, Belo und Morondava. Sie landet gelegentlich auf dem Weg von Majunga auch in anderen kleinen westlichen Städten - z.B. in Morafenobe und Ambatomainty.

Majunga (Mahajanga)

Geschichte

Majunga war schon immer eine kosmopolitische Stadt. Ideal gelegen für den Handel mit Ostafrika, Arabien und dem westlichen Asien, war dieser Ort schon im 18. Jh. ein großer Handelshafen, als die Hauptstadt

der Boina von Marovoay hierher verlegt wurde. Majunga wurde 1745 gegründet. Eine Herrscherin der Boina war Königin **Ravahiny**, eine fähige Monarchin, der es gelang, die Einheit der Boina zu erhalten, obwohl im Norden wie im Süden Rebellionen drohten. Es war Majunga, die die Königin mit ihren importierten Reichtümern versorgte und die Bewunderung von Besuchern aus dem Ausland weckte.

Madagaskar war zu jener Zeit ein wichtiger Sklavenlieferant für arabische Händler. Im Tausch für die Sklaven erhielt man Juwelen und reiche Stoffe. Indische Händler waren schon damals, wie auch noch heute, im Handel mit einer Reihe von exotischen Waren aktiv. Einige dieser Händler aus dem Osten blieben, es bildete sich eine indische Gemeinschaft, deren Mitglieder meist kleine Geschäftsinhaber waren. Während der Kolonialzeit gelangten noch mehr Inder in den Westen Madagaskars.

Zur Zeit des Krieges von 1883-85 war Majunga von den Franzosen besetzt. 1895 diente es als Basis für die militärische Expedition nach Antananarivo, die die Einrichtung des französischen Protektorats zur Folge hatte. Kurz danach begannen die Franzosen Majunga auszubauen und Sumpfland vom Bombetoka-Flußdelta zurückzugewinnen. Ein Großteil der modernen Stadt ist dem auf wiedergewonnenen Land erbaut.

An- und Abreise
Majunga liegt 560 km von Tana entfernt und ist über eine recht gute Straße oder mit dem Flugzeug zu erreichen.

Straße: Es gibt einen Minibus von Air Route Service, der täglich verkehrt (FMG 11.000). Er fährt nachmittags ab Behoririka (die Gegend hinter dem Bahnhof und rechts davon) an der Ar Rainizanabololona in der Nähe von Giraud Vinet (eine Glasfabrik, die meisten Taxifahrer kennen sie). Plätze können im voraus reserviert werden.

Außerdem gibt es reguläre Taxi-Brousse, die um 9 Uhr abfahren, so daß Sie mehr Zeit haben, die Landschaft zu betrachten. Sie fahren rund 13 Std. und kosten etwa das gleiche.

Es ist eine wunderschöne Fahrt (zumindest bis es dunkel wird) durch die typische Hauts Plateaux-Landschaft mit ihren schroffen, grasbewachsenen Hügeln, vorbei an Reisfeldern und den charakteristischen Merina-Häusern mit steilen Dachtraufen, gestützt auf dünne Ziegel- oder Holzsäulen.

Die Taxi-Brousse-Haltestelle in Majunga ist an der Ave. Philbert Tsiranana. Die meisten Taxi-Brousse verlassen die Stadt um 7 Uhr.

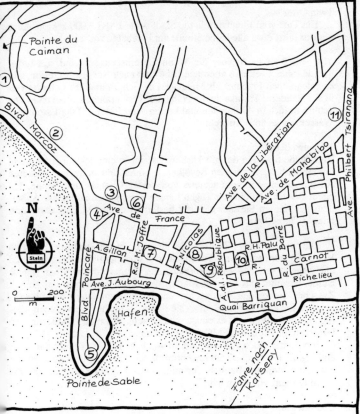

Flugzeug: Es gibt eine wöchentliche Verbindung (1990: dienstags und donnerstags) von Tana nach Majunga (und weiter nach Nosy Be, daher sehr wahrscheinlich ausgebucht), DM 150; Flüge an anderen Tagen per Twin Otter.

Ein Taxi vom Flughafen in die Stadt sollte FMG 3.000 kosten. Auch ein Bus fährt etwa alle halbe Stunde am Flughafen vorbei.

Mit dem Boot nach Nosy Be: Wenn Sie entschlossen sind, auf unbequeme (aber zweifellos abenteuerliche) Art nach Nosy Be zu reisen, gibt es gelegentlich Frachter ab Majunga. Das Schiffahrtsbüro befindet sich in der Reederei Tawakal in der Nähe des Restaurants Sampan d'Or. Die Schiffe brauchen 48 Stunden und kosten rund FMG 15.000. Essen oder Wasser gibt es an Bord nicht.

Majunga heute
Eine heiße Stadt, in der glücklicherweise meist eine leichte Brise weht, mit einem hohen indischen Bevölkerungsanteil und vielen interessanten Ausflugszielen, Strandbungalows von bester Qualität und Sonne, um einen Besuch von einigen Tagen lohnend erscheinen zu lassen. Außerdem bekommen Sie hier eins der besten Essen auf Madagaskar überhaupt (Chez Chabaud)!

Die Stadt hat zwei Zentren: der Bereich um das **Rathaus** (Hôtel de Ville) mit der Statue von Tsiranana (das wirtschaftliche Zentrum) und die Gegend um den **Affenbrotbaum** am Boulevard am Meer (einige Büros, darunter das von Air Madagascar, befinden sich in der Nähe). Zwischen den beiden Zentren hin- und herzugehen dauert recht lange - nehmen Sie einen Pousse-Pousse- sie stehen in reicher Auswahl zur Verfügung. Außerdem gibt es einige schicke neue Busse und Taxis, die zum festgesetzten Preis von FMG 500 verkehren.

Ein breiter Boulevard verläuft im westlichen Teil der Stadt am Meer entlang. Er endet an einem Leuchtturm. An diesem Boulevard steht der berühmte **Majunga-Baobab**, der mindestens 700 Jahre alt sein soll und einen Umfang von 14 m hat.

Übernachtung
Kategorie A: Zaha Motel (☎ 23 24), am Strand von Amborovy, ca. 8 km von Majunga entfernt und in der Nähe des Flughafens. Strandbungalows, FMG 30.000. Ausgezeichnete Bademöglichkeiten und alle Einrichtungen für Touristen vorhanden.

Village Touristique, an einem langen, windigen Stück Strand gelegen. Scheint fast immer einsam zu sein. Etwa FMG 17.000 mit Dusche und WC.
Hotel de France, Rue Maréchal Joffre, rund FMG 20.000. Dusche und WC in allen Zimmern; außerdem Klimaanlage.

Kategorie B: Nouvel Hotel, Rue Henri Palu 13 (einen Block vom Meer entfernt), rund FMG 13.000. Preislich gehört es in die Kategorie B, aber das Nouvel scheint das beste Hotel in der Stadt zu sein. Sauber, nett, mit Klimaanlage und Moskitonetzen. 16 Zimmer.
Kanto Hotel, das beste Hotel außerhalb der Stadt und sehr günstig bei FMG 10.000 für Hütten (nur 4) auf einem Hügel mit Blick über das Meer, rund 1 km nördlich der Stadt. Gutes Freiluftrestaurant mit Bar. Ein geeigneter Ort, um sich in aller Ruhe einige Tage zu erholen.
Hotel Restaurant Bombetoka, am Meer, 1,5 km von der Stadt entfernt. Bungalows FMG 10.000, nicht so gut, aber gutes Restaurant.

Kategorie C: Hotel Continental, Rue de la République. Zentral aber nicht so toll. Dusche, Ventilator.
Yaar Hotel (in der Nähe des Nouvel), rund FMG 7.000. Dusche und Bidet in jedem Zimmer, aber keine Moskitonetze oder ähnliches.
Hotel Boina, Rue Flacourt, rund FMG 6.000. 12 Zimmer. Angenehm, geschützte Lage, sein Geld wert.
Chez Chabaud (☞ *Katsepy*), Mme. Chabauds Tochter führt dieses einfache Hotel in Majunga (FMG 5.000) und ist eine großartige Köchin. Das Hotel liegt in der Nähe des Rathauses.

Restaurants
Gute Küche in den Restaurants am Meer von Bombetoka und Kanto und im **Chez Chabaud**.
Das Hotel-Restaurant de la Plage (**Chez Karon**) im Village Touristique soll eine gute Küche haben. Montags geschlossen.
Le Sampan d'Or, in der Nähe des Hotel Continental. Chinesische Küche.
Restaurant **Vietnamese**, in der Nähe des Hotel de France.
Restaurant **Chez Thi-San**, Rue Maréchal Joffre.

 Es gibt mehrere indische Restaurants, die "carry" ("Curry") servieren und Samosas (manchmal Sambos genannt); in der Regel sehr gut.

Der Teesalon Baba gegenüber vom Hotel Continental serviert ausgezeichnete Zwischenmahlzeiten und ein leckeres Frühstück (probieren Sie *pain au chocolat*). Ebenfalls zu empfehlen sind die Snackbars Kismet und Kohinoor in der Nähe des Hafens; ausgezeichnete Eiscreme.

Nightclub
Le Ravinala, in der Nähe des Kais. Lebhaft.

Ausflüge von Majunga

Cirque Rouge
12 km von Majunga und 2 km vom Flughafen entfernt (in Luftlinie) liegt eine Schlucht, die in ein Amphitheater aus roten, beigen und lilafarbenen Felsen mündet, die in seltsame Formen erodiert sind - Spitzen, Türmchen und Zinnen. Die Schlucht hat einen breiten, sandigen Grund, geschmückt mit lilafarbigen Tonklumpen - ein schöner und beeindruckender Platz. Mit seinem Fluß, der zum nahegelegenen Strand fließt, ist dies ein idyllischer Ort, um einige Tage zu zelten (aber schwimmen Sie nicht im Meer - es könnten Haie auftauchen).

Die Gegend, einige Kilometer nördlich vom Zaha Motel, ist bei den Einwohnern Majungas sehr beliebt und viele haben dort ihre Ferienbungalows am Strand. Wenn Sie sich also zum Zelten entschließen sollten, kann es sein, daß Sie zurück in die Stadt mitgenommen werden, besonders am Wochenende. Bringen Sie Ihre eigenen Lebensmittel mit.

Für einen Tagesausflug können Sie mit dem Taxi von Majunga aus hin und zurück fahren (für FMG 14.000). Lassen Sie sich mindestens eine Stunde Zeit, um sich alles anzuschauen. Der späte Nachmittag ist die beste Zeit, wenn die Sonne die Rot- und Lilatöne zum Leuchten bringt.

Katsepy
Ein Besuch in Majunga ist einfach nicht vollständig ohne eine Mahlzeit bei **Madame Chabaud**. Sie hat ein kleines Strandhotel in Katsepy, einem kleinen, unberührten Fischerdorf auf der anderen Seite der Bucht von Majunga aus, und auch ein Restaurant gleichen Namens in der Nähe des Rathauses in Majunga. Ausgebildet als Köchin in Frankreich (Nizza), kehrte sie in ihre Heimatstadt zurück, um nun für Wochenendbesucher und für gelegentlich auftauchende Touristen zu kochen.

Der Westen

Mit der Fähre erreichen Sie Katsepy in einer Stunde (Abfahrt 7.30 und 15.30 Uhr, aber fragen Sie lieber am Kai nach, da diese Zeiten veränderlich sind). Die Überfahrt kostet FMG 200. Das Schild auf dem Kai bezeichnet Katsepy verwirrenderweise als Avotra. Sonntags fährt manchmal auch ein Boot um die Mittagszeit. Stellen Sie sich auf eine "feuchte Landung" ein, wenn Sie bei Niedrigwasser ankommen. Bei der Ankunft finden Sie Reihen von Ständen vor, die einfache Gerichte und Kokosnußmilch verkaufen, falls Sie nicht im Restaurant essen wollen. **Chez Chabaud** ist ausgeschildert.

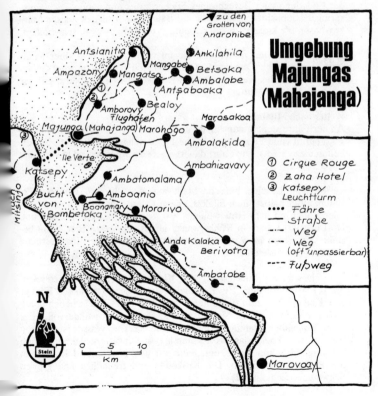

Es gibt zehn recht einfache Bungalows (neuerdings mit Moskitonetzen) zum Preis von FMG 7.000 und drei üppige Mahlzeiten am Tag (Frühstück FMG 600, Abend- und Mittagessen FMG 3.500 und ein besonderes Mittagsmahl am Sonntag für FMG 5.000). Ein großer Bungalow mit Küche steht für Familien oder Gruppen zur Verfügung, und es gibt sogar ein komplett ausgestattetes Baumhaus!

Zwischen den Mahlzeiten können Sie sich ausruhen oder auf dem viele Kilometer langen, einsamen Strand herumspazieren (und vielleicht die Einladung zum Besuch eines Fischerdorfes annehmen), Schlammspringer beobachten (Fische, die auf Bäume klettern!), durch die Mangrovensümpfe kraxeln und im schmutzig-roten Meerwasser schwimmen.

 Am besten reservieren Sie im voraus, und zwar über Mme. Chabauds Tochter, die Chez Chabaud in Majunga leitet (in der Nähe des Rathauses). Ihre Kochkunst ist fast ebenso gut wie die ihrer Mutter.

Weiter nach Mitsinjo
An der Fähre stehen manchmal Taxi-Brousse zur Weiterfahrt nach Mitsinjo bereit (und Fahrzeuge, die die Fähre nehmen, wollen mit Sicherheit in diese Stadt). Die Fahrt dauert etwa vier Stunden und kostet rund FMG 3.500.

"Mitsinjo ist eine hübsche Stadt mit einer breiten Hauptstraße, Bäumen mit halbzahmen Sifakas, einem Laden, der auch Zimmer vermietet, und mit dem Hotely Salana, wo man leckeres Essen bekommt. Dort existiert sogar ein Kühlschrank, d.h. es gibt kaltes Bier! Man bestellt sein Essen im voraus und bekommt ein regelrechtes Festmahl serviert." (Petra Jenkins)

Nicht weit von Mitsinjo liegt der **Kinkony-See** (ein geschütztes Gebiet). Petra berichtet: "Etwa einmal in der Woche fahren die Fischer vom Kinkony-See zum Einkaufen nach Mitsinjo. Vielleicht haben ja Sie Glück, und man nimmt Sie mit zurück. Der See ist wundervoll. Hier leben Fischadler, Flamingos, heilige Ibisse etc. Das Wasser ist frei von Bilharziose, aber das Nordostende ist etwas schlammig zum Schwimmen. Schnorren Sie eine Fahrt mit einer *pirogue*, und Sie erleben das Paradies auf Erden. Die Krokodile sind freundlich und greifen Schwimmer nicht an. (?!)"

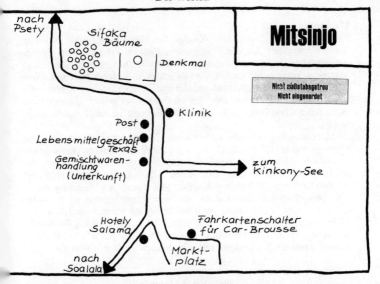

Von Mitsinjo können Sie sich vielleicht weiter nach Soalala durchschlagen. Von dort gibt es eine Flugverbindung (und die Möglichkeit, das Naturreservat von **Tsingy de Namoroka** zu besuchen), oder Sie machen weiter bis Besalampy (das ebenfalls von Air Madagascar angeflogen wird). Von dort können Sie die Küste mit Autos, *pirogues* oder irgendeinem anderen Transportmittel, das sich gerade anbietet, hinunterfahren. Die Route ist nur in der Trockenzeit und für Reisende mit einschlägigen Erfahrungen machbar. Von Maintirano, Antsalova oder Belo sur Tsiribihina können Sie dann, wenn Sie einen Platz ergattern, zurückfliegen. Viel Glück!

Grotten von Anjohibe
Diese befinden sich 85 km nördlich von Majunga an einem kaum befahrbaren Weg. Ich bin dort nicht selbst gewesen, aber diese Höhlen sollen zu den eindrucksvollsten auf Madagaskar gehören. Es gibt eine zentrale Halle mit Stalagmiten und Stalaktiten und mehrere Seitenräume.

Marovoay

Früher die Residenz der Boina-Könige. Der Name dieser Stadt bedeutet "viele Krokodile". Als die Franzosen auf ihrem erfolgreichen Eroberungsfeldzug 1895 die madagassischen Streitkräfte angriffen, die sich in Marovoay versammelt hatten, wird berichtet, daß Hunderte von Krokodilen aus dem Fluß auftauchten, die die Toten und Sterbenden verschlangen. Madagassische Jäger haben sich seither gerächt. Dieser Tage müssen Sie schon besonderes Glück haben, wenn Sie ein Krokodil sehen wollen.

Marovoay ist per Straße zu erreichen (72 km) oder auf dem Fluß von Majunga aus (*pirogue* oder Lastenkahn). Berichten zufolge eine sehr erholsame Flußfahrt (aber nageln Sie mich nicht darauf fest - ich habe sie selbst nicht gemacht und habe keine Ahnung, wie lange die Fahrt dauert) auf den zahlreichen Kanälen der Betsiboka-Mündung durch eine abwechslungsreiche Landschaft. Am vernünftigsten ist es wahrscheinlich, ein Taxi-Brousse nach Marovoay zu nehmen und sich dort nach Transportmöglichkeiten auf dem Fluß zu erkundigen. So fahren Sie wenigstens mit dem Strom und können von der natürlichen Freundlichkeit einer kleinen und nur selten besuchten Stadt profitieren.

Südlich von Majunga

Die Forststation von Ampijoroa

Dies ist ein Teil des Naturschutzgebiets von **Ankarafansika**. Ampijoroa (ausgesprochen Ampidscheru) ist das einzige geschützte Beispiel westlicher Vegetation mit der dazugehörigen Fauna und ist für Besucher leicht zu erreichen. Ich kann es sehr empfehlen. Der Aufseher, M. Rabemazava, arbeitet viel und ist sehr hilfsbereit.

Einige Jahre lang hat Don Reid, ein britischer Herpetologe, der dem WWF und dem *Jersey Wildlife Preservation Trust* angeschlossen ist, an einem Projekt gearbeitet, die höchst gefährdete **Angonoka** (Pflugschar-Schildkröte, lat. *Geochelone yniphora*) in Ampijoroa zu züchten. Die Angonoka ist die seltenste Schildkröte der Welt, daher war das erste erfolgreiche Ausschlüpfen der jungen Schildkröten 1989 wahrlich ein Grund zur Freude.

Don hat beschrieben, wieviel Forschungsarbeit notwendig war, um die Bedingungen zu schaffen, die eine Paarung ermöglichen würden. Das Vorspiel, beispielsweise, beinhaltet, daß das Männchen das Weibchen auf den Rücken dreht und sie dann wieder gewissenhaft richtig herum stupst. Vier oder fünf Eier werden gelegt, die zwischen 90 und 230 Tagen im Boden bleiben - ein sehr variabler und langer Zeitraum, der abhängig ist vom Regen, der die Erde ausreichend aufweichen muß, damit die frisch geschlüpften Schildkröten sich ihren Weg nach oben bahnen können. Außerdem gab es menschliche Probleme: Der madagassische Maurer aus dem Süden, der eine Umzäunung bauen sollte, konnte die Arbeit nicht ausführen, weil Schildkröten in seinem Teil der Insel *fady* sind.

Ampijoroa liegt etwa 90 km südlich von Majunga, westlich von der Hauptstraße und vom Naturreservat Andranofasika, kurz vor (wenn man von Majunga kommt) der kleinen Stadt gleichen Namens. Ich gelangte mit Air Route Services von Tana dorthin (die mich am Tor zum Reservat um 2.30 Uhr morgens absetzten. Ich kroch in den Wald, verbrachte den Rest der Nacht in meinem Leinenschlafsack mit *Zoma*-Decke und wachte mit dem Anblick einer Gruppe von Flamingos vor dem rosigen Morgenhimmel auf). Ein Taxi-Brousse von Majunga wäre vielleicht besser gewesen, doch ich hatte keine Schwierigkeiten, in einem privaten Wagen nach Majunga mitgenommen zu werden.

Wildtiere zu beobachten ist in Ampijoroa leicht und spannend. Direkt neben dem Haus des Aufsehers steht ein Baum, den Larvensifakas (*Propithecus verreauxi coquereli*) als Schlafplatz benutzen. Es sind ausgesprochen hübsche Tiere mit dem üblichen seidenweichen und weißen Fell, aber mit kastanienbraunen Armen und Oberschenkeln. Ich beobachtete sie etwa eine Stunde lang, während sie langsam wach wurden, sich genüßlich streckten, dann ihre Arme ausbreiteten, um die warmen Strahlen der Sonne einzufangen, bevor sie schließlich mit dem Blätterfrühstück begannen.

Andere Lemuren, die man im Wald sehen kann, sind der Braune Maki, *Lemur fulvus*, der Mongozmaki, *Lemur mongoz* (wenn Sie viel Glück haben) und *Lepilemur edwardsi*, wenn der Aufseher Ihnen seinen Baum zeigt. Ich machte mich auf zu einer nächtlichen Suche nach Mausmakis (*Microcebus murinus*), aber es gelang uns nicht, mit den Taschenlampen die verräterischen roten Augen zu finden.

Der Wald hat einige gute Wege, und vielleicht kann der Aufseher Sie anfangs zur Orientierung ein wenig herumführen. Danach steht es Ihnen frei, auf eigene Faust herumzuwandern.

1990 gab es noch keine Unterkunft, und man mußte sein eigenes Zelt und Essen mitbringen. Doch Bungalows und ein Restaurant befinden sich im Bau, und Ampijoroa wird wohl eines Tages das Schicksal von Berenty zuteil werden: Ein Standardhalt für Wildlife-Touren.

Maintirano

Der kleine Hafen im Westen ist ein Anziehungspunkt für Leute, die die ausgetretenen Touristenpfade verlassen wollen. Hier passiert nicht viel, aber es gibt ein nettes, wenn auch einfaches Hotel und ein Restaurant, in dem ausgezeichnetes Essen zubereitet wird - bis der Besitzer keine Lust mehr auf seine Besucher hat!

Oenone Hammersley berichtet: "Das erste Hotel, in das wir gingen, (Fantara) ähnelte einer Mischung aus einem Armeehauptquartier und einem Gefängnis - keine Fenster, Zementfußboden. Wir zogen um in ein sehr freundliches und sauberes Hotel, das Laizama, mit Blick aufs Meer. Es gab Moskitonetze und viele Geckos im Zimmer - beide notwendig, um das üppige Insektenleben in Grenzen zu halten.

Das beste Restaurant befindet sich am Stadtrand an der Straße zum Flughafen. Der Name ist **Buvette et Repas Mahateatea**, und es sieht aus wie eine Garage. Dort zu essen, war immer eine Überraschung wert und machte sehr viel Spaß. Wir meldeten uns im voraus an. Einmal bekamen wir Krebse mit Garnelensauce und Krebssalat.

Einen Großteil unserer Zeit verbrachten wir mit Sonnenbaden am Strand und Schwimmen im blutroten Meer (es dauerte eine Weile, ehe wir den Weg zum Strand gefunden hatten - über einen Damm zwischen zwei Lagunen). Es ist ein riesiger Strand mit weißem Sand. Wenn wir nicht am Strand oder beim Essen waren, spazierten wir herum und sahen uns den großen Markt an (viele Fische) und die vielen indischen Läden, die alle das gleiche zu verkaufen scheinen: Stoffe und Lebensmittel."

Hinweis: Maintirano ist einer der Orte, die von Air Madagascar (Twin Otter) auf der Strecke Tana - Majunga angeflogen werden.

Morondava

Die Gegend um Morondava war das Zentrum des **Sakalava-Königreiches**. Heute wird die Stadt vor allen Dingen wegen der wenigen noch erhaltenen Sakalava-Gräber besucht, der unberührten Strände mit kleinen Fischerdörfern, der großartigen Baobab-Alleen und wegen des monatelangen Sonnenscheins (es kann hier sehr heiß werden). Bis zum Bau der neuen Straße kamen nur sehr wenige Touristen hierher, aber das ändert sich, und Morondava wird immer häufiger in die Reiseplanung aufgenommen.

Der Westen

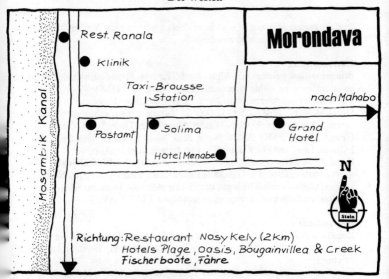

"Die Stadt liegt an einem riesigen Strand. Andere ausgezeichnete Strände sind etwas weiter entfernt und nur per *pirogue* zu erreichen." (Robert Howie) Hier kann man gut schwimmen. Das Meer ist rot gefärbt, wie überall an der Westküste, aber das Wasser wird recht schnell tief, so daß man nicht Kilometer um Kilometer waten muß, wie es sonst häufig der Fall ist.

An- und Abreise
Per Straße: Morondava liegt 700 km von Tana entfernt an einer sehr guten Straße. Es verkehren regelmäßig Taxi-Brousse, die etwa 14 Std. für die Strecke benötigen und rund FMG 14.000 kosten. Abenteurer können in Miandrivazo aussteigen und ihre Reise auf dem Fluß fortsetzen.

Per Boot: Abgesehen von den Möglichkeiten auf dem Fluß (☞ *Miandrivazo*) gibt es Versorgungsboote und Pirogen, die die Küste entlangfahren. Vielleicht finden Sie ein Boot, das Sie gen Süden nach Tuléar bringt. Ein Versuch lohnt sich.

Per Flugzeug: Mittwochs und Sonnabends gibt es eine Verbindung von Tana oder Tuléar nach Morondava.

Übernachtung
Bougainvillea, geleitet von Mme. Nelly Dublois. Strandhäuser, durch die gelegentlich eine kühle Brise weht, für FMG 18.000 (DZ).
The Oasis, ein anderes Strandhotel, aber mit Klimaanlage.
Hotel Menabe, FMG 7.500-12.000. 22 Zimmer. Neu, sehr gut mit separatem Badezimmer, heißem Wasser, Ventilator, Tisch, Stuhl, etc.
Grand Hotel, FMG 3.500. Nicht sehr "grand". Kalte Duschen, aber hübsche Lage mit Blick über die Hauptstraße vom Balkon.
Hotel de la Plage, Strandhotel, 7 Zimmer, jedes mit Waschbecken; Gemeinschaftstoilette; FMG 4.000, einschließlich Frühstück (gut). Nett und sauber. Geführt von Moslems, daher kein Alkohol. Indische Küche.
Kismat, einfach und sauber, aber recht laut. FMG 5.000.

Restaurants
Renala, am Wasser gelegen. Die besten Meeresfrüchte in der Stadt.
Nosy Kely, neben dem Bougainvillea, italienischer Besitzer, ausgezeichnet.
Carré d'As, allgemein bekannt als "Curried Arse" und Teil der touristischen Attraktionen. Ausgezeichnetes madagassisches Essen, Steak mit Pommes Frites und andere Leckereien. Darts und Disco!
The Ebony and the Ivory, unter englischer Leitung, spezialisiert auf Fisch oder Steak.

Ausflüge von Morondava

Nehmen Sie die Straße nach **Belo sur Tsiribihina**, um die großartige Allee von Baobabs zu sehen. Der Name der Stadt bedeutet "wo man nicht tauchen darf" - vermutlich wegen der Krokodile. Die Warnung gilt immer noch. Jane Wilson berichtet, daß eine Frau, die ihre Wäsche wusch, 1986 von einem Krokodil verschlungen wurde.

Vezo-Sakalava Grabsculpturen
Die häufig erotisch geschnitzten Holzskulpturen der **Vezo** (Sakalava, aber mit einem besonderen Interesse an der Küstenfischerei) sind nicht leicht zu entdecken. Leider wurden die Grabsculpturen von Souvenirjägern immer wieder entweiht.

Sie brauchen einen Führer. John R. Jones empfiehlt Nandarasana Farezy, der im Centre Forestier, B.P. 117, Morondava, zu finden ist (☏ 520-96). Ihr Hotel-Manager hat vielleicht weitere Vorschläge.

Reservat von Analabe
Dies ist ein weiteres privates Reservat im Besitz von M. Jean de Heaulme. 1990 war es noch nicht für Touristen geöffnet, doch es ist geplant, es auf ein ähnliches Niveau wie Berenty zu bringen, wobei das Gelände in drei Bereiche aufgeteilt werden soll: wissenschaftliche Studien, Tourismus und Reservat. Ein Hotel befindet sich zur Zeit im Bau. Wenn es öffnet, wird man sicher davon erfahren.

Das Reservat liegt 60 km nördlich von Morondava, bei den de Heaulme Sisal-Plantagen in der Nähe des Dorfes Beroboka Sud. Es enthält einige Mangroven sowie Sümpfe und Seen, die typisch sind für die Küstenebene. Die meisten der Tiere, die in Berenty zu sehen sind, gibt es auch hier, darunter auch Lemuren, allerdings sind sie noch nicht an Menschen gewöhnt.

Miandrivazo
Beschrieben von Raniero Leto, der einige Zeit im Südwesten verbrachte, als der heißeste Ort auf Madagaskar mit einer Durchschnittstemperatur von 28° C. Die Stadt liegt an den Ufern des **Mahajilo** (Nebenfluß des Tsirihina) und ist ein wichtiges Zentrum des Tabakanbaus auf Madagaskar.

Allgemein führt man den Ursprung des Ortsnamens auf eine Legende zurück, nach der König Radama beim Warten auf die Sakalava-Prinzessin von Malaimbandy in Nachdenken verfiel, und als man ihn fragte, ob es ihm gut gehe, sagte er "Miandry vazo aho" - Ich warte auf eine Frau.

Es gibt ein einfaches Hotel und ein Restaurant, und Sie können sich mit dem Boot den Fluß hinunter nach Belo sur Tsiribihina bringen lassen (ein Zweitagesausflug). Raniero kaufte sein eigenes Boot und beschreibt die Fahrt folgendermaßen:

Die Vorteile einer Fahrt auf dem Fluß sind zahlreich. Diese Art des Reisens ist entspannend, solange Sie flußabwärts fahren, aber anstrengend genug, um einem am Ende des Tages das Gefühl zu geben, daß man etwas getan hat. Der größte Vorteil ist jedoch, daß diese Art der Fortbewegung mehr oder weniger leise vor sich geht - es gelang uns, an mehreren Gruppen von Lemuren vorbeizutreiben, die gerade tranken.

Mit Hilfe der örtlichen Polizei kauften wir in Miandrivazo eine kleine, aber wasserdichte pirogue *für FMG 60.000 (1987). Wir bauten zusätzlich einen Ausleger, ähnlich dem der seetüchtigen Pirogen, an, der noch einmal FMG 1.000 kostete. Die* pirogue *war aus schwerem Holz gemacht, so daß sie mit uns dreien und unserem Gepäck an Bord nur etwa 15 cm über dem Wasser lag. Die Fahrt dauerte sechs Tage, wobei wir einen Großteil der Zeit damit verbrachten, nach etwas Eßbarem Ausschau zu halten, was schwierig zu finden war. Nachmittags kamen auch stärkere Winde auf, die doch recht große Wellen verursachten.*

Wir konnten keine Krokodile entdecken, aber es gab viele andere Wildtiere zu beobachten, darunter Lemuren, Chamäleons und Adler. Als wir durch die Bemaraha-Berge kamen, sahen wir drei Tage lang keinen Menschen. Die Fahrt war der Höhepunkt unseres Aufenthalts und zugleich auch der billigste Teil.

Literatur

Bücher

Reiseführer
Madagaskar mit Seychellen, Komoren, Mauritius, Réunion: Reisehandbuch für die Trauminseln im westlichen Indischen Ozean, Därr, Maisie/Därr, Wolfgang, Reise Know How 1990, DM 32,80.
Madagaskar: Reisehandbuch, Därr, Wolfgang, DuMont 1988³, DM 39,80.
Abenteuer Madagaskar, Hillerich, Stefan, Edition Aragon 1989, DM 24,80.

Flora/Fauna
Madagascar: Revue de la conservation et des aires protégées, Nicholl, M.E./Langrand, O., WWF Schweiz 1989.
Madagascar: Un sanctuaire de la nature, Oberle, P., Lechévalier S.A.R.L. 1981.
Die englische Fassung dieses Buches wurde unter dem Titel **Madagascar** von Jolly, A., Oberle, P. und Albignac, R. bei Pergamon Press, Oxford veröffentlicht.

Karten

Abgesehen von den Karten, die Sie auf Madagaskar beim *Institut National de Géodésie et Cartographie* bekommen können, existieren folgende Karten über Madagaskar:

Madagaskar, Amtliche Übersichtskarte 1:2.000.000.
Madagaskar, Cartographia, Budapest, Übersichtskarte 1:2.000.000.
Madagaskar, Topographische Karten-Serie in 12 Blättern, Maßstab 1:500.000.
Zentral- und Südafrika mit Madagaskar, Michelin, Nr. 955, Maßstab 1:4.000.000.

Reiseführer und Sprachbücher für Individualisten

Peter-Rump-Verlag, Hauptstr. 198, 4800 Bielefeld 14

Ernestine Schneider
Französisch für Afrika-Reisen

Band 8 der Reihe "Kauderwelsch"

In 21 Ländern Nord-, West- und Zentralafrikas, von Marokko bis Madagaskar ist Französisch die Hauptverkehrs- bzw. Amtssprache. Französischkenntnisse sind also in Afrika unbedingt erforderlich. Das vorliegende Buch richtet sich sowohl an den Französisch-Unkundigen(mit verständlicher Grammatik, zusätzlicher Lautschrift) als auch an den Fortgeschrittenen, da das Afrikanische Französisch ja in keiner Schule gelehrt wird. Besonders die reichhaltigen Hinweise auf Verhaltenstips und das spezielle Vokabular machen dieses Buch für jedermann hilfreich.

ISBN 3-922376-69-X
30 Abb., 126 Seiten
DM 12.80 (Taschenform.)

Christine Pollok
zwischen Kuß und Cous Cous

Reise- und Verhaltenstips für Frauen, die islamische Länder bereisen

In der neuen Reihe Traveller's Background erscheinen Bücher, die vom richtigen Umgang mit den Menschen handeln. Der erste Band befaßt sich mit einem wichtigen Thema: Was Touristinnen in der islamischen Männergesellschaft erwartet und wie vorprogrammierte Konflikte verhindert werden können. Besonders interessant ist, daß Chr. Pollok Verhaltensregeln und Reaktionsschemata aus der realen Situation einheimischer Frauen ableitet und so die Zusammenhänge klar werden, die ein angepaßtes Verhalten von Besuchern verlangen. Regionaler Schwerpunkt ist Ägypten und Nordafrika. Lesenswert! Auch für Männer.

ISBN 3-922376-45-2
200 Seiten, viele Fotos,
DM 24.80

David Werner
Wo es keinen Arzt gibt

medizinisches Gesundheitshandbuch zur Hilfe und Selbsthilfe unterwegs

David Werner arbeitet in den Bergen Mexikos als Arzt und schrieb dieses Buch für die dortige Bevölkerung. Es ist mittlerweile in 27 Sprachen übersetzt worden und gehört zur Standardausrüstung eines jeden, der unterentwickelte Regionen bereist.
Die deutsche Ausgabe wurde für Reisende überarbeitet und teilweise ergänzt bzw. gekürzt. Besonders für Individualreisende ist es hilfreich, da es auf die wirkliche medizinische Situation sogen. unterentwickelter Länder eingeht und neben den typischen Krankheiten der Tropen auch viel Hintergrundwissen vermittelt, indem es alle Gesundheits- und Hygieneprobleme behandelt und anleitet sich selbst und anderen zu helfen.

ISBN 3-922376-35-5, 320 S.
über 200 Abb., DM 26,80

Kauderwelsch-Bände gibt es außerdem für: Indonesisch, Arabisch, Tagalog Spanisch (Latein-Amerika), Japanisch, Russisch, Französisch (Afrika), Nepali, Kisuaheli, Portugiesisch, Hoch-Chinesisch (Mandarin), Pidgin-English (Papua), Thai, Brasilianisch, Schwedisch, Norwegisch, Kantonesisch.

Index

Adraikiba-See	165	Baum des Reisenden	64
Aepyornis	58	Bedo	131
Alaotra-See	243	Belo sur Tsiribihina	300
Aloalo	182	Beloha	194
Ambalavao	177	Berenty	200
Amboasary	210	Bergnebelwald	64
Amboasary-Sud	216	Betafo	166
Ambodifototra	250	Betioky	191
Ambohimahamasina	179	Betsileo	35
Ambohimahasoa	171	Betsimisaraka	36
Ambohimanga	159	Beza Mahafaly	85
Ambositra	167	Bezaha-Mahafaly	
Ambotilahy	176	Sonderreservat	193
Ambovombe	193	Bezanozano	36
Ampamarinana	138		
Ampanihy	193	Cameron, James	157
Ampasindava	279	Cap d'Ambre	265
Ampijoroa	296	Cap Ste. Marie	194
Anakao	190	Car-Brousse	132
Analabe	301	Chamäleon	79
Andohahela	84	Cirque Rouge	292
Andringitra	84		
Angonoka	81	Darwins Orchidee	64
Anjiro	219	Didiereaceae	66
Anjohibe (Grotten)	295	Diego Suarez	257
Ankarana	269	Dornenwald	66
Antaifasy	32	Drongo	59
Antaimoro	33	Drury, Robert	186
Antaimoro-Papier	177		
Antaisaka	33	Ejeda	194
Antalaha	233		
Antambahoaka	33	Fady	25
Antananarivo	138	Famadihana	29
Antandroy	33	Famoriana	174
Antankarana	33	Farafangana	249
Antanosy	34	Fénérive	229
Antoetra	170	Fianarantsoa	171
Antsalaka	33	Flughund	213
Antsirabe	161	Fokonolona	41
Asabotsy-Markt	162	Fort Dauphin	195
Aye-Aye	74		
		Goldener Bambuslemur	73
Baobab	69	Gondwanaland	57
Bara	35	Grotte des Portugais	181

Index

Hell-Ville	277	Marovoay	243, 296
Hotely	127	Masoala-Halbinsel	232
		Merina	38
Ifandana	179	Miandrivazo	301
Ifasina	170	Micheline	132
Ifaty	190	Mitsinjo	294
Ihosy	184	Mont Passot	279
Ilanjana	171	Montagne d'Ambre	266
Ile Aux Nattes	254	Montagne des Français	264
Ile Sainte Marie	249	Moramanga	243
Indri	239	Morondava	298
Isalo-Nationalpark	184		
Isandra	174	Nosy Be	272
Itasy-See	161	Nosy Iranja	284
Ivato	170	Nosy Komba	282
		Nosy Mangabe	231
Kabary	53	Nosy Mitsio	284
Katsepy	292	Nosy Tanikely	283
Kattas	212	Nosy Ve	191
Kianja	155		
Kinkony-See	294	Ombiasy	28
Laborde, Jean	157	Pangalanes	244
Lac Sacré	266	Périnet	239
Lamba	36	Pic Boby	179
Lemuren	73, 240	Pic Louis	199
Libanona	199	Pousse-Pousse	134
Lokobe	280		
		Radama I.	16
Mahafaly	37	Radama II.	17
Mahambo	229	Raffia-Palme	61
Mahanoro	245	Ranavalona I.	16
Mahavelona	228	Ranavalona II.	17
Maintirano	298	Ranohira	185
Majunga	286	Ranomafana	174
Makis	212	Ranomaimbo-See	164
Makoa	38	Ranopiso	209
Malagasy	14	Ranovola	107
Mananara	229	Rasoherina	17
Mananjary	246	Ratsiraka	18
Manjakandriana	161	Razana	25
Manompana	229	Regenwald	62
Mantasoa	160	Reis	108
Maroantsetra	230	Romazava	107
Maromokotro	22	Rova	145

Index

Sahambavy	174	Tsimbazaza	147
Sahamhasoa	171	Tsimihety	40
Sainte Luce Bucht	199	Tsingy de Namoroka	86
Sakalava	39	Tsiroanomandidy	161
Sambatra	246	Tuléar	187
Sambava	233		
Sarimanok	23	Uroplatus	80
Sifakas	212		
Sihanaka	39	Vanille	72
Soanierana-Ivongo	229	Vatomandry	245
St. Augustines-Bucht	181	Vazahas	128
St. Marians	40	Vazimba	34
		Vezo	40
Tamatave	220	Vintana	28
Tanala	39	Vohibinany	219
Tapia-Wald	65	Vohipeno	248
Tatamarina-See	166		
Taxi-Be	132	Windsor Castle	265
Taxi-Brousse	132		
Tritriva-See	166	Zafimaniry	40
Tromba	29	Zebus	51
Tsimanampetsotsa	86	Zoma	150

Abenteuerreisen Trekking Wanderreisen

Abseits der großen Straßen die Welt entdecken seit 1969

in kleinen Gruppen mit kompetentem Reiseleiter in 60 Ländern mit 550 Terminen,

z.B. Trekking in Sibirien, Madagaskar-Safari, Flußexpedition im Amazonas-Tiefland, Wandern in den Nationalparks der USA, in der Toskana, auf den Kanarischen Inseln.

112 Seiten – Katalog bitte anfordern!

Wikinger Reisen GmbH Büddinghardt 9, 5800 Hagen 7
Telefon 0 23 31 / 4 08 81

Conrad Stein Verlag

D 2300 Kiel, Andreas-Gayk-Str. 7-11

Wir ☞ über uns

Seit 10 Jahren erscheinen im Kieler Conrad Stein Verlag ReiseHandbücher: **rote**, die ein Land oder eine Gegend allgemein behandeln; **grüne**, die sich besonders den Wandermöglichkeiten in einer Region widmen; **weiße**, die ganz spezielle Reiseziele vorstellen (z.B. Libyen oder den Irak).

Gegründet wurde der Verlag, als der Schriftsetzer Conrad Stein nach einem vierjährigen Australien- und Neuseelandaufenthalt 1980 nach Kiel zurückkehrte. Das Buch der ersten Stunde war das **Australien-Handbuch** aus eigener Feder - gespickt mit Insidertips und konkreten Informationen, selbst erfahren und gesammelt vor Ort. Mittlerweile ist aus dem schon damals nicht schmächtigen Band ein mehr als 500 Seiten starker Wälzer geworden, der 1990 zum zehnjährigen Verlagsjubiläum in 10. Auflage erschienen ist.

Mit den Jahren erweiterte sich das Programm des Verlages: Titel über Neuseeland, Kanada, später die USA wurden hinzugenommen. Bücher über europäische Länder wie Türkei, Zypern, Kanarische Inseln, aber auch über Island und Spitzbergen folgten. In jüngerer Zeit begann man mit dem Aufbau einer Afrika-Reihe, in enger Zusammenarbeit mit dem Bradt-Verlag im Süden Englands, wo Stein'sche ReiseHandbücher jetzt auch in englischer Sprache erscheinen.

Immer mehr Autoren wandten und wenden sich an den Conrad Stein Verlag, der nicht standardisierte Massenware verkaufen, sondern Individuelles, auf persönliche Bedürfnisse Zugeschnittenes an 'Reisende auf eigene Faust' bringen will. Neben einschlägiger, mehrjähriger Reiseerfahrung setzt das vor allen Dingen ein Gespür dafür voraus, was brauchbar, was dem künftigen Leser in seiner konkreten Reisesituation von Nutzen sein wird, wo die oft aufwendige Recherche lohnt.

Wegweisende ReiseHandbücher aus Kiel

Rund 90 Titel zu Reisezielen in aller Welt sind inzwischen bei Conrad Stein erschienen, bald wird die Grenze der 100 Titel überschritten sein. - Reichlich Arbeit für das 12köpfige Kieler Team, das neben den rund 15 Neuerscheinungen jährlich auch die spätestens alle zwei Jahre fälligen Überarbeitungen und Neuauflagen der bereits erschienenen ReiseHandbücher redaktionell betreuen und druckfertig bearbeiten muß.

Doch die Stimmung in Kiel ist gut: Man freut sich darüber, daß der Verlag immer bekannter wird - bekannter für seine aktuellen, vom persönlichen Stil und den persönlichen Reiseerfahrungen der Autoren geprägten, authentischen ReiseHandbücher, die mit vielen Tips und Hinweisen **Reiseerlebnisse ohne Reibungsverluste** ermöglich wollen. Und das nicht nur für kauzige Globetrotter: Von den bunten Bänden aus Kiel können alle profitieren, die darauf angewiesen sind, sich in fremden Landen selbst zurechtzufinden - sei es für einen programmfreien Nachmittag oder gleich für mehrere Wochen.

Wegweisende ReiseHandbücher aus Kiel

TRAVEL INFOS

**REISEFÜHRER
REISEBERICHTE**

Ägypten (i.V.) / Afrika / Afrika per Rucksack / Alaska / Australien / Bali + Lombok / Burma / Beijing (i.V.) / China / Hawaii (i.V.) / Hongkong, Macao & Kanton / Hotels, Motels, Hostels, (Preiswert) Übernachten in den USA / Israel und besetzte Gebiete / Jemen / Jordanien (i.V.) / Kairo (i.V.) / Kanton & Shanghai (i.V.) / Korea & Taiwan / Malaysia, Singapur & Brunei / Mexiko / Mittelamerika / Nepal, Kathmandu / Trekking in Nepal / Neuseeland / Trekking in Neuseeland / Pakistan / Papua Neu Guinea / Trekking in Papua Neu Guinea / Wildnis des Nordens, Wanderführer Skandinavien / Sri Lanka / Sudan (i.V.) / Südamerika / Südostasien / Südsee / Syrien (i.V.) / Thailand / Türkei / USA-West / West- + Zentralafrika per Rucksack / Küche extrem / Navigation in der Wildnis (i.V.) / Die Rucksack-Küche / Winterwandern / Survival in der Wildnis / Survival in der Wüste / Blockhütten-Tagebuch / Traumstraße / Türkische Tagebücher / Neuseeland-Tagebuch / Floßfahrt nach Alaska / Von Moskau nach China / Australien-Tagebuch / Reisehandbuch Indonesien (i.V.) / Über Land nach Indien / Nordkap — Kapstadt, einmal Zweiter einfach, bitte (i.V.) / Briefe aus Afrika (i.V.)

und aus der Reihe "Globetrotter schreiben für Globetrotter":
100.000 km Orient / Kaschmir, Zanskar & Ladakh.

Wir informieren Sie gern. Bitte fordern Sie unseren Katalog an !

SCHETTLER TRAVEL PUBLIKATIONEN

D-3415 HATTORF, ODERSTR. 49, TEL. 05584/1233, FAX 05584/2401

REISE HANDBÜCHER

IAN THORPE

KOMOREN

REISE HANDBUCH

Grande Comore, Anjouan, Moheli und **Mayotte** heißen die vier Inseln nordwestlich von Madagaskar, die den Komorenarchipel bilden. Noch weit abseits vom Massentourismus haben einige der bestgehüteten Geheimnisse der Natur, z.B. der **Quastenflosser** und einige seltene **Flederhundarten** überlebt. Der Naturinteressierte kann sich hier noch als Pionier fühlen.

Autor Ian Thorpe informiert umfassend über Flora und Fauna der "Parfüminseln", wie die Seefahrer den Archipel bereits vor Jahrhunderten wegen des intensiven Geruchs der Ylang-Ylang-Pflanze nannten. Er gibt dem Reisenden auf eigene Faust viele praktische Tips für einen einzigartigen Aufenthalt und das Buch sollte deshalb in keinem Koffer fehlen.

DM 14,80

... in allen Buchhandlungen

Conrad Stein Verlag
Andreas-Gayk-Str. 7-11, 2300 Kiel 1
Tel. 0431/9 33 77

REISE 👉 HANDBÜCHER

ROYSTON ELLIS

MAURITIUS
Handbuch

REISE 👉 HANDBUCH

Der Inselstaat Mauritius im Indischen Ozean ist ein **Reiseziel für alle Jahreszeiten**, für jeden Geldbeutel und jeden Geschmack. Naturliebhaber werden von der beeindruckenden Schönheit der Insel überwältigt sein, zu der karge, hochaufragende Berge ebenso gehören, wie Naturparks mit exotischen Pflanzen und Tieren und ein vielfältiges Unterwasserleben. Sonnenanbeter werden sich in einsamen Buchten und kristallklarem Wasser erfreuen, und Abenteuersuchende können hochseefischen, wandern und klettern.

Royston Ellis gibt dem Gourmet Hilfestellung auf der Spurensuche nach der original mauritischen Küche, erklärt Mauritius von Anreise bis Zeit, empfiehlt Unterkünfte und zeigt, wie man **Mauritius preiswert und auf eigene Faust** entdecken kann.

DM 22,00

ISBN 3-89392-029-3

... in allen Buchhandlungen

Conrad Stein Verlag
Andreas-Gayk-Str. 7-11, 2300 Kiel 1
Tel. 0431/9 33 77

Conrad Stein Verlag

Andreas-Gayk-Str. 7-11 · D 2300 Kiel 1 · ☎ 0431/9 33 77

ReiseHandbücher

Ägypten-Handbuch / Haag	DM 29,80
Alaska-Handbuch / Wöbcke & Stein	DM 24,80
Alle Wale der Welt / Hoyt	DM 24,80
Argentinien-Handbuch / Junghans	DM 24,80
Australien per Bahn / Taylor	DM 22,00
Australien-Handbuch / Stein	DM 29,80
Azoren-Handbuch / Jessel & von Bremen	DM 19,80
Chile-Handbuch / Junghans	DM 22,00
Ein Käfer fährt d. Afrika / Schöttler	DM 22,00
Fahr Rad um Kiel / Müller	DM 10,00
Finnland auf eigene Faust / Tegethof	DM 19,80
Florida a. eigene Faust / Lindblad & Westby	DM 19,80
Galapagos-Handbuch / Stephenson	DM 19,80
Gomera-Handbuch / Reifenberger	DM 19,80
Gotland-Handbuch / Bohn	DM 19,80
Griechenland-Wanderhandbuch / Dubin	DM 24,80
Indien per Bahn / Ellis	DM 24,80
Irland auf eigene Faust / Elvert	DM 22,00
Island-Handbuch / Richter	DM 24,80
Israel auf eigene Faust / Kautz	DM 19,80
Italien-Wanderhandbuch / Ardito	DM 22,00
Jugoslawien - Natur und Kultur / Letcher	DM 22,00
Kanada-Alaska Angeln & Kanu / Barth	DM 24,80
Kanada-Alaska-Highways / Richter	DM 24,80
Kanadas Westen / Stein & Richter	DM 24,80
Kanadische Nationalparks / Stephenson	DM 39,80
Kanarische Inseln a. e. Faust / Fründt	DM 22,00
Kanarische Wanderungen / Reifenberger	DM 22,00
Korsika auf eigene Faust / Richter	DM 24,80
Kreta auf eigene Faust / Amort & Annuß	DM 19,80

REISE ☞ HANDBÜCHER